顏色革命

本書為「中俄人文合作協同創新中心重大攻關專案《俄羅斯社會轉型與傳媒發展研究》」，批號為2012ZD010。

吳非——著

▲筆者與美國民主基金會主席卡爾・葛斯曼。據卡爾介紹民主
　基金會共兩個功能，首先是籌錢，然後找到能幹的基層組織
　完成課題，以此形成良性循環。

▲筆者與美國自由之家主席在外交學會相見。

▲筆者參與美國民主基金會內部會議中媒體人的聚會。

▲與老布希時代美貿易談判前代表卡拉‧安德森‧希爾斯
在國會山會面,她本人認為顏色革命其實和美國經濟發
展沒有任何好處,但是對美國政治制度的影響力有好處。

序

顏色革命與全球政體格局
變化回顧與前瞻

顏色革命（Colour Revolution），又稱花朵革命，是指 21 世紀初期一系列發生在獨聯體國家和中亞地區，以顏色命名、以和平和非暴力方式進行的政權變更運動。這些有著明確政治訴求的活動，背後一般都有外部勢力插手，經過社會動員，往往導致持久的社會對立和動盪，對執政者形成強大壓力。

自二十一世紀以來，在獨聯體國家、北非國家相繼發生顏色革命，導致政權更迭，某些國家的社會和政府之間還處於緊張狀態，顏色革命使得區域地緣政治發生深刻變化，自此，北約開始深入格魯吉亞和烏克蘭，美國在吉爾吉斯斯坦的駐軍數量變得更加龐大；埃及和突尼斯也因為顏色革命，使得當地的宗教更加複雜。儘管發生顏色革命後，烏克蘭、吉爾吉斯和埃及都出現非親美國的政權，但美國的非政府組織、國會、媒體也因而更加關注這些國家的變化，其中，「媒體」對於顏色革命的發生具有決定性的作用。當這些國家內部民眾的不滿情緒積累了一段時間，最後再經過媒體的報導，民眾便開始走上街頭表達自己的不滿。這個現象在突尼斯事件中表現最為突出，當時只是街頭小販和維持治安的政府人員發生衝突，導致小販死亡，這突顯出突尼斯民眾長期沒有從經濟增長中受益，與高失業率也有相當的關係。當民眾走上街頭時，政府就變得非常脆弱。本書將從國際政治、新聞傳播、經濟和文化等多個角度來檢驗顏色革命的發生、發展和結局，應該說，顏色革命的發生是全球化的結果，全球化後資訊的流通更加通暢，如果政府封鎖資訊，這必然使得民眾沒有任何的發洩管道，結果將會更加可怕。顏色革命後的這些國家，經濟發展並不是非常順暢，在顏色革命的發生、發展、結局和再次混亂等現象中，我們可以發現，顏色革命並不能夠完全用新聞學、傳播學來詮釋，儘管媒體在其中扮演非常重要的角色，但政府、非政府組織、國會組織、媒體、民眾也同樣扮演非常重要的角色。

　　2012 年 11 月，筆者有幸在華盛頓國會旁聆聽美國民主基金會的年度會議，該會對於美國民主做了最好的解釋，該基金會認為：民主首先是美國內部的問題，試想如果美國內部缺乏民主，

那麼在美國來自一百多個國家的移民就會有隔閡感，美國社會馬上會產生動盪，尤其美國是自由持槍的國家，可以想像屆時美國幾乎每天都會有人因為不滿而發生槍戰。美國民主首先是要做好自己的事情，讓資訊儘量公開化，競爭儘量公平。美國民主和戰略的結合應該純屬智庫思維。美國民主基金會告誡自己的員工和合作夥伴：**美國民主始終是美國內部的問題，然後才是輸出價值觀的問題。美國民主是自己的責任，輸出價值觀是附帶產品。**美國民主基金會就開玩笑指出，為何美國總統被暗殺的少？這不是保衛多嚴密，而是民眾有抒發情緒的管道，不用找總統算帳，總統只要國家政策不出問題就好了。

自 1949 年以來，臺灣的對外關係主要和美國及西歐國家打交道，但 911 之後，特別是 2008 年美國陷入經濟和金融危機，使得金磚國家和發展中國家的新興經濟體成為世界經濟發展的主力軍，而且金磚五國機制也成為世界政治中的一個重要角色。如此，臺灣對外關係遂進入與發展中國家的新興經濟體打交道的階段。在此階段中，臺灣出現嚴重的人才危機，也就是臺灣的外交重點一向是美國和西歐，現在卻面臨了如何和發展中國家打交道、甚至是如何在發展中國家進行貿易的困境。如現在的新興經濟體，臺灣官員和商人比較熟悉的只有中國大陸，但對於俄羅斯、印度、南非、巴西、西非國家、東歐國家、東南亞國家等，臺灣的認識基本上都來自於臺灣商人口中的口述歷史，但臺灣商人在媒體上口述歷史中的最大問題就是只描述自己的輝煌歷史，而對於走麥城的失敗經驗，幾乎聽不到任何的聲音。這樣任何有意義的意見也就無從提出。1990 年臺灣商人到中國大陸發展，就是把已經在臺灣處於夕陽產業的製造業轉移到中國大陸，發展出另外的天地，但隨著時間的推移，臺灣商人的成功經驗同

樣變成包袱，如何進行技術創新，和中國大陸的經濟崛起進行結合成為考察的重點，當美國逐漸由跨國企業階段向國家擁有技術核心，製造業的成本再次被降低，世界各國成為未來美國企業的消費者，這對於現在的新興經濟體來講並沒有太大的好處，如何保住自己的經濟成果，同時創造屬於自己的核心技術，遂成為擺在政府面前的最大考驗。

在高加索國家、烏克蘭、中亞國家和北非國家所發生的顏色革命，到底是內因還是外因決定呢？根據本書的研究，發生顏色革命的國家，基本上絕大部分都是基於內部原因，外部原因中的非政府組織、外交團體等因素並不具有決定性的作用，只是當非政府組織把內部的不公平事件進行披露之後，才引起發生顏色革命國家的民眾共同反省，這在烏克蘭和吉爾吉斯斯坦的顏色革命中非常明顯，儘管烏克蘭前總統庫奇馬、吉爾吉斯斯坦前總統阿卡耶夫在其國家的經濟發展中做出重大貢獻，但其周邊利益集團長期把持國家的經濟，民眾的不滿情緒仍無處發洩，可以說，發生顏色革命的國家，首先是「官逼民反」，然後民眾便採取「換個政權看看效果」的從眾心態，這對於國家的長期發展和民眾的素質來講並沒有好處。事實上，顏色革命後這些國家還處於動盪狀態。

1. 顏色革命概況

顏色革命（Colour Revolution），又稱花朵革命，是指 21 世紀初期一系列發生在獨聯體國家和中亞地區，以顏色命名、以和平和非暴力方式進行的政權變更運動。這些有著明確政治訴求的

活動，背後一般都有外部勢力插手的因素，經過社會動員，往往導致持久的社會對立和動盪，對執政者形成強大壓力。

　　顏色革命的參與者通常通過非暴力手段來抵制他們所認為的獨裁政府，擁護民主、自由以及國家的獨立。他們通常採用一種特別的顏色或者花朵來作為他們的標誌。目前顏色革命已經在塞爾維亞、格魯吉亞、烏克蘭和吉爾吉斯斯坦這幾個國家取得成功。因為沒有採用軍事手段，所以沒有大規模的人員傷亡。但在軍隊與民眾發生衝突時，可能會有人受傷。

　　自 2000 年發生的顏色革命共有：

絲絨革命：捷克斯洛伐克的天鵝絨革命又譯絲絨革命。不屬於顏色革命，捷克斯洛伐克的天鵝絨革命是指東歐劇變時，沒有經過大規模的暴力衝突就實現了政權更迭，如天鵝絨般平和柔滑，故得名。「天鵝絨革命」也成為非暴力的通過和平方式更迭政權的代名詞。顏色革命基本上都是屬於「天鵝絨革命」類型。

玫瑰革命：格魯吉亞的玫瑰革命（Rose Revolution）：發生於 2003 年，因格魯吉亞盛產玫瑰，故得名。

栗子花革命：烏克蘭的栗子花革命即橙色革命（Orange Revolution）：發生於 2004 年，尤先科的選舉活動中使用橙色作為其代表色，因此這場運動使用橙色作為抗議的顏色。這個運動的標誌是橙絲帶和一面書有 Так! Ющенко!（「對！尤先科！」）的旗。由於種種原因近期（2007 年）烏克蘭又有可能爆發藍色革命。2010，亞努科維奇重新奪取政權！

紫色革命：伊拉克的紫色革命（Purple Revolution）：發生於 2005
年，伊拉克民眾選舉時，塗了紫色墨水按手印，故名
紫色革命。

雪松革命：黎巴嫩的雪松革命（Cedar Revolution）：發生於 2005
年，雪松為黎巴嫩國樹，故名雪松革命。

鬱金香革命：吉爾吉斯斯坦的鬱金香革命（Tulip Revolution）或
黃色革命，檸檬革命。發生於 2005 年，因吉爾吉
斯斯坦首都市花是迎春花，為黃色，發生革命的時
間正是迎春花開的季節，故稱黃色革命，或者檸檬
色革命。2010 年 4 月 7 日，巴基耶夫政權被推翻！

袈裟革命：緬甸的袈裟革命（Cassock Revolution）或稱藏紅色革
命，發生於 2007 年，因披著藏紅色袈裟的僧侶和緬
甸軍政府對峙而得名。

緬甸的袈裟革命：在印度教中，藏紅色是火的象徵。印度教傳統
使用火葬，藏紅色因此象徵著俗世的易逝。藏
紅色也是上座部佛教僧袍的傳統顏色。2007
年緬甸反軍政府示威由於有大量上座部佛教
僧侶參加，所以有「藏紅色革命」（Saffron
Revolution，又譯「番紅花革命」）之稱。

伊朗：在艾哈邁迪・內賈德進行第二次選舉時，伊朗險些發生「顏
色革命」。所幸軍隊及時維持秩序，才使社會恢復秩序。

茉莉花革命：2010 年年底至 2011 年年初，非洲國家突尼斯發生
了要求總統本・阿里下臺的持續抗議活動，並演變
為持續騷亂。總統本・阿里被迫選擇離開突尼斯，
前往沙特避難。總理加努希出任臨時總統。在阿拉
伯國家，這是第一次一個政權因民眾抗議而倒臺。

茉莉花是突尼斯國花，這次政權更迭也被稱為「茉莉花革命」。

顏色革命是最近十年在獨聯體國家和北非國家發生的主要問題。下面以吉爾吉斯為例進行案例分析：

吉爾吉斯出現騷亂問題，原因主要是政府對內管理混亂，對外完全不懂國際規則，政策表現得過於貪婪與不得體。吉國希望美俄能夠干預其內部政治，騎牆行為十足，這讓一向支持吉國的中國政府同樣感到尷尬，上海合作組織在吉國形同虛設。

吉爾吉斯過渡時期總統蘿扎·奧通巴耶娃，18 日再次向俄羅斯求助，希望俄出兵協助保衛重要設施和平息南部騷亂，但未獲肯定答覆。俄媒體報導，奧通巴耶娃同時向美國求助，也遭婉拒。俄羅斯等六個國家組成的獨聯體集體安全條約組織此前聲明，不會向吉國派出維持和平部隊。俄總統梅德韋傑夫接受美國《華爾街日報》專訪時，表示吉國夥伴已經收回這一要求，他們必須靠自己解決問題。

國家政策過於投機

首先在吉國首任總統阿卡耶夫時代就出現問題。當時吉國建國初期，沒有任何國家願意在吉國投資，這樣使得吉國在招商引資的法律上特別寬鬆，大量的國際資本可以輕鬆進入吉國。這些資本主要投入到商品流通和國際貿易領域，因為這一時期很多的國際組織開始進入吉國，但吉國本身生產領域非常薄弱。這樣很多毒品交易也順著商品流通領域流進吉國，國際寡頭也希望透過國際組織在該國搞政變。很多研究或者報告認為。顏色革命的始作俑者是非政府組織，其實這有失公允。應該講這些國家確實有

很好發生顏色革命或者說政變的先決條件，非政府組織發現問題後，政府的政敵就組織了顏色革命。很多到過吉國的人會感覺到，誰有錢，誰都會在該國搞革命。政府腐敗無能，街頭大量遊民，只要有錢，一定能夠搞一次革命，成本非常低。

其次國際組織在吉國失去作用。當首任總統阿卡耶夫被顏色革命推翻之後，吉國對於非政府組織進行管理的願望變得異常強烈。問題在於吉國本身就處於中國、俄羅斯和美國的軍事基地的包圍當中，發展吉國在國際組織中的作用是吉國對外交往的主要出路。但中國給吉國機會，讓吉國的人出任上海合作組織的秘書長時，吉國內部卻出現不同的聲音，有的希望吉國能夠更加融入俄羅斯為首的獨聯體集體安全組織裡面，這樣吉國不但可以得到更多的免費軍事設備，而且可以吸引到更多的俄羅斯投資；有的希望能夠在美國駐吉國的空軍軍事基地上大作文章。

對於吉國這樣左右都想得到好處的不當行為，中國陷入無法讓上海合作組織（以下簡稱「上合組織」）發揮作用的困境。如果中國過分偏袒吉國，在吉國大量投入資金，這樣會得不償失，因為吉國適合投資的項目本身就不多，而且資源貧乏，只是吉國地理位置重要。當初上合組織首任秘書長張德廣曾經希望上合組織向軍事交流的方面發展，但吉國的秘書長則在中國提出的反恐框架之下，偷換概念，將上合組織鎖死在反恐事務上，並且加入俄外交官弱化上合組織的概念。俄羅斯的親歐外交官就曾私下表示，俄羅斯加入上合組織是俄羅斯外交史上最大敗筆。

左右逢源無一是處

由於自沙皇俄羅斯、蘇聯和俄羅斯聯邦以來，俄羅斯還沒有加入國際組織而不能成為主導者之一並獲得相應好處，俄羅斯內

部也討論過是否要退出上合組織。來自東方學派的外交官就認為，如果退出上合組織會得罪中國，最終又會與十三億人結下恩怨。之前在赫魯雪夫時代，蘇聯就已經有過不良記錄，現在又不給中國面子退出上合組織，這會成為俄羅斯聯邦外交史的最大敗筆。俄羅斯絕對不能再次引起十三億人的反感，要不然當初俄羅斯就不要加入上合組織。每次俄羅斯外交官私下討論俄羅斯駐中國大使的功能時，經常揶揄道，中俄關係變得多好不是這位大使的主要功能，其主要作用在於當中俄關係陷入困境時，他必須要引導中俄關係走出困境，救火員是其主要功能，錦上添花不是思考的範圍。

再次，吉國的官員很多都受俄羅斯、美國和歐洲的培養，這樣官員本身的利益趨向不同，而吉國官員本身的國家意識不強，再加上官員本身的穩定性比較差，大家都想保持在任上能賺點錢。

吉國首都比什凱克到哈薩克斯坦原來的首都阿拉木圖的車程僅為三個小時，這樣兩國的民眾交往非常頻繁。與哈薩克斯坦這樣資源非常豐富的國家相比，吉國自 1992 年後發展國家的手段主要是出賣國家資源。但由於吉國本身資源有限，使得出賣國有資產後造成大量的工人失業。

發展觀念出現問題

從阿卡耶夫時代開始，吉國政府在處理失業問題上始終沒有任何的成就，再加上非政府組織在吉國異常發達，這樣使得吉國首都比什凱克和南部城市奧什的網路建設異常發達，但同時吉國國家內部的電信建設非常落後，這樣使得國家對於網路整體的監控失衡。也就是說，政府基本上不知道這些網路使用者。美國的

議員常常向吉國要資訊自由，吉國政府連對於報紙的監控也失去控制權。

　　吉國在國際組織的運作中過於投機，不懂國際組織的宗旨與需求，只是一味看重國際組織的金錢；官員在制定政策中過於短視，在國有資產兼併出售中，大量人口失業，並長期在大街上遊蕩；政府資訊管理失控，完全不知道線民的動向，民眾集會前的資訊成為真空，依靠軍隊鎮壓成為最後唯一的手段。這些都是吉國騷亂的主要成因。如果媒體講吉國存在民族矛盾，這完全不是事實的闡述，並模糊事件的焦點。這次騷亂基本上是三屆政府官員整體管理失當的最終表現。

2. 顏色革命背景

顏色革命發生後，俄羅斯的外交政策在普京的指導下顯得更加積極，不僅俄羅斯外交上和美國作對，但俄美聯盟也提上議事日程，但此時中國外交部在初期還認為那是 MIP（Mission impossible），之後的尷尬可想而知。

　　根據美國一份秘密報告顯示，俄羅斯計畫轉向更加實用的外交政策，旨在與美歐建立更加緊密的聯繫，以助其落後的工業現代化。這樣俄羅斯與美國的聯手將會成為必然，屆時中國的角色是否會非常尷尬？

　　2010 年 5 月 12 日美國《華爾街日報》網站有一篇當天的頭條文章〈俄羅斯內部秘密報告發出親歐美信號〉。文章指出，根據美國一份秘密報告顯示，俄羅斯計畫轉向更加實用的外交政策，旨在與美歐建立更加緊密的聯繫，以助其落後的工業現代

化。這份方案詳細闡述克里姆林宮應由以往奉行的更具對抗性路線進行轉變，並特別讚揚了美國總統奧巴馬採取的與莫斯科更加合作的態度。俄羅斯一名政府官員證實了該文件的真實性。這份文件是俄羅斯外長拉夫羅夫呈交給總統梅德韋傑夫的。該文件由俄《新聞週刊》5 月第 20 期的封面專題報導提到，報導名稱為「全球熱點：俄羅斯外交秘密報告寫了什麼？」

俄美聯手成為趨勢

拉夫羅夫提出兩點意見：一是俄羅斯應該減弱與美國在軍事、情報系統的對抗；二是金融危機耗費了俄羅斯大量的外匯儲備，俄必須依靠引進西方資本和技術來改善國有企業和調整寡頭資本的投資結構。

在冷戰結束之後，俄羅斯與美國無論是聯手還是聯盟，基本上都是天方夜譚。但美國遇到的挑戰確是百年一遇，美國金融寡頭所操縱的金融槓桿，把美國三百年民主所建立的誠信基本上一掃而空。對此，同屬於美國陣營的歐盟和東盟國家對於美國這樣的金融政策基本不支持，同時中國與美國在人民幣、進出口順差、人權、區域擴張等一系列問題上存在嚴重分歧，這樣俄羅斯與美國的戰略趨近性就非常明顯。

首先，俄羅斯在歐洲的擴張已經是不可能的事實。歐洲同時存在三個非常強大的組織：歐盟、北約、歐安會。這三個組織的存在使得俄羅斯無法再次染指歐洲內部的事務。梅德韋傑夫早在去年 11 月，在每年一度的議會致辭中，就呼籲調整俄羅斯外交政策中的歐洲方針。梅德韋傑夫認為，打腫臉充胖子是沒有意義的，親歐的外交政策有助於使俄羅斯不發達的經濟現代化。俄外交部長拉夫羅夫呼籲與歐洲國家建立「現代化聯盟」以吸引所需

的技術，找到機會來使用美國的技術潛力是必要的。俄羅斯相關智庫人員指出，德國、法國、義大利及西班牙應成為俄羅斯最親密的歐洲合作夥伴。

其次，美國與俄羅斯聯手主要是弱化歐盟，尤其是讓歐元的貶值成為常態。2008 年當美國遇到金融危機，其他國家首先選擇的是把美元換成歐元作為保值貨幣，這樣美國為歐洲構建的北約失去了其在安全上的作用，等於是說美國透過北約為歐洲提供保護，但歐元卻成了世界範圍內的避險貨幣，美元在危機中被拋棄。美國現在採取讓貨幣價值全面混亂，然後再讓美元堅挺的措施。這樣俄羅斯的配合就顯得相當重要。

歐盟歐元礙美發展

自蘇聯解體之後，世界進入由美國主導的全球化時代，在單極化世界裡，最初九十年代最為顯著的成效是歐盟的組成與崛起。根據 1992 年簽署的《歐洲聯盟條約》（也稱《馬斯特裡赫特條約》）所建立的歐盟國際組織，現擁有二十七個會員國。歐盟的正式官方語言有二十三種，在貿易、農業、金融等方面趨近於一個統一的聯邦國家，而在內政、國防、外交等其他方面則類似一些獨立國家所組成的同盟。歐盟在 2004 年和 2007 年擴張的國家主要是東歐。歐盟在成立的整個過程中，主要的任務是為了防止俄羅斯的擴張。歐洲的一體化過程中，存在一個重要的問題：歐盟的兩個主要國家德國和法國整體水準過高，使得歐盟其他二十五個國家在整體平衡發展中遇到問題。

1949 年 3 月 18 日美國和西歐國家公開組建北大西洋公約組織，於同年 4 月 4 日在美國華盛頓簽署《北大西洋公約》後正式成立。北約屬於地區性防衛協作組織。北約的最高決策機構是北

約理事會。理事會由成員國國家元首及政府高層、外長、國防部長組成。北約現有成員國三十個、和平夥伴關係國家二十一個、地中海對話國家七個。

　　北約基本涵蓋歐盟所具有的安全防衛的本性，這樣歐盟所共同擁有的歐元就成為美國在全球金融穩定的主要挑戰。當全球遇到金融危機時，很多國家選擇大量購買歐元躲避風險。世界範圍內，俄羅斯與中國作為新興的經濟體，需要大量的高科技來重新整頓內部經濟的結構，這樣西方國家所具有的大量金錢並不能夠滿足世界範圍內經濟提升的需要。美國將經濟發展中的大部分金錢應用於金融槓桿，在金融槓桿的操作之下，美國將世界各地的熱錢都集中到美國，但美國本身並沒有相關產業支持金融槓桿主導下的增長。北約保護了歐洲的安全，但歐元在美國金融危機中確實挖了美元的牆角。

G2 思維毋需否定

　　這樣美國勢必需要尋找除歐盟和東盟之外新的夥伴。當美國部分智庫提出中美兩國共同成為 G2 的概念時，中國選擇了拒絕的態度。其實中國的做法是有問題的。最主要的原因在於美國的戰略專家在為美國金融擴張後的不良後果尋找新的方向，中國應該按照自己思路完善 G2 思維最好。比如中國可以將俄羅斯也納入新的世界格局裡面，這樣中國與俄羅斯的關係就會提升到新的階段。

　　自 2000 年後俄羅斯對於歐洲的威脅整體降低，因為俄羅斯在顏色革命時對格魯吉亞、烏克蘭、吉爾吉斯政權的變化採取了默認的態度。這樣俄羅斯的戰略重新擴張到東歐的可能性已經大大降低。俄羅斯和歐洲國家的默契就是，戰略擴張僅僅是在獨聯

體國家內。這樣俄羅斯與美國的聯手將會成為必然，屆時中國的角色將會非常尷尬。

3. 顏色革命與智庫

此時美國智庫在經濟危機的前提下，全面出擊，並且使出一些冷戰中的策略，圍堵中國大陸成為其中的選擇，另外，中國大陸政府還害怕顏色革命的危機，可以說中國大陸的崛起，也為自己帶來前所未有的危機，而危機中的危機是中國大陸手中的對策則是少而又少，另外，中國大陸的智庫基本上屬於行政單位，智庫的行政單一力量無助中國大陸崛起所面臨的問題，大陸崛起所面臨的問題的最大問題在於沒有一個機制來解決問題。解決問題全靠領導的能力，如果一旦中國大陸領導的能力出現問題，那麼中國大陸就出現問題了。

中國不能夠使用國內建設的行政單一力量來應對未來國際複雜的局面，國內管理和國際關係要區分開來。隨著中國經濟全面崛起，未來一年中國的國民生產總值馬上超過日本，成為僅次於美國的第二大國家。此時，中國不但需要在對外決策當中不出現問題，更需要國際社會特別是西方國家對於中國的判斷不出現太大的偏差，這樣西方國家的智庫在其中所扮演的提供決策的角色就顯得相當重要。西方智庫歷史都相當的長，其中在資金、人力資源等方面的支援都相當的隱蔽。中國方面未來要想對西方智庫施加影響，就必須將相互交流機制化，並且在其組織運作中加入中國因素或者中國條款。由於中國的媒體人尤其是自由撰稿人

的自由度比較大一些，不具有官方身份，可以加大中國媒體人和西方智庫的交流廣度。

西方「思想庫」作用大

　　智庫，即智囊機構，最初也稱「思想庫」，是指由專家組成、多學科的、為決策者在處理社會、經濟、科技、軍事、外交等各方面問題出謀畫策，提供最佳理論、策略、方法、思想等的公共研究機構。嚴格意義上的智庫是獨立於政府機構的民間組織，中國媒體所列出的多為親政府的智庫。智庫的職能主要包括：提出思想、教育公眾和彙集人才。智庫首先通過研究和分析形成新的政策主張，再通過出版書刊、舉辦各類交流活動、利用媒體宣傳等方式，力圖使這些主張獲得公眾的支持和決策者的青睞。

　　中國影響國外的智庫主要有兩個目的：首先，借助智庫已經有的管道來影響該國政府的決策和培育民眾對於中國的好感；其次，提供資訊使這些智庫對中國做出符合中國國家利益的決策。

　　對於第一點，中國如果只是展開廣泛的交往將會收效甚微，因為智庫的本質就在於全方位收集資訊，假設國外智庫全面採信來自中國官方的資訊，那也只是資訊的一部分。遠在 1945 年前，國民黨為了爭取國際援助中國抗戰，在美國組建了不同的遊說團體。這些遊說團體不但對美國政府遊說而且還在民間進行大量的演講，這些演講人員來自官員、教授、政府認可的民間志願團體等，官員也可以是有能力但暫時又無法安排更高職位的人員。比如在六十年代，後來成為臺灣外交領導人的錢復先生，當時沒有得到領導人青睞，就到美國的民間、大學、智庫進行演講。西方國家在三百年的資本主義發展中已經高度的職業分工化，儘管民眾受媒體的影響非常大，但如果有其他的資訊來源，並且形成規

模，西方民眾還是願意接受。但其中最大的問題在於，這些資訊來源必須是不間斷的。這樣就要有很多志工形式的演講、活動不斷出現在西方社會，因為西方社會生活成本高昂。

美國智庫類型多樣

智庫主要服務於政府、立法部門、寡頭、菁英、非政府組織，系統不一樣，發表的觀點也非常不同。其中這幾種類型智庫間的協調也是臺面上看不到的，比如親政府部門的智庫和寡頭的智庫的資金、項目比較多時，就會向立法部門和非政府組織傾斜。其中的金錢來往在一般的資訊上很難發現，因為智庫在很大程度上獲得來自企業的投資，基本上對於企業來講這些開支是免稅的。

親政府的智庫比較偏重於對於民主的宣傳，因為這些智庫認為民主的宣傳比較有利於西方國家政策的執行，而且利用西方國家對於民主長期執行中的經驗以及宣傳中的主動地位，讓自己談判的對方處於不利的地位。因為現今而言，一談到民主模式就只有西方國家的幾種而已。親政府智庫比較容易接觸。俄羅斯政府對於此類智庫主要採取讓其在莫斯科設立分部，並讓俄羅斯人出任其中的官職的方法。中國對此類智庫採取部分放進來的措施，但其他的智庫則採取文化團體等各種形式進來，任用具有美國籍的華人和在中國的非核心人士。這樣的結果是，這類智庫的危害性增大。

親寡頭的智庫比較偏重於對自由的宣傳，因為這些智庫在很大程度上執行西方寡頭的意志，這些寡頭希望資本在世界範圍內流動，在一些製造產業的基礎上，使用金融槓桿將利潤無限擴大，並且利用智庫的影響，讓其他國家簽署有利於寡頭的國際協定。這一類的智庫以開放社會基金會為主，該基金會雖然獨立、專業，但對於其他國家的發展干涉不遺餘力。

親立法部門的智庫希望能夠不但影響美國的政府，而且還可以將美國立法的精神向世界其他國家傳播。這樣我們就會發現，美國很多的議員出現在美國力量涉及的衝突地區。由於立法部門有審批預算的權力，在發生衝突地區，透過此，官員可以增加預算。最為經典的就是美國民主基金會的運作。

親精英的智庫比較偏重於對於人權的理解，這樣比較多元化的精英階層的意見才會在社會、國家等大範圍擴散。這一類的智庫主要存在於大學的研究所裡。

「有所作為」遠遠不夠

中國媒體會經常接觸到，美國智庫在對外傳播時經常使用自由、民主、人權等標準。其實對於美國的智庫而言，不同性質的智庫，其主要的思維方式非常不同。準確的講，美國智庫所提出的自由、民主、人權等標準，首先是對內統一口徑的，然後才開始對外宣傳。圍繞在政府周邊的智庫則主要希望替政府的利益護航。此時政府的利益並不完全等於國家利益。比如在六十年代，美國深陷越戰泥沼，相關智庫希望美國能夠從越南快速撤軍，使得美國總統能夠迅速從越戰的政治危機中抽身。但此時美國軍方則希望撤軍慢一點，因為美國軍方考慮的是撤軍後留下權力真空，不利於美國在越南的利益。結果是美國最終快速撤軍，南越政權瓦解。

美國智庫本身的多樣性和對於政府的全面影響力，決定了中國面臨的主要問題在於，中國不能夠使用國內建設的行政單一力量來應對未來國際複雜的局面，國內管理和國際關係要區分開來，一味的韜光養晦或者單一的有所作為都會出現問題，從美國智庫的決策結構入手，才能夠解決問題。

4. 俄慎防爆發「顏色革命」

美國國會決定投入四百萬美元發展俄羅斯政黨。俄政府認為這類資金將透過非政府組織進入境內，支援反對黨從事選舉競選活動及政治抗議活動，因此俄羅斯非政府組織法案明顯對美國此舉提出反制。

俄羅斯的英文報紙《莫斯科時報》最近以頭條新聞刊登了題為「七十七家非政府組織在俄羅斯被迫停止活動」的消息，俄羅斯是否限制公民活動與新聞自由再度成為話題。

10 月 27 日將是在俄羅斯活動的非政府組織向俄司法部門提出申請的最後期限，一旦過了這一天，所有沒有註冊登記的非政府組織將會被視為非法活動，有可能面臨必須被勒令停止在俄羅斯的所有活動或是面臨組織資金被凍結的尷尬境地，這對在俄羅斯從事非政府組織活動者或是西方國家而言不能說不是一項巨大的壓力與打擊。因為媒體與非政府組織是西方影響俄政治運作的兩個關鍵管道，自從普京執行媒體國家化行動與今年初非政府組織管理辦法正式出臺後，俄羅斯與西方國家之間的信任關係又進入了另一個低潮，這個矛盾將隨著決定後普京時代的俄羅斯總統大選的迫近而逐漸進入白熱化階段。

反制美國政治操控

西方國家與國際性的人權組織對於普京政府的舉措都感到相當的不滿，因為從全球化與人權無國界的角度來看，非政府組織與商業媒體可以說是西方國家最有效快速地向俄羅斯輸入資

金與人才的最關鍵的兩個管道，一旦管道受堵，俄羅斯又將變得不可捉摸和難以親近的國家，世界又將從美國主導的單極走向兩極甚至美俄歐中的多極化發展，屆時西方將更加恐懼這個超級軍事和能源大國。

今年 1 月 10 日，俄羅斯總統普京簽署了國家杜馬提交的管理非政府組織法案。贊成法案的議員認為這將有利於俄羅斯對抗恐怖活動，避免恐怖組織利用非政府組織輸入資金在俄境內從事恐怖活動。許多觀察家相信這是繼格魯吉亞、烏克蘭和吉爾吉斯發生顏色革命之後，俄政府的一個防治舉措。根據人權與民主發展中心的資料顯示，在俄羅斯大約有超過四十萬個非政府組織進行活動。去年 11 月 18 日俄羅斯杜馬通過一千七百萬美元發展俄羅斯的公民組織，一般認為這是針對去年美國國會決定投入四百萬美元發展俄羅斯政黨的反制舉措。俄政府認為這類資金流向將會是透過非政府組織進入俄羅斯境內，進行支持反對黨從事選舉競選活動及政治抗議活動，因此俄羅斯非政府組織法案明顯是對美國此舉提出反制的作法。

俄美缺乏共同語言

西方非政府組織的資金在俄羅斯進行政治運作經常有幾種走向：一是資金部分流向反對派政黨或政治人物的手中，支持他們進入國會與執政黨相抗衡；另一種取向就是支持俄羅斯學者的研究計畫，研究成果將成為西方國家制定對俄政策的重要參考依據；另外資金還會提供俄羅斯新聞記者到西方國家進行培訓，西方國家借著培養政治經濟或是媒體精英影響俄羅斯的政策決定，這些人才或是精英與記者返國之後一般都是比較親近西方國家，彼此之間有共同語言。

俄羅斯管理非政府組織法案主要是防範第一種類型的活動，這樣一來，普京將能控制下屆總統大選的成敗，避免顏色革命在選舉時爆發。總體而言，關懷少數族群、性別歧視、疾病醫療等議題是促進美國移民社會和諧的長久議題；而關注多數福祉、國家整體國力與社會安全則是俄羅斯的重要議題，關注少數與多數兩者之間的意識形態分歧應如何找到共同語言與平衡基點，恐怕是美俄彼此的共同課題。

寡頭媒體控制輿論

俄羅斯反對派政治人物的意見與親西方的精英、學者、記者的意見一般透過親西方的商業媒體成為公共意見的主流，擁有西方資金背景的商業電視臺透過新聞節目議程設置與框架建構功能，形成輿論，然後影響俄羅斯民眾的思維。商業電視臺在上世紀九十年代因議題新鮮聳動，曾經有最高的收視率，當時俄羅斯民眾對於政治議題普遍關心，但在民主轉型的初期，他們普遍缺乏對新聞內容的免疫與識別能力，易受影響而改變自己的政治取向，再加上民眾對自己的生活普遍感到不滿，很容易與反對派勢力結合成為推翻政府的力量。

在葉利欽執政時代，即使民眾對他在九十年代初期經濟改革失敗感到不滿，但是西方國家由於自己存有瓦解俄國和害怕俄共勢力重新掌權的私心，在一九九一年政變後和一九九六年俄羅斯總統選舉時支援了葉利欽，通過有西方資金背景的獨立電視臺全力支援葉利欽連任總統，與此同時葉利欽的私有化政策回饋寡頭的方式就是讓寡頭控制了俄羅斯能源與媒體等重要營利領域。俄羅斯寡頭的媒體控制了輿論，私有化的能源企業則滿足了西方國家發展工業所需的能源供應與能源價格。

葉利欽選擇普京作為接班人對俄羅斯振興國力有利，但對於西方國家控制俄羅斯政治經濟支持西方國家經濟發展與削弱俄羅斯對西方國家的軍事威脅完全不利，最後葉利欽還是選擇了復興俄羅斯這條道路，普京可以說是葉利欽政治決定的結果，普京執政之後的任何的政治決定都與俄羅斯的國家利益有著密切的關聯性。這種疏離性對西方國家而言不得不承認是一項巨大的威脅。

普京政改有民意基礎

普京執政之後試圖回歸到法律治國的方向上來，法律機制的建立啟動了蘇聯解體之後俄羅斯鬆散的政府機關與組織紀律的復甦，以遏制從政府機關內部開始的腐化，尤其是聯邦安全機構的重整與控制，這有利於普京打擊恐怖活動與金融犯罪。俄羅斯的金融工業寡頭已經慢慢地退出商業媒體與能源經營的領域，他們或是逃到國外，如原橋媒體集團總裁古辛斯基與羅格瓦斯集團總裁別列佐夫斯基，或是遭到監禁，如原尤克斯石油集團總裁霍多爾科夫斯基。

國營能源企業與國家化媒體成為俄羅斯國家重建的主流實體，這樣一來，所有國外的投資者今後都要直接與俄羅斯政府打交道，這大大提高了西方國家參與俄羅斯政治經濟運作的困難度，一方面普京的改革增加了俄羅斯政府的權威與威權；另一方面普京本人穩定居高的民意支持度鞏固了他在俄羅斯境內建立中央集權管理的合法性，這一點使得西方國家的確越來越難在意識形態方面建立與俄國對話的機制。

5. 獨聯體國家傳媒在「顏色革命」中的分裂

　　2005 年在獨聯體國家內部相繼發生了一系列顏色革命，首先在格魯吉亞發生了「天鵝絨革命」，然後在烏克蘭爆發了「橙色革命」，接著是吉爾吉斯發生的「鬱金香革命」。這些發生革命的國家都具有非常重要的戰略地位，但近幾年國家經濟發展都相當不理想。在發生顏色革命之前，國外的各種基金會或者團體都提前大量進入其間活動，培養了大量親西方的意見領袖。發生顏色革命的國家領導人都普遍存在家族企業經營的情況，儘管事實不完全準確，但在民間意見領袖的長期宣傳之下，民眾都普遍認為這些最高領導人的行為就是貪汙，在最後發生革命的階段通過人際傳播變成全民廣泛認同的事實。同時，在顏色革命發生的過程當中，新聞媒體起到了推波助瀾的作用，並使反對派成功取得政權。

媒體管理顯弊，西方趁虛介入

　　在顏色革命發生的過程中，新聞媒體對於形勢的發展起到了推波助瀾的作用，現在看來這其中的原因主要有兩個。

　　首先，這些國家對於新聞行業的本質和發展認識不足。新聞行業在社會主義國家裡的主要是定義是政府的喉舌，很多人感到在蘇聯時期的新聞報導都是非常死板，當時真正的問題不在於媒體本身的報導，而是媒體在管理過程中，充斥著非專業人員領導專業人員的現象。這些非專業管理人員主要來自政府指派，但在媒體工作的主要人員大多是專業出身，因此儘管蘇聯政府給予媒

體從業人員非常高的地位，但這些專業媒體人仍對工作環境不很滿意，尤其是蘇聯解體時期，媒體人對於政府的無效管理是非常不滿的。

其次，美國的一些基金會和媒體組織大量進入獨聯體國家。據筆者當時的採訪，這些組織經常讓媒體人到美國去考察，而且還提供大量的經費。值得指出的是，獨聯體國家的媒體人對於美國媒體內部真正的運作卻不太清楚，這主要是因為美國已經歷了長時間的太平時期，美國媒體內部對於危機的處理已經非常機制化，平常人往往看不出真正問題的存在。因此獨聯體媒體人在美國的挑選之下前往考察學習之後，在缺乏愛國主義新聞核心價值的前提下，逐漸變為親西的意見領袖。

總體而言，蘇聯政府對於媒體發展的理論並沒有出現太多的問題，問題出現在媒體管理上。在蘇聯解體之後，這些獨聯體國家中媒體人的地位並沒有實質性的提高，反而在經濟收入上大大降低。比如 1992 年到 2000 年間，莫斯科報紙的記者收入大約在 300 至 500 美元之間，這樣的收入還遠低於蘇聯時期，只是最近記者的收入才有所提高。在 2001 年美國展開反恐戰爭之後，一些獨聯體政府開始普遍採取收緊媒體管理的政策，烏克蘭就是一個典型的例子。政府採用的手段卻是再次讓大量的非專業人士進入媒體的管理層，媒體人的工作和生活環境再次變得非常惡劣，這就使得獨聯體的媒體人對於美國和西方國家的媒體再次表現出不切實際的幻想。

烏克蘭傳媒在總統大選中分裂

2004 年 11 月，烏克蘭社會陷入了一場敵我情緒對立的危機中，政府派總統候選人亞努科維奇在選舉後以不到三個百分點的

差距領先反對黨「我們的烏克蘭」候選人尤先科，尤先科以選舉舞弊為名與政府進行全面抗衡。

在這次對抗中，媒體人的態度在影響民眾意見方面具有至關重要的地位。烏克蘭各大媒體官方網站都密切關注選後情勢的發展以及市中心聚集幾十萬示威抗議的民眾行為。與此同時，烏克蘭國家電視一台內部的矛盾首先展現在公眾面前，這主要是自由派與國家派媒體人在媒體發展方向上的意見分歧，終於在這次選舉後表現出來。自由派與國家派媒體路線之爭，事實上也反映了屆滿卸任總統庫奇馬執政十年的政策搖擺。庫奇馬在執政的前半期採取親美親歐的政策，由於烏克蘭國內能源嚴重缺乏並完全依賴俄羅斯的低價供應，在上個世紀末，烏克蘭開始全面與俄羅斯結盟，但之前親美政策下所培養民眾的親美情緒並沒有隨時間而消失，這次烏克蘭媒體人的人格分裂是其外交政策搖擺的必然結果。

烏克蘭內部的分裂首先反映在國家電視臺領導層和編輯部對總統大選期間新聞報導的不同意見，在選委會公佈選舉結果之後，媒體內部的矛盾首先爆發出來。烏克蘭第一電視臺有 14 名記者宣佈罷工，這些記者在選舉前多次與烏克蘭國家電視公司領導層溝通關於選舉期間新聞客觀性報導取向問題，在領導完全不採納的情況下，選擇在大選結果公佈之後罷工抗議。罷工的記者們還表示，烏克蘭國家電視公司的高層在這次選舉的新聞報導過程中，侵犯了烏克蘭法律保障民眾有完整瞭解公正、客觀、全面新聞的知情權利。

2002 年 2 月初，前總統庫奇馬簽署法律，確立了烏克蘭國家電視公司成為國家廣電事業集團領導公司的正式官方地位。2003 年 11 月 20 日，烏克蘭議會通過修正條款，確定國家電視公司與

國家廣播公司總裁職務的任命必須由國家領導人提名、議會表決通過才能生效。但是與此同時，廣播電視公司要設立一個由社會各界代表組成的公共執行委員會，負責節目政策的制定，而廣播電視公司的總裁則相當於公司管理的經理人。烏克蘭言論與資訊自由委員會會長多門科則表示，在政府無錢進行媒體商業化的前提之下，這樣的措施比較有利於廣播電視公共化的發展。

然而，在烏克蘭 2004 年總統大選年的前夕，議會對國家廣播電視公司總裁行使同意權的做法只能算是自由派與國家派在媒體發展上的一個妥協之舉，至少法律保障了國家元首對國家廣電事業的控制，但同時也賦予廣電公司在制定集團發展方針和組織經營管理上有一個較為靈活與多元的協商空間。烏克蘭第一電視臺記者對於電視臺國家化就一直持反對的態度，這次電視臺的內部矛盾開始公開化了。烏克蘭媒體記者的言論標準一般都是依據美國媒體發展的現狀而定，這些記者經常接受美國媒體組織的支援，經常到美國學習，這使得烏克蘭媒體基層與中層的記者編輯的思想與高層和政府的思想完全不統一，發生在烏克蘭的混亂只是烏克蘭領導失策的一次集中表現。

反對派總統候選人尤先科的顧問團中，有一名音樂製作人瓦卡爾丘克，他向烏克蘭記者喊話：「我想呼籲每一位有媒體接近權的記者，當你在說什麼或寫什麼的時候，請捫心自問，不要用話語隱藏自己的職業道德和工作的核心——促進民主，現在不是談工作的時候，我們所有人都處在國家的罷工期，誰也不能正常工作。記者必須與人民站在一起，請與人民站在一起，就如同我的音樂工作夥伴，和許多其他人一樣，請你們發揮勇敢精神捍衛人民的利益，因為你們是世界上最自由的人，全世界都在看你們的表現。」瓦卡爾丘克的呼籲似乎與罷工記者前後呼應。

反對派媒體的代表就是第五頻道，第五頻道為了支援尤先科，已經與政府當局的關係瀕臨崩潰。第五頻道在 11 月 25 日的報導中稱，俄羅斯特種部隊已抵達烏克蘭首都基輔。後來烏克蘭內務部社會資訊局官員否認了這一則報導，並要求媒體不要散佈不實的資訊，以免誤導大眾認為烏克蘭即將進入暴動，斥責傳媒增加社會不安的動盪情緒。即將卸任的總統庫奇馬指責第五頻道的報導試圖改變政局為反對派提供談判籌碼。11 月 26 日，國家廣電委員會召開緊急會議，討論將封鎖第五頻道和紀元電視臺。政府這一舉措正式向反對派電視臺施壓。政府與第五頻道的對立情緒逐漸升高。在 10 月 31 日的第一輪投票後，國家廣電委員會認為，該電視臺在節目中放縱政治人物，預測尤先科將勝出的消息，因此決定採取法律途徑要撤銷該電視臺的播出執照。政府釋放這一資訊之後立刻引發 11 月 2 日該電視臺記者進行絕食抗議，抗議理由是政府打壓電視臺是為了避免尤先科當選。第五頻道於 2003 年創台，電視臺使用兩顆電視衛星的發射，收視群為 1500 萬受眾，是西方投資烏克蘭的商業電視臺之一，其親西立場可想而知。

　　事實上，總統和內務部指責媒體的報導不是沒有原因的，因為在烏克蘭的政治走向上，媒體比政府還要著急走西方路線，媒體人認為媒體事業發展必須要走西方市場自由化的道路，這樣媒體人的利益才會最大化，而烏政府為避免失去對媒體的經營控制權，只能對媒體做出部分的妥協。例如，第五頻道是支援反對派總統候選人尤先科的自由派傳媒，這樣該電視臺就會從美國在烏克蘭的跨國公司獲得大量商業廣告的播放權。烏克蘭媒體在發展過程中失去了自身的特色，反對派媒體在選舉之前塑造反對派有絕對實力贏得選舉的印象，這樣即使反對派輸掉選舉，也會獲得

執政黨的其他妥協。媒體為獲得自身商業利益和對政局的影響力，儼然成為烏克蘭政治鬥爭的工具。

吉爾吉斯國家意識顯現危機

2005 年 2 月 27 日，吉爾吉斯經過議會選舉一個月之後，政府的反對派基本上在這次選舉中全面失利，吉爾吉斯南部發生了騷亂。美國駐吉爾吉斯大使斯蒂芬·揚在向美國國會提交的關於該國議會選舉期間局勢的報告中表明，美國在吉爾吉斯議會選舉期間用於推動各項「民主」和支持反對派候選人的活動方面已經花費 500 萬美元，報告還呼籲美國政府在支持吉反對派方面再撥款 2500 萬美元。在這裡，試想如果俄羅斯政府也開始用更多的資金來支持吉爾吉斯那會如何？而且俄羅斯一定已經這樣做了，但問題在於俄羅斯並不會用金錢來支持反對派，在金錢進入現政府手中，現政府就一定會用這些錢來維持舊政府中弊病，民眾一定會對此更加反感，這使得美國可以用很小部分的錢就能達到事半功倍的效果，俄羅斯只能做費力不討好的投資。

吉爾吉斯的媒體在選舉前，2 月 25 日吉外交部長阿·艾特瑪托夫發表講話之後，便處於沉默狀態，艾特瑪托夫在出席上海合作組織會議期間對外宣佈，吉爾吉斯不會重複所謂的「橙色革命」，也不存在發生任何有色革命的可能性和前提條件。他強調，吉爾吉斯的政局是「穩定的、平靜的和正常的」。但 3 月 22 日後，《吉爾吉斯時報》就開始發表與政府不一樣的評論，該報評論大約有 3 篇，內容分別為：「吉爾吉斯到底發生了什麼？」、「聯合國秘書長安南歡迎在吉爾吉斯各方所展開的談判」、「發生在吉爾吉斯的事件正在納入烏克蘭遊戲的軌道」。

在發生顏色革命的三個國家中，都普遍存在對於媒體本身的特殊性質認識不足的問題。媒體隊伍應該建立自己的核心價值，媒體不應像外交一樣左右搖擺，不然，媒體成為顏色革命的工具就是非常正常的了。俄羅斯總統普京早在 1999 年就開始努力讓愛國主義成為俄羅斯國家媒體的精神支柱，這同樣也成為俄羅斯現階段成功抵制顏色革命侵襲的保證條件之一。

6. 俄羅斯外交轉型

在面臨美國的政治外交壓力，並且在歐洲經濟危機下，俄羅斯面臨外交大轉型。

梅德韋傑夫總統的對外政策正在經歷著不同於以往的四個重大轉型。第一，在外交自我定位上，正從強國型向大國型轉換；第二，在外交戰略謀劃上，正從應急型向預防型轉換；第三，在外交涉獵範圍上，正從局部型向全域型轉換；第四，在國際形象上，正從暴力型向道義型轉換。

11 月 12 日廣州《二十一世紀經濟報導》首發俄羅斯總統梅德韋傑夫在 APEC 上演講的中文版。梅德韋傑夫指出，俄羅斯未來不僅要以豐富的石油、天然氣、礦產資源、生物技術和淡水資源，而且將會用科技、生產、人才潛力和極具競爭力的一些「資產」與世界競爭。梅德韋傑夫的表態，其實是俄羅斯外交轉向的重要標誌。當前俄羅斯仍面臨信心方面的挑戰。

中國社會科學院俄羅斯東歐中亞研究所和社會科學文獻出版社主辦的《俄羅斯東歐中亞國家發展報告（2009）》指出，2008

年俄格衝突的爆發是俄羅斯反對北約東擴的強力表現，是俄羅斯外交轉型的標誌性事件。梅德韋傑夫總統的對外政策正在經歷著不同於以往的四個重大轉型。第一，在外交自我定位上，正從強國型向大國型轉換，要考慮到俄羅斯在國際事務中日益提高的國家作用。第二，在外交戰略謀劃上，正從應急型向預防型轉換。梅德韋傑夫上任後多次指出：一個強大的國家，其外交不僅應該具有善於處置危機的能力，更應該具有預防危機的能力。新的《俄羅斯對外政策構想》也強調，俄羅斯奉行「有預見性的實用主義外交政策」。第三，在外交涉獵範圍上，正從局部型向全域型轉換。第四，在國際形象上，正從暴力型向道義型轉換。

俄在地緣政治上角力

莫斯科國際關係學院政治學院院長弗斯克瑞森斯基教授，從能源問題來看俄羅斯外交的特點。他強調俄羅斯在亞太地區與中國在能源策略上具有合作前景的重要性。他認為，亞洲或是亞太地區在世界政治上扮演越來越重要的角色，尤其是能源的需求使亞洲變得越來越重要，俄羅斯在這方面與中國合作大有作為。亞洲許多國家已經把能源問題視為國家安全的根本問題，並且很大程度地影響了亞洲國家的外交政策。他認為，亞洲能源市場已經成了世界經濟的重點，而能源的勘探與開發以及為此引發的能源爭奪戰，儼然已經構成地緣政治上的嚴重衝突。

從弗斯克瑞森斯基談的大亞洲能源戰略來看俄格的軍事衝突，不難理解格魯吉亞的問題對於俄羅斯國家安全戰略的衝擊程度。自 2002 年起，亞塞拜然、格魯吉亞和土耳其就在美英兩國支持下，修築一條長達 1760 公里、輸油能力每天超過 100 萬桶的巴庫－第比利斯－傑伊漢石油管道。由於格魯吉亞和俄羅斯爆

發軍事衝突，英國石油公司（BP）2008年8月12日關閉了兩條途經格魯吉亞的原油和天然氣管道。英國石油公司稱，這兩條管道並沒有因軍事衝突而遭受破壞，關閉管道是出於安全考慮。國際能源機構此前警告說，俄格軍事衝突將威脅到途經格魯吉亞境內的油氣管道，而格魯吉亞在能源市場上具有重要的戰略意義，一旦管道遭破壞，原油輸送將受到嚴重影響。不難發現，格魯吉亞試圖挑戰俄羅斯在高加索地區霸權和帝國主義，來彰顯自己的重要性。單純強調俄羅斯的國家安全受到相對弱小的格魯吉亞威脅也難以完全理解這裡的問題。因此俄格問題必須擺在俄羅斯、格魯吉亞和西方國家三方角力的框架下來檢視。若說高加索地區呈現出無政府狀態的特徵，那麼權力和安全利益必須在具體的互動關係和事件的脈絡下來分析，才能探究出這裡的衝突要素，以作為解釋和準確預測的基礎。

俄羅斯外交將會在七個方面努力

莫斯科國際關係學院東亞暨上合組織研究中心主任盧金教授對於俄羅斯外交的分析，則側重中國在平衡俄羅斯與西方關係中的角色。盧金認為，俄羅斯軍事支持南奧塞梯的舉動，幾乎破壞了俄羅斯與西方國家在九十年代所形成的關係模式，並且確立了新的局勢。俄格軍事衝突表示俄羅斯拒絕西方的遊戲規則，俄羅斯對於捍衛自己國家利益的作法會是具體的行動而非嘴巴說說而已。盧金認為，相對於蘇聯與西方的外交關係建立在意識形態的對立上，以摧毀西方帝國主義世界為目標，俄羅斯把西方當作是文明世界和世界政治的中心，俄羅斯要參與其中，並且能夠與西方國家密切交往與相互影響。俄羅斯外交上儘管強調多極政策，但是在俄羅斯與西方外交政策的主軸下，俄羅斯在對中國、

伊朗和中東國家的外交關係上，扮演的是平衡與施壓西方國家的槓桿角色。

盧金認為，俄羅斯不似蘇聯有佔領世界的企圖心和宣傳意識形態的明確目的，俄羅斯的外交政策特點，總體要為國內經濟發展和社會政治穩定塑造良好的外部環境。外交政策首先要符合國家利益，其次要找出俄羅斯要如何被國際社會需要和認同。

未來俄羅斯政府將會在七個外交方向做努力：扮演對抗大規模殺傷性武器與核擴散的領導角色。打擊國際恐怖主義和地區分離主義。加強與周邊國家的友好關係，並且建立有效的合作機制。發展與西方國家的共同利益。與世界主要權力中心的國家建立合作關係，例如建立莫斯科－北京－華盛頓三邊互動合作機制，並在金磚四國和八國峰會框架下發展更為緊密的經貿關係。解決格魯吉亞問題，避免國際勢力干涉。加強資訊活動的能量。

國際宣傳戰仍然不足

俄羅斯在格魯吉亞入侵南奧塞梯後的行動，俄羅斯沒有在第一衝突的時間內很好地向國際媒體與國際社會解釋自己的行動，在資訊缺乏下，國際媒體採取慣用的意識形態對立的手法，導致報導完全一面倒向斥責俄羅斯，國際輿論的壓力過大也給俄羅斯增加負面的形象。

蘇聯解體後外交最大的轉捩點莫過於梅普共治下所發動的對格魯吉亞軍事打擊，俄格軍事衝突象徵俄羅斯正式向西方國家與北約組織展現了梅普體制的強硬實力外交。不過俄羅斯政府對於俄羅斯在輿論戰中的弱點認識是很清楚的。俄羅斯外交部長拉夫羅夫認為，俄羅斯的媒體與官方的資訊顯然沒有在俄

格軍事衝突中發揮作用。由此仍可窺知，俄羅斯媒體在國際媒體的新聞輿論戰中，與其外交展示的決心相較，顯然是相形失色的。

7. 中俄關係轉變

中俄關係在普京選舉前後的變化

2012 年 3 月 4 日俄羅斯總統選舉將會進行，在俄羅斯選舉前後世界格局將會出現很多不確認的因素，而不確認的因素將會來自俄羅斯以外的國際局勢的變化，而普京是否能夠穩定國際局勢的發展，將會決定 3 月普京是否能夠順利當選總統，當選之後普京是否能夠帶領俄羅斯走向國際舞臺，並且在中國換屆、美國大選期間，南北韓問題、伊朗問題、敘利亞問題都會成為國際問題的焦點。另外，在金磚五國中，俄羅斯內部包括智庫、普京周邊的官員，對於金磚五國的機制非常重視，甚至超過了對於上海合作組織，俄羅斯對於世界局勢的重視排名因改為：北約、歐盟、金磚五國、上海合作組織。

俄羅斯現任總統梅德韋傑夫已經表示完全支持普京成為下一屆總統候選人，但梅德韋傑夫仍在觀望普京在選舉中是否會出現像杜馬選舉中出現同樣的問題。在杜馬的選舉中出現了爭議，很多在莫斯科反對普京的人士開始走上街頭，儘管這些人大約也就三、四萬人，但這些主要是長期持和西方意識形態基表接近的民主派所組成，但另外還有不滿普京的俄羅斯共產黨的成員，普京所面臨的困難並不來自於反對派本身，而是整個國際局勢對於普京並不十分有利。美國對於俄羅斯的擔心可以在其智庫的會議

次數體現出來，儘管世界媒體都在強調中國崛起，但美國智庫討論最多的還是俄羅斯問題，因為美國智庫內部認為，中國崛起雖然是問題比如對於俄羅斯民主派而言最希望的兩個普京未來能夠達成的條件就是：

首先能夠讓組黨更加容易些，這樣很多民主派的成員能夠把自身的觀點在最大程度上得到展現，俄羅斯民主派的主要功能並不在於壯大政黨，而是將自己的觀點在莫斯科和聖彼德堡兩個城市，進行最大範圍的傳播。俄羅斯民主派的主要力量也就在莫斯科和聖彼德堡。

其次，俄羅斯政府內部必須把一定的職位讓出來，讓民主派和俄共進行分享，之前俄羅斯各個省的選舉在浪費的理由下，都已經廢除，俄羅斯省長基本上都由總統來任命，現在俄羅斯總統大選之後，俄羅斯省長的的選舉將會恢復。

最後，在總統選舉中，將不會出現選舉舞弊的現象，並且選舉過程和開票都將全程錄影，保證不出現選舉糾紛，即使有糾紛也有影像作為證據，在全世界的選舉中，俄羅斯是第一個全程全面使用攝影的國家。

在此三個前提之下，普京已經基本上解決俄羅斯反對派提出的意見。

但問題在於國際環境中，中國大約在 10 月才會完成換屆，奧巴馬最早也會在 12 月前確認是否連任，印度大約在 2013 年才會開始選舉，現在在印度經濟平穩發展的前提下，**俄羅斯如果平穩選舉，便會贏得 2012 年的定局。**

2012 年在十月中國才完成換屆，美國年底完成總統大選的前提下，俄羅斯是否能夠在在 3 月前順利完成大選有兩個因素需要面對：

首先是否能夠妥善處理敘利亞的問題，2月5日，俄羅斯與中國否決了聯合國安理會有關敘利亞問題的決議。這項決議譴責敘利亞總統巴沙爾‧阿薩德對本國人民將近一年的鎮壓並呼籲阿薩德下臺。另外 13 個安理會成員國都投了支持票，包括美國、法國和德國。敘利亞總統阿薩德本身代表著國內宗教的少數派，如果阿薩德不能夠堅持到普京大選後的話，從經濟利益上講俄羅斯損失很大，俄目前對敘利亞投資總額達到 200 億美元。此外，俄雙方近年來簽訂了軍事合同總額達到 40 億美元，敘利亞僅 2010 年就向俄購買了 7 億美元的武器。最近，莫斯科剛剛同意向敘出口 36 架雅克－130 型教練機，總合同額達 5.5 億美元。從地緣政治上講俄羅斯在南方將會退縮到亞美尼亞一帶，在西亞、格魯吉亞一帶幾乎沒有沒有。

這樣如果敘利亞政權替換，普京在政治、經濟上的失策將會被反對派放大，而且支持普京的民眾也會懷疑普京是否有能力帶領俄羅斯民眾、維護俄羅斯的國家利益，據傳，普京的底線是俄羅斯總統選舉之後阿薩德再下臺，對於這一點中國媒體好像沒有報導。

此時，如果俄羅斯支持聯合國的決議，這樣俄羅斯在敘利亞的利益將會遭受到重大挫折，並且普京在國際問題上的態度將會遭受到空前的質疑，而質疑的關鍵點在於，俄羅斯近十年的崛起主要依靠石油和天然氣的輸出，但普京所領導的政府是否能夠維持俄羅斯在海外的石油和天然氣的利益呢？如果俄羅斯在敘利亞的立場軟化，那麼這將代表普京的石油和天然氣的外交失敗了一半。沙皇末期沙皇在第一次世界大戰中普魯士戰場陷入膠著，日俄戰爭中沙皇俄羅斯戰敗，基本表示沙皇的外交全面失敗；蘇聯後期，戈巴契夫從東德撤軍、柏林牆倒塌、波羅的海三國獨立，這使得蘇聯全面解體。

雖然現在的敘利亞問題還不是非常嚴重的問題，但它完全代表著俄羅斯的國家利益指向，和普京保護俄羅斯國家利益的決心和能力。此時如果中國不支持俄羅斯的決議，那麼，如果俄羅斯出現任何不穩定的局面，那麼中國在十月的換屆也將不會穩定。

如果三月俄羅斯穩定選舉，那麼接下來，弱勢的美國如何面對俄羅斯呢？

三月後在南北朝鮮問題上，北朝鮮領導人金正恩將會受到來自俄羅斯方面的支持，而當北朝鮮的經濟如果能夠順利發展的話，俄羅斯對於北朝鮮的支持將不會非常強烈，但如果北朝鮮的先軍政治和經濟發展不順利的前提下，俄羅斯首先將會更多的介入北朝鮮的軍隊發展中，穩定先軍政治的方針，因為在中國與北朝鮮的關係中，最為薄弱的就是雙方軍隊的關係。金正恩在穩定北朝鮮的軍隊之後，適度發展核武技術將會成為關鍵，此時，俄羅斯是否會支持北朝鮮發展核武技術成為 2012 年四、五月後觀察的重點。

美國和俄羅斯最大的衝突點在於石油和天然氣的定價權，石油的定價權基本上掌握在美國和相關的阿拉伯國家。

金磚五國和美國的關係複雜化

3 月底將會在印度舉行金磚五國的專門會議，最早俄羅斯和中國對於這樣的會議都不是非常重視，其中最主要的原因就在於俄羅斯和中國均是出口外向型的國家，中國是出口相關的技術產品，而俄羅斯則是出口能源產品，印度的內需市場非常薄弱，巴西、南非也基本上出口礦產品，這樣金磚五國基本上沒有任何的共同利益。

三月俄羅斯選舉之前，普京非常重視金磚五國的會議機制，其中主要的原因在於，上海合作組織由於是中國出資，並且在中亞五國的完全支持下，只有哈薩克斯坦和俄羅斯的關係比較穩定，但中亞其他國家和俄羅斯的關係並不十分理想，而且俄羅斯的盟友白俄羅斯也不能夠加入上海合作組織，另外俄羅斯的準盟友印度也不能夠加入上合組織的框架，這使得俄羅斯認為上海合作組織完全服務於中國。如果是這樣的話，現在還沒有一個組織能夠代表發展中國家，這樣金磚五國機制則是俄羅斯的另外選擇。

　　在金磚五國中，俄羅斯和印度關係較近，而且巴西和俄羅斯同時資源出口國家，只是出口的資源種類不同，俄羅斯偏重石油、天然氣，而巴西偏重礦物資源類。這樣在某種程度上，俄羅斯和巴西的競爭關係並不十分嚴重，反倒是雙方可以更多借鑑一些經驗。南非也是礦產資源出口國家，並且出口主要以非洲、歐洲和亞洲為主。

　　這樣俄羅斯外交官和智庫認為，金磚五國的機制在某種程度上會逐漸對美國產生一定的震懾作用，並且在此機制之下，中國並沒有完全控制其中的任何一個國家。

　　這樣俄羅斯會和印度在金磚國家會議上，儘量會進行一定的實質性的合作，並且由於印度此前承辦國際性的會議較少，這樣俄羅斯外交官會在一定程度上幫助印度籌組金磚國家的會議。

8. 顏色革命對北韓影響

　　在顏色革命的前提下，北韓也表現出先軍政治的優越性，以確保政權不被替換。北韓進入先軍政治 VS.先美政治階段

朝鮮領導人金正日去世之後，金正恩平順接掌政權，但其中還存在很多的變數，這主要是南北朝鮮周邊大國中美俄的影響，但朝鮮和韓國國家政策尖銳對立性才是半島問題的最大引爆點。朝鮮在金正日時代主導先軍政治，並且附加以主體思想（朝鮮語：주체사상，英語：Juche Idea）。先軍政治在金正日時代主要是為了應對其國家經濟危機下國家的國際地位下降危機，這與韓國李明博政府主導的先美政治形成鮮明地對比。朝鮮雖然陷入經濟危機，但其軍隊對於統一南北朝鮮的決心應該是現任領導人金正恩最大的資產，但此時韓國的政府、軍隊、外交官、民眾、從朝鮮到韓國民眾的思想基本上還呈現混亂的局面，這應該是民主政治的一大特點，如果此時韓國在朝鮮的國殤期（大約兩至三年，不是兩個月）出現非常不明智或者是挑釁性的活動，那麼，來自朝鮮的軍隊會隨時準備報復，朝鮮半島將會隨時會進入武裝軍事危險期。

韓國先美政治出現問題

在金正日去世後，韓國首先發現其整體的情報部門對於此事幾乎完全不知，然後媒體開始想像金正日去世的原因，之後，就揣測中國軍隊是否有可能進入朝鮮協助穩定。現在一些來自朝鮮現居住在韓國的民眾還要釋放一些希望朝鮮內部發生革命的氣球。種種跡象表明韓國內部能夠準確判斷朝鮮內部問題的智庫或者官員嚴重不足，甚至這些政府部門之間的協調性非常不足。現在朝鮮政府已經表明態度，就是在未來的一段時間不會再和李明博政權打交道，韓國的統一部部長李佑益就表示，對朝鮮的此態度感到失望，但韓國不會輕易收起對韓朝關係的期待，在朝鮮發表新年聯合社論之後，最高司令金正恩視察了人民軍坦克師，這

證明朝鮮已經進入「後金正日時代」。李佑益的表態沒有任何新意和授權，這也表明韓國也進入後李明博時代。

韓國的朝鮮問題專家對於朝鮮三家媒體所發表的新年聯合社論大表示，第一次看到未提出任何發展藍圖的新年聯合社論，社論再次強調金正日的「遺訓」和「先軍政治」外，沒有任何特點。此時，韓國的專家有此思想是非常危險的，因為朝鮮一般都執行先禮後兵的外交軍事，如果韓國在一些事情採取錯誤的態度，一般朝鮮都是先記賬，然後在韓國出現一些小失誤動作的前提下，朝鮮則會重重回擊，比如 2009 年的天安艦事件也是在之前韓國採取一系列的舉動前提下，被朝鮮重重一擊，使得世界譁然。

朝鮮為未來的小型軍事攻擊做準備

朝鮮國防委員會批評了金正日去世後韓國政府所採取的一系列措施。對韓國政府採取的緊急工作態勢，聲明稱「這是要誘導劇變和體制變化的陰謀」。對原則上禁止赴北韓弔唁，聲明譴責說「這是反民族的叛逆大罪」。韓國政府有關人士認為，李明博政府任期還剩一年，朝鮮此舉意在把下屆政府作為交往對象。這基本表明，韓國的相關人士對於基本常識和認知存在偏差，該聲明應該是朝鮮的軍隊和李明博開始絕緣，但朝鮮的行政人員未來還會和李明博或者未來的繼任者接觸，甚至是展開朝鮮半島的六方會談。未來朝鮮的軍方應該會始終扮演黑臉，而政府的行政人員未來應該就是白臉。這樣朝鮮軍方還保留未來一年對韓國進行小型軍事進攻的可能性，朝鮮的進攻應該是建立在自認為的一套理論之上，這是不需要全民公決的。

朝鮮在 1953 年結束戰爭之後，就進入經濟、文化和軍事的全面建設中，但在中國的援助和蘇聯的雙向援助之下，朝鮮的經濟發展一帆風順。其中的問題在於，對於金日成的治理，朝鮮的軍方和政府方面的看法始終不一。而韓國在結束戰爭之後，其經濟建設在初期階段並不順利，其主要原因在於，沒有分裂前朝鮮的重工業都在北部，而在南部基本上都是農業。在韓國和美國的軍事協議中，韓國主要是穩定內部，不需要發動和朝鮮的任何戰爭，發動戰爭的決定權基本上在美國的手中，這樣造成韓國在處理和朝鮮的關係中，基本上存在兩個非常矛盾和幼稚的觀念，首先大多數的韓國人都希望在韓國強大經濟的影響下，南北朝鮮實現統一，當然這種統一是東西德的模式，就是韓國吃掉朝鮮。其次是，在沒有統一前提下，各方人士的意見都需要被重視，這些人都可能上街頭表達意見，韓國給人的印象是文化韓國是美好的，但新聞中的韓國則是常常憤怒的人走上街頭。多元化的韓國恰恰是未來朝鮮半島的禍根。

先軍政治不得已而為之

在朝鮮還陷入經濟危機的前提下，朝鮮內部的行政系統中基本上親中的比較多，而朝鮮軍方親俄羅斯的則比較多。現在朝鮮領導人金正恩採用其父金正日的先軍政治有其不得不為之的必然性，如果朝鮮進入經濟改革狀態，則朝鮮對於中國的依賴性馬上提高，這必然會引起軍隊內部的不滿。現在朝鮮的軍隊在某種程度上成為其經濟建設的主力軍，比如很多的軍事技術可以在軍方順利進入工廠等經濟實體後，但畢竟很多負責民生的企業需要的技術和軍事技術無關，軍隊顯然無法負責全面的國家建設。此

時，俄羅斯影響朝鮮的軍隊也僅僅限於軍事技術方面，對於朝鮮軍隊的人事，俄羅斯則沒有任何的影響力。

現在很多關於中國和朝鮮的新聞主要以假新聞為主。比如，在金正日去世後，馬上就有國際媒體傳中國軍隊或者軍官進入朝鮮，協助朝鮮領導人穩定政局，其實，只要對朝鮮問題有常識的人絕對不會相信這樣的新聞，當然後來，這條新聞被認定為謠言。其中主要的原因在於，如果中國已經全面影響朝鮮的經濟，而朝鮮的軍隊則被領導人認為是統一南北朝鮮的唯一、主要工具，但朝鮮實現統一的唯一管道則為武力統一，這也是中國所不樂意見到的局面，朝鮮不希望中國進入其軍隊系統是可想而知的事情。

朝鮮派出比較親中的金正恩的姑父張成澤訪問中國，可以看出，金正恩對於中國、韓國甚至俄羅斯的整體外交佈局還沒有出現錯招或亂招。中國此時是否需要制定未來朝鮮的和核武展方向，現階段朝鮮進行大規模的經濟改革可能性不大，這也意味著，中國大約也只能夠影響朝鮮的行政系統，對於朝鮮的軍隊沒有其他有效的手段。這樣在金正恩弱勢的前三年，中國有可能取得比較主動的地位，但在之後，可能會再次陷入被動。中俄在未來的朝鮮問題上採取合作的態度，共同控制朝鮮的核武發展，韓國基本上在朝鮮問題上更多的是挑釁，而不是動武，如果朝鮮進入全面的經濟建設，至少在未來的二十年間朝鮮半島才能夠進入一個和平期。

9. 伊朗也受顏色革命影響

伊朗深藏顏色革命可能

　　網絡技術的普及，使得伊朗對內的任何措施都被攤在陽光下。對外，伊朗的保守性被放大。如果伊朗不能妥善協調國內各種勢力，未來伊朗發生真正的顏色革命的可能性將會提高。

　　美國國防部長蓋茨已正式下令成立一個全新的軍方電子及電腦網絡指揮部，負責電子及電腦網絡相關的統籌及協調工作，協助國防部保衛其電腦網絡及制定電子及網絡戰術。美軍目前總共有 15000 個電腦網絡、700 萬台電腦。這次在伊朗的街頭運動中，伊朗當選總統艾哈邁迪內賈德，總體表現平穩。但未來伊朗的經濟和政治發展必須要重視來自改革派的聲音，應該是一個趨勢。網絡技術的普及，使得伊朗對內的任何措施都被攤在陽光下。對外，伊朗的保守性被放大。如果伊朗不能妥善協調國內各種勢力，未來伊朗發生真正的顏色革命的可能性將會提高。

改革派要發揮更多作用

　　在全球化發展的今天，以美國為主的民主政治基本上已經突破政黨希望長期執政的痼疾。台灣政治大學俄羅斯研究所所長王定士教授就認為，美國的政黨、財團、議會和媒體為四角互動關係，美國民主黨和共和黨政治野心家主要集中在議會當中。一般來講，美國野心家們的主戰場是在國外，現在北朝鮮、伊朗、索馬裡和委內瑞拉則是最重要的靶場。中國媒體喜歡經常將美國

的中央情報局拉入發展中國家的內亂和革命當中，其實美國的議員在其中的重要作用是很多媒體都沒有涉及的。這也包括美國的媒體。

美國政黨所主導的政府較為平和，並且在財團利益趨同化的影響下，政黨對於長期執政的願望就變得不會非常強烈。而美國財團的利益主要分佈在東部和西部，所以很多的美國菁英認為，美國執政黨只有一個，就是財團黨。

美國在政黨、財團、議會和媒體超過兩百年的良性和惡性互動，其中的細節是國外任何政府都無法理解的。對於伊朗最近的局勢，網絡科技成為伊朗政局動盪的源頭，伊朗的經濟發展必須將改良主義融入到保守政策當中，這是一種趨勢。這次之所以伊朗沒有釀成大規模的顏色革命，主要在於伊朗現在仍然是神權統治下的世俗社會，伊朗當選總統內賈德只是政治方面的代表，改革派希望未來在政府中發揮更多的作用而已。

伊朗在選舉開票中是否出現舞弊的現象呢？這基本上不是選舉舞弊的問題，問題為政黨的某些基本屬性使然。就是說，任何國家的政黨基本都存在改革派、保守派和中間分子，如果執政黨不能夠採納和包容來自另一方面的聲音和建議時，任何選舉都會被稱為「舞弊」。執政黨不能夠因為對方有執政的願望，而斷定對方是叛亂的一方。

現在看來，伊朗在這次選舉中發生衝突的雙方基本上都比較克制，其目的主要是為了在未來的時間，可以為改革派爭取更多的發言權。如果這次改革派的代表穆薩維沒有任何表示的話，那麼在接下來的時間裡，伊朗與美國等西方國家的國家對抗關係不會減弱，那麼伊朗將會一直堅持執行現在的保守政策。

與美對抗關係不會減弱

　　世界銀行公佈的報告顯示，伊朗外債有所減少，預計 2009 年經濟增長率約為 3%，將比 2008 年的 5.2%減少 2.2 個百分點。伊朗將國家年收入的 17%都投入到穩定社會物價和物資供應上。伊朗精神生活的人性化管理比較弱，原教旨主義的管理非常強。有媒體認為，2009 年中情局依靠的是一種全新的武器：控制移動電話輿論權。首先，在選舉當晚通過短信散佈謠言，指出憲法監護委員會已經通知穆薩維，他獲勝了。於是幾個小時以後，當內賈德獲勝的官方消息公佈後，看上去就像政府編織了一個大騙局。但是之前穆薩維及其朋友們都認為，內賈德會大獲全勝。美國民調部門也預計，內賈德的得票率會高出穆薩維 20 個百分點。隨後，一些社交網站和衛星博客用戶也開始通過手機短信接受到一些關於政治危機和街頭抗議行動的似真似假的消息。

　　哈佛大學伯克曼互聯網與社會研究中心教授羅伯‧費里斯認為，網絡社交工具在奧巴馬競選美國總統期間就展現了強大的力量，但在伊朗大選後引發的騷亂中發揮了更加巨大的作用。網絡工具聚合起來成為反對者彼此協調、舉行抗議活動的載體。

　　伊朗保守派在處理網絡問題中主要採用攔截和封鎖的手段，這對於規模較大的抗議活動來講，在某種程度上還比較欠缺多元化管理。因為在抗議中的任何照片只要被傳播出來，就會馬上變為國際事件，其中錄像和照片的影響力更大，因為那是唯一的證據。比如在這次抗議中被擊斃的女抗議者的照片和錄像當天被傳播到國際媒體上，這使得關於伊朗的新聞傳播沒有任何的對比性，這樣西方媒體在傳播中的新聞震撼性更加強烈。同時，中

國的中央媒體直接來自伊朗的新聞也並不多。全面反映當事國的狀態，是北京中央媒體的責任，不能把注意力都放在給中央寫報告上，資訊的普及同樣非常重要。在此情況下，伊朗更加需要加強自身的新聞傳播，來解釋伊朗境內的改革派示威的情況，不能夠讓自己的公民在電視臺上承認行動是西方的教唆就完了，那是愚蠢的表現。

西方利用網路影響局勢

西方國家在使用 Twitter、Youtube 和 Flickr 這樣的社交網站的效果有兩個方面：首先，可以直接影響改革派的行動；其次，就是永久記錄伊朗的抗爭活動，並加深改革派和保守派的隔閡，這將是伊朗人民內心中永遠的傷。

伊朗的保守派體制內的官員和學者，必須學習應用這些多媒體傳播手段。儘管如此，還是會出現騷亂。如果伊朗政府還在下次街頭運動中採用同樣手段，可能就不會像這次這樣和平落幕了。

2011 年底，本人在中國暨南大學職稱升為教授，感觸良多，這些年幫助我的人實在太多。在這裡要特別感謝中國新聞史學會榮譽會長方漢奇教授、中國新聞史學會會長趙玉明教授、復旦大學張駿德教授、童兵教授、李良榮教授、黃芝曉教授、黃旦教授、張濤甫副教授、張殿元副教授、華東師範大學馮紹雷教授、新華社副總編輯俱孟軍先生、《新聞記者》總編輯呂怡然先生、中國人民大學鄭保衛教授、陳力丹教授、北京大學程曼麗教授、清華大學李希光教授、崔保國教授、郭鎮之教授，中國傳媒大學的雷越捷教授、陳衛星教授、深圳大學吳予敏教授、華南理工大學李幸教授、趙鴻教授、河南大學李建新教授、張舉璽教授、浙江工商大學徐斌教授、博玫教授。

在此感謝來自香港的師長與老朋友：香港城市大學首席教授李金銓教授、朱祝建華教授、何舟副教授、香港中文大學陳韜文教授、李少南教授、蘇鑰機教授、馮應謙教授、丘林川副教授、香港浸會大學黃昱教授、余旭教授、亞洲電視臺副總裁劉瀾昌先生、鳳凰衛視新聞台總編輯呂甯思先生、評論員何亮亮先生、鳳凰衛視時事辯論會策劃人鐘麗瓊編輯。

筆者的研究在中國暨南大學也得到了校長胡軍教授、校黨委書記蔣述卓教授、副校長林如鵬教授、副校長劉傑生教授、副校長饒敏、國際處處長余惠芬、教務處張宏處長、王力東副處長、珠海學院系主任危磊教授的支持，在學院內有院長范已錦教授、常務副院長支庭榮教授、副院長張晉升教授、劉家林教授、蔡銘澤教授、曾建雄教授、馬秋楓教授、薛國林教授、李異平教授等前輩的肯定。

在筆者曾服務過的廈門大學也得到了校長朱崇實教授、副校長張穎教授的支持，在專業上也得到了新聞傳播學院院長張銘清教授、陳培愛教授、黃星民教授、許清茂教授、趙振翔教授、黃合水教授的支持和肯定。

這幾年筆者在臺灣時，還得到臺灣元智大學校長彭宗平教授、臺北大學校長侯崇文教授、元智大學通識教學部主任王立文教授、孫長祥教授、謝登旺教授、尤克強教授、人社院院長劉阿榮教授、政治大學李瞻教授、朱立教授、馮建三教授、蘇蘅教授、俄羅斯研究所長王定士教授、臺灣大學張錦華教授、林麗雲副教授、張清溪教授、淡江大學張五岳教授、交通大學郭良文教授、南華大學郭武平教授、戴東清助理教授、致理技術學院施哲雄教授、王正旭助理教授、亞太和平基金會董事長趙春山教授、政治大學教授和陸委會副主委趙建民先生、企劃部主任陳逸品研究

員、美國自由亞洲電臺駐臺灣首席記者梁冬先生等的支持和照顧，另外筆者還接觸許多和善的媒體人，這包括南方朔先生、楊度先生、《商業週刊》發行人金惟純先生、《遠見》雜誌的發行人王力行女士、《中國時報》總主筆倪炎元先生、《中國時報》副總編、主筆郭崇倫先生等人。

在一篇文章中得知《商業週刊》發行人金惟純先生已經開始關注小事情，因為小事情組成了所有的生活，其實殊不知，歷次的顏色革命也都是因為小事情而起，只是政府沒有處理好小事情，最後都變成了顏色革命。

在此書的寫作過程中，筆者的研究生張立安對此書資料收集有重大貢獻。

感謝中國教育部國際合作與交流司副巡視員于繼海和中國新聞社副總編孫有良對於筆者俄羅斯研究十幾年來的幫助。

最後非常感謝秀威資訊出版社的編輯鄭伊庭，和邵亢虎經理，總經理宋政坤先生對於本書的支持，秀威資訊出版社經常會關關注臺灣很少注意的俄羅斯聯邦、獨聯體國家的發展狀況。這只有在秀威 BOD 的印刷條件下才可以完成一項在出版業不可能完成的任務。

特別感謝中國傳媒大學副校長胡正榮教授和李繼東教授對於本書的全面支持。

目錄

CHAPTER 1

顏色革命：你從何而來？

2003 年 11 月，格魯吉亞舉行議會選舉，隨之發生「玫瑰革命」；2004 年 10 月，烏克蘭舉行獨立後第四屆總統選舉，也發生「栗子花革命」，又稱橙色革命；隨後的 2005 年，吉爾吉斯斯坦也在總統選舉中爆發了「鬱金香革命」。時間倒退到 2000 年，南聯盟的「推土機革命」與「顏色革命」三國的革命歷程非常相似，只不過當時人們還沒有將之冠以顏色革命的頭銜。一時間，獨聯體國家和中亞地區「革命」風雲再起——誰會是下一場「顏色革命」的目標？這些國家又為什麼會發生顏色革命呢？

1. 認識顏色革命

　　2003 年 11 月，格魯吉亞舉行議會選舉，隨之發生「玫瑰革命」（Rose Revolution）。2004 年 10 月，烏克蘭舉行獨立後第四屆總統選舉，也發生「栗子花革命」，又稱橙色革命。隨後的 2005 年，吉爾吉斯斯坦也在總統選舉中爆發了「鬱金香革命」。時間倒退到 2000 年，南聯盟的「推土機革命」與「顏色革命」三國的革命歷程非常相似，只不過當時人們還沒有將之冠以顏色革命的頭銜。一時間，獨聯體國家和中亞地區「革命」風雲再起，人們紛紛猜測誰會是下一場「顏色革命」的目標？同時人們也在反思這些國家為什麼會發生顏色革命呢？

　　到底為何這些國家會發生顏色革命呢？到底是非政府組織進行有組織有預謀的策劃呢？還是這些國家確實是腐敗問題非常嚴重呢？應該說發生顏色革命的這些國家都有一個共同特點，就是都是家族統治，使得大多數的基層官員和知識份子都失去升遷的管道，民眾的生活在巨大的經濟差距面前失去平衡。比如在烏克蘭的庫奇馬家族、吉爾吉斯斯坦的阿卡耶夫家族、埃及的穆巴拉克家族、利比亞的卡扎菲家族等，這些國家並不屬於非常貧困的國家，甚至這些國家的街頭都是賓士和寶馬車，但貧富差距太大遠超警戒線，成為發生顏色革命的必然。

顏色革命

　　「顏色革命」不是一個嚴謹的學術概念，而只是提供了一種觀察現實的簡單方式，更多的具有表徵的作用。維琪百科這樣定

義「顏色革命」：顏色革命（Color revolution），又稱花朵革命，是指 20 世紀末期開始的一系列發生在中亞、東歐獨聯體國家的以顏色命名，以和平和非暴力方式進行的政權變更運動，而且這些運動有向包括中東的一些地區在內的地方蔓延的趨勢。參與者們通常通過非暴力手段來抵制他們所認為的獨裁政府以及俄式思維方式，擁護他們所認為的民主、自由以及美式思維方式。他們通常採用一種特別的顏色或者花朵來作為他們的標誌。目前顏色革命已經在塞爾維亞、格魯吉亞、烏克蘭和吉爾吉斯斯坦這幾個國家取得成功，推翻了原來的親俄羅斯政府，建立了親美國政府。

從這個簡單明瞭的定義中，顏色革命顯示出了一些共同點：

第一，發生區域：中亞、東歐、中東和地區的新興國家和動盪國家。塞爾維亞在第一次世界大戰時就被稱為巴爾幹的火藥桶。鐵托時代的南斯拉夫雖曾經與蘇聯結盟，但後來脫離了以蘇聯為首的社會主義陣營，在蘇、美兩大陣營的夾縫中艱難生存。南斯拉夫解體後，塞爾維亞內外交困，米洛舍維奇總統與美國為首的西方一直交惡不斷。格魯吉亞、烏克蘭、吉爾吉斯斯坦都曾經是前蘇聯的加盟共和國，雖已獨立近 20 年，但這些國家卻並沒有走出屬於他們自己的發展道路。經濟發展不利，社會矛盾頻現，政治體制不健全，人民生活痛苦。這三國顏色革命之後，其他前蘇聯加盟共和國如亞塞拜然、白俄羅斯、烏茲別克斯坦等國也如驚弓之鳥，嚴防本國成為下一個變色之國。中東地區一向都不平靜。幾十年的巴以衝突一直都是國際新聞關注的焦點。自美國以武力推翻薩達姆政權後，伊拉克依然處於動盪之中，經濟、政治秩序的恢復還需諸多時日。2009 年伊朗總統大選，候選人穆薩維的支持者造就綠色風潮，挑戰現任總統內賈德。世人一度驚呼顏色革命有在伊朗發生的可能性。

第二,「革命」方式:和平和非暴力。除了吉爾吉斯斯坦的「鬱金香」革命中出現了少許暴力行為,在玫瑰革命和橙色革命中,街頭政治成為推翻當權者的主要方式。街頭政治並沒有準確的定義。通常是指某些政治勢力為達到一定的目的,發動民眾走上街頭、遊行示威或圍困政權機關的活動。[1]被稱為「顏色革命精神教父」的吉恩・夏普在他的著作《從獨裁到民主》中總結了非暴力反抗「獨裁者」的眾多方法,從經濟方面到政治方面無所不有。當權者面對大規模的街頭政治,似乎總是束手無策。被稱為「巴爾幹不死鳥」的米洛舍維奇、「政壇不倒翁」的阿卡耶夫都在大規模的街頭政治中黯然下臺。

第三,抵制他們所認為的獨裁政府以及俄式思維方式,擁護他們所認為的民主、自由以及美式思維方式。如前面提到的塞爾維亞、格魯吉亞、烏克蘭、吉爾吉斯斯坦在歷史上和現實中都與前蘇聯和俄羅斯有著千絲萬縷的聯繫。前蘇聯和俄羅斯對於這些國家的影響是顯而易見的。與此相反,美國,這個一向高舉自由、民主大旗的國家,成為顏色革命中反對派心目中理想的奮鬥目標。反對什麼,追求什麼從沒如此清晰。

第四,成功實踐。目前顏色革命已經在塞爾維亞、格魯吉亞、烏克蘭和吉爾吉斯斯坦這幾個國家取得成功,推翻了原來的親俄羅斯政府,建立了親美國政府。顏色革命取得成功的幾個樣板國家有很多相似的細節,例如,從科什圖尼察、薩卡什維利、尤先科、巴基耶夫的履歷中,我們都可以看到美國對他們人生的重大影響。格魯吉亞總統薩卡什維利20世紀90年代初獲得美國國會

---

[1] 《街頭政治與「顏色革命」》,劉明主編,中國傳媒大學出版社,2006年7月,第一版,第9頁。

獎學金留學美國，先後就讀於美國哥倫比亞大學和華盛頓大學。法國記錄片《揭秘顏色革命》，原名《美國征服東方》。在這部紀錄片中，格魯吉亞總統薩卡什維利在酒會上正與人談話，隨後，他轉過頭，對身邊的一位美國退役軍官布魯斯・傑克遜詢問道：「我回答的是否妥當？」可見薩卡什維利並不具備完全獨立的地位，但也有可能是薩卡什維利認為自己的經驗不足，需要向美國的職業外交官尋取經驗。

「天鵝絨革命」的繼續？

說到「顏色革命」，會讓人聯想到捷克斯洛伐克曾經的「天鵝絨革命」。「天鵝絨」在俄語中有「溫柔、柔軟」之意。1989年，捷克斯洛伐克政局發生巨變，著名異議人士、戲劇家哈威爾被推舉為總統，政變過程中沒有發生流血事件。此後，西方人將「通過不流血的方式實現政權和平轉移」的政變或革命稱之為「天鵝絨」革命。「天鵝絨」革命是與暴力革命相對立的一種革命類型。「顏色革命」和「天鵝絨革命」一樣，都是在鮮花、色彩等美麗的事物掩蓋下，淡化政權更迭所帶來的社會動盪、權力鬥爭。

1989年，捷克斯洛伐克示威遊行不斷，以「七七憲章」為核心的反對派以各種紀念日為由，不斷組織群眾集會和示威遊行。在層出不窮的示威遊行浪潮中，捷共領導層出現分化。黨內部分領導人也開始支援反對派的意見，參與示威遊行。11月，捷共在經過兩次中央全會的激烈討論後，宣佈以雅克什為首的捷共領導班子集體辭職。隨後，修改憲法，捷共地位動搖，為「布拉格之春」事件平反。緊接著，政府改組，出獄不久的著名異議人士、戲劇家哈威爾成為總統，「布拉格之春」的領導人杜布切克當選

為議會主席。1990年6月，捷克斯洛伐克舉行第一次多黨制自由選舉，捷共在新組建的政府中沒有一席之地，成為在野黨，徹底失去了統治地位。之後，捷克斯洛伐克又以和平方式分裂為兩個獨立的主權國家。

儘管這場捷克斯洛伐克的「天鵝絨」革命與顏色革命距離數年，並不屬於我們所談論的顏色革命。但是它們之間存在著一脈相承的氣質。格魯吉亞反對派領導人從一開始就號召支持者進行「天鵝絨」革命，並以鮮花為標誌，暗示這組織者試圖讓「革命」以盡可能「優雅」的方式進行。[2]吉爾吉斯斯坦的大學生們在他們秘密集會的地方，觀看關於塞爾維亞革命的電視片，片名叫做「推翻獨裁者」。他們從中學習、觀摩，並高呼「塞爾維亞、格魯吉亞、烏克蘭、吉爾吉斯斯坦，萬歲」。「顏色革命」與「天鵝絨」革命的區別或許只是時間、地點和參與人物的不同，它們的背後是同樣的政治訴求和權力欲望。這也不得不讓人聯想到20世紀80年代末90年代初的蘇聯解體與東歐劇變。

2009年的金融危機被認為是1929年經濟危機之後最為嚴重的經濟衰退。每一個國家內部都存在著各種各樣的矛盾，例如種族矛盾、民族矛盾、經濟矛盾、宗教矛盾、社會矛盾等等。這些矛盾如果處理得恰當、及時，那麼國家會保持穩定與發展。反之，如果這些矛盾沒有得到有效地處理，而且相互激化，那麼一定會造成國家內部關係混亂和緊張。由於意識形態、地緣政治等方面的因素，外國勢力很可能插手他顧的內部事務。國內的動盪因素與國外的某些勢力相結合，那麼任何國家都可能發生顏色革命。

---

[2] 《「顏色革命」：挑戰與啟示》，傅寶安、吳才煥、丁曉強編，江西人民出版社，2006年12月，第一版，第6頁。

中國正處於社會轉型的關鍵階段。改革開放三十多年來，儘管取得了巨大的成就，但是國內矛盾也一天天積累。經濟改革繼續推進難度加大，地區發展不均衡明顯，利益分配不公平有待改善，集體性事件層出不窮，政治改革進展緩慢，民族矛盾凸顯，恐怖主義、分裂主義並存。矛盾重重的中國處於多事之秋。

首先，各種內部矛盾處理難度極大，都會牽一髮而動全身。集體性事件多發表明社會矛盾的處理機制不完善，危機管理成為中國領導層的必修課。國家屢次出臺政策抑制高房價，但房價依然越升越高，成為全國人民關注的重要民生問題。各種群體性事件層出不窮，貴州甕安事件、雲南孟連事件、湖北石首事件等等。社會矛盾已經激化到了一定的程度，值得人們高度關注。其次，中國的崛起之路不會一帆風順，周邊國家對於中國的崛起既想搭順風車，又不想中國強大威脅它們的國家安全。美、歐等大國也因各自的利益不時地對中國的發展或捧或殺。美國在中國周邊擁有多處軍事基地。例如，發生鬱金香革命的吉爾吉斯斯坦與中國新疆接壤，吉爾吉斯斯坦的動盪直接影響到新疆的穩定與團結。美國在吉爾吉斯斯坦擁有瑪納斯空軍基地。面對內外的矛盾與困擾，中國必須重視顏色革命發生的可能性，並且密切關注周邊國家是否會發生顏色革命。

2. 不得不提到的夏普

您是否曾看過這樣一本書：《從獨裁到民主：解放運動的概念框架》？此書的作者是美國學者吉恩・夏普（Gene Sharp）。簡介中提到，本刊物所載的全部材料都屬於公共領域，可以不經吉

恩‧夏普同意隨意複製。這本書最初於 1993 年在曼谷由恢復緬甸民主委員會與《新時代》（New Era Journal）聯合出版。從那時起，本書已譯成至少八種文字並在塞爾維亞、印尼、泰國及其他國家出版。當然，該書也有中文版問世。

該書被夏普的追隨者奉為「顏色革命聖經」，也為夏普奠定了「顏色革命精神教父」的地位。在書中，夏普基於親身實踐，總結了 198 種「非暴力抗爭顛覆政權」的方法。一次夏普在接受匈牙利媒體的採訪時毫不掩飾地說：「這本書是一本革命指南。使用它，在發動革命時就能避免受到殘酷的鎮壓。」他還提到了在塞爾維亞的經驗：「在塞爾維亞革命中，（反對派）就是根據書中介紹的方法，使用了兒童，才使警方不敢動用暴力。後來，反對派領袖又（根據書中介紹的辦法）與司法部門進行談判，和對方溝通並建立關係，才最終達成了協議。

吉恩‧夏普（Gene Sharp），1928 年生，1983 年創立了有名的非政府組織愛因斯坦研究所。主要著作有《從獨裁到民主：解放運動的概念框架》、《群眾性防衛：一種超軍事的武器系統》、《反政變》等。2007 年 11 月，美國俄亥俄州立大學《校友》雙月刊上，一篇〈你所不知道的最有影響力的人物〉的文章提到這位以對權力和非暴力運動的著述而聞名的學者。文中寫道：「事實上，在上個世紀末發生的所有世界矚目的『顏色革命』中，幾乎都可以看到吉恩‧夏普的身影，前蘇聯、東歐、拉美和中國。」本書後面會提到「顏色革命」中的眾多活躍分子都曾拜讀過吉恩‧夏普的著作，並由此走上「革命」的道路。此時此刻，在世界的某個角落，或許正有若干人在認真的研讀這位學者的著作，並從中得到啟發。

夏普一生沒有妻子、兒女，個人生活非常低調。這位「顏色革命精神教父」不僅出版了一系列的非暴力抵抗的書籍，而且創立了愛因斯坦研究所。愛因斯坦研究所的宗旨就是在全球推進對於在衝突中非暴力行動的研究和策略性應用。夏普的著作《讓歐洲不可戰勝——非暴力威懾與防禦的潛力》（ *Making Europe Unconquerable: The Potential of Civilian-Based Deterrence and Defence* ），論述了公民抵抗如何成為歐洲防禦和集體安全的基礎。這本書再版時，「冷戰之父」喬治・肯南親自為其作序——「儘管在書中，夏普把這種非暴力運動主要設定在歐洲，但在歐洲之外，這種方式擁有更大的潛力。」

夏普有眾多的得意門生，例如美國退役軍官羅伯特・赫爾維。這些得意門生將夏普的理論應用到實踐中，先是在塞爾維亞成功地幫助反對派推翻了米洛舍維奇政權。之後的顏色革命中，他們是積極的參與者、鼓吹者，一次又一次地以非暴力的方式推翻他們認為的獨裁政府。

2007 年 9 月，披著藏紅色袈裟的僧侶們與緬甸軍政府對峙。英國《金融時報》在同年的 12 月 6 日，披露了美國在這場被西方媒體稱為「藏紅色革命」中所扮演的角色。文中提到：「1994年，一位頗有遠見的美國人，出現在泰緬邊境地區。他向那些從緬甸逃出來的學生傳播非暴力抵抗理論……」那個美國人正是吉恩・夏普。文章透露，在過去的三年中，夏普和愛因斯坦研究所，在泰緬邊境地區，培訓了 3000 多名來自緬甸各地的反對派，其中包括數百名僧侶。培訓內容除非暴力革命的各種策略和方法外，還包括如何與警察等現政權維護者展開溝通的技巧。此外，愛因斯坦研究所還為這些人提供物質上的資助，比如為僧侶們提供手機等通信工具。這都為 2007 年 9 月僧侶們策動的大規模示

威活動作了鋪墊。人們發現，在緬甸危機中，反政府人士嚴格按照夏普的「戰鬥策略」行動，比如，僧侶們的行動顯得很「克制」。他們不與軍警發生正面衝突，還自動在日落前解散。這使緬甸政府處於進退兩難的地步。

夏普的書中曾不止一次地提到中國，這位寫出「顏色革命聖經」的老人對於中國有著濃厚的興趣。《從獨裁到民主》這本書的前言寫到他訪問過「同中國共產黨的侵略戰鬥過的西藏人」，1989 年他曾來過中國，記得「北京天安門廣場在喜慶似的自由示威的日子裡和首批裝甲車進入的那個災難性的夜晚」

3. 褪色後的「顏色革命」

2010 年，中亞的吉爾吉斯斯坦爆發大規模騷亂，「鬱金香革命」後上臺的巴基耶夫總統交出權力。在烏克蘭，美女政治家季莫申科在新一輪的總統選舉中敗走，而「橙色革命」中下臺的亞努科維奇這一次成了贏家。歷史似乎有輪迴的跡象，他們以及他們的國家今後該何去何從？

時光荏苒，蘇聯已經解體快 20 年了，然而那片土地上的局勢依然不平靜。許多前蘇聯加盟共和國獨立後並沒有找到適合本國發展的道路，以至於經濟凋敝、人民生活困苦、政治腐敗橫行。2003 年，格魯吉亞發生玫瑰革命，2004 年，烏克蘭發生橙色革命，2005 年，吉爾吉斯斯坦發生鬱金香革命。它們被統稱為「顏色革命」。接連發生地顏色革命前蘇聯加盟共和國們敲響的警鐘。莫爾達瓦、亞塞拜然、烏茲別克斯坦、哈薩和斯坦、俄羅斯、白俄羅斯等國紛紛在國內嚴防「顏色革命」。

有人認為這些革命是為了追求民主、自由與法治，甚至稱之為「人民起義」。但是有人並不認為「顏色革命」是一場真正的革命，相反將這些革命稱之為一場「被民主」的政治遊戲[3]。在我們的眼中，它們究竟是什麼呢？有學者認為，顏色革命產生的五個機構性因素：一內部存在中等的專權制度。二公民社會的發展。三統治精英的內部分化。四社會經濟因素導致民眾的而不滿。五專制政權失去其合法性（特別是領導人）。這些共同的因素導致這些國家幾乎相同的發展軌跡：先指出國家選舉欺詐，然後大規模的非暴力抗議推翻了專制政府並由革命政府取代。但是，格魯吉亞，烏克蘭和吉爾吉斯坦虛弱的公民社會使以前專制政權的一些政治精英發動，領導，控制並最終依附於反抗運動。一旦他們掌握了權力，他們就立刻恢復到從前專制體制的軌道上。法制、政治改革、反對腐敗在今天只是官方話語的修飾品。所謂民主改革被證明是在不民主的政治體制下，統治精英有限的輪換。[4]

　　和平與發展是當今世界的兩大主題，然而號稱以和平的和非暴力方式進行的「顏色革命」，卻沒有給這些國家帶來真正的和平與發展。每個國家都存在這樣或那樣的國內矛盾，在國際社會中與其他國家也會有不同程度的利益矛盾或摩擦，這些累

---

[3]　關健斌，〈顏色革命就是一場「被民主」的政治遊戲〉，《中國青年報》，2010 年 2 月 11 日。

[4]　Theodor Tudoroiu, *Rose, Orange, and Tulip: The failed post-Soviet revolutions*, http://www.sciencedirect.com/science?_ob=ArticleURL&_udi=B6VGF-4PDK473-2&_user=2316052&_coverDate=09%2F30%2F2007&_rdoc=1&_fmt=high&_orig=search&_sort=d&_docanchor=&view=c&_searchStrId=1404439440&_rerunOrigin=google&_acct=C000056874&_version=1&_urlVersion=0&_userid=2316052&md5=e0acfffa65ed5ac78e240200fc2a1774

積的國內外矛盾就是「顏色革命」的火藥桶。換言之，如果這些矛盾沒有得到良好的解決，那麼任何國家都存在發生顏色革命的可能性。

　　非政府組織和媒體在顏色革命中是不可忽略的重要角色，它們以不同的方式推動公民社會的發展，喚醒人們的權利意識。很明顯的是，在政府與大眾之間。非政府組織和媒體既可以扮演協調、溝通的角色，也可以充當煽動者、阻撓者，讓政府和大眾對立。可想而知，如果沒有大量的非政府組織以及獨立媒體的參與，顏色革命很可能會是另外一番景象。

CHAPTER 2

塞爾維亞的「推土機革命」

推土機革命，2000 年 10 月發生於塞爾維亞，和平推翻當時的領導人斯洛博丹米洛舍維奇。

2006 年 3 月 11 日，米洛舍維奇在海牙國際法庭的監獄中去世。這位號稱「巴爾幹不死鳥」的政治強人經歷過四次戰爭失敗、兩次大規模街頭遊行、七十八天北約轟炸、近十年的全面制裁後，就這樣結束了六十五年的人生歷程。將米洛舍維奇推下臺的不僅是塞爾維亞反對派、大規模的示威遊行，還有更多的合謀者。塞爾維亞政局的變遷成為「顏色革命」的開端。成功的反對派們隨後將塞爾維亞的經驗推廣到了世界的其他地方，格魯吉亞、烏克蘭、吉爾吉斯斯坦等國都可以看到他們的身影。

　　米洛舍維奇的主要問題就在於不應該利用其在國會的多數地位公然違憲，第三次連任；另外，在其任內塞爾維亞再次分裂，波黑共和國成立，給本在 1991 年就已經分裂過的南斯拉夫再次給民眾帶來恥辱感。這給俄羅斯總統普京帶來警惕，2008 年，普京本來也有可能修改憲法後，利用其在國會杜馬中的優勢，第三次連任總統，但普京採取退而求其次，原總理梅德韋傑夫當選為總統，之後再 2012 年普京在沒有違憲的前提下，第三次當選總統。在埃及的穆巴拉克長期當選總統、利比亞卡扎菲也是這樣，對於這樣的違憲行動，最後成為民眾在反抗中的靶子。

　　因此，入宮國家領導人能夠注意不要公然違憲，然後再設法改進民眾的生活，防止經濟差距過大，顏色革命發生的可能性就會降低，畢竟發生顏色革命後，民眾的生活並沒有得到實質性的解決。

1.「巴爾幹不死鳥」的下臺之路

　　儘管按照原有南聯盟憲法的規定，米洛舍維奇在兩屆總統任期之後不能繼續連任。但是米洛舍維奇決定利用議會的多數修改

憲法以繼續執政。2000 年 9 月 3 日，南斯拉夫聯盟共和國聯合執政黨宣佈，米洛舍維奇將競選連任。然而當地時間 2000 年 10 月 6 日晚 11 時 20 分，米洛舍維奇一臉疲憊地站在藍、白、紅三色國旗前，在電視上發表了短暫的辭職聲明，承認自己在競選中失敗。延續了 13 年的「米洛舍維奇時代」，就此宣告落幕。

2000 年大選進程重播

2000 年 9 月 24 日，南聯盟總統大選如期而至。投票的民眾熱情非常高，這次大選登記註冊的選民人數約為 786 萬，有超過 550 萬人參與了投票，大選的投票率高達 70%。投票剛結束，「塞爾維亞民主反對黨聯盟」（DOS）就聲稱，米洛舍維奇的得票率只有 35%，而反對派候選人科什圖尼察為 52%，註定能夠當選。

9 月 28 日，南聯盟官方終於公佈選舉結果：米洛舍維奇獲得 38%的選票，科什圖尼察獲得 49%的選票。由於兩人選票均未過半，因此將於 10 月 8 日依法舉行第二輪投票。

然而科什圖尼察堅持他的得票率已超過 50%，他已競選獲勝。反對黨聯盟也立刻以選舉存在「舞弊行為」為由，拒絕進行第二輪選舉，並發表最後通牒稱，如果選舉委員會不對計票結果做出「令人信服的解釋」，反對派將發動「不服從運動」，進行「和平的、無暴力的、全民的民主革命」。

隨後形勢急轉直下，10 月 5 日，貝爾格萊德爆發了一次規模空前的示威活動。示威大軍與警察發生衝突，在反對派的指揮下大規模衝擊議會幾天之後，議會對媒體開放，人們清楚地看到走廊被煙火熏得漆黑，地面上到處是碎玻璃碴，大部分辦公室裡都是一片狼藉。電視臺台長、米洛舍維奇的朋友米蘭諾維奇在逃跑

的過程中遭到毆打。忠於政府的《政治報》編輯部也被衝擊，並且最終被示威者佔領。透過反對派幹將伊利奇透漏給新聞界的消息，人們才知道他如何率領長達數十公里的隊伍進軍首都，知道了推土機的故事，知道了事先準備好的武器……。

在這樣的大規模混亂當中，南特種部隊「紅色貝雷帽」倒戈，南軍方聲稱「不干涉民主化進程」。此時的米洛舍維奇只能黯然下臺。俄羅斯外長伊萬諾夫曾發表講話，警告那些插手干預南選舉的國家「不要玩火」，「第二輪投票是最佳的解決方案」。但是俄羅斯似乎失去了以往的影響力。在 10 月 6 號，南憲法法院宣佈反對派領導人科什圖尼察在大選中獲勝，俄羅斯外長伊萬諾夫又再次飛抵貝爾格萊德，轉達普京總統對科氏「當選總統的祝願」，承認了選舉結果，這次表態起到了穩定局面的作用。

揭穿「人民革命」的謊言

儘管南斯拉夫反對派和美國等西方國家都盛讚推翻米洛舍維奇的行動為「人民革命」，是南斯拉夫的民主化進程中的重要一環。但是英國《衛報》在 2000 年 10 月 10 日的一篇報導，則比較全面地戳穿了所謂「人民革命」的謊言。

文章指出南聯盟 10 月 5 日爆發衝擊議會的騷亂，是小撮反對派人士精心安排的有組織行動。這顯示，米洛舍維奇的倒臺可能涉及一場早有預謀的政變，甚至不能排除與一直資助反對派的西方國家有關。

在貝爾格萊德以南 80 公里的查查克市，曾於去年獲邀訪問美國白宮的反對派市長伊利奇承認：「我們的行動是一早就安排好的。我們的人當中有前空降兵、便衣軍警和特種部隊成員。很

多參與行動的軍人擁有 7 年以上的作戰經驗，非常專業。我們多數人當時都身穿避彈衣，並攜有武器。」

他進一步解釋說：「我們的目標很明確，就是控制國家的主要機構，包括議會大廈和國營電視臺。」他還承認，在整個行動中一直與軍警兩方的倒戈官員保持電話聯絡：「我曾聯絡一名將軍和部分內務部官員。」伊利奇的言論顯示，米氏倒臺是一次有預謀的政變，而不是事前毫無準備的「人民革命」。

2000 年 12 月 11 日，美國《華盛頓郵報》頭版頭條刊登署名蜜雪兒‧多布斯的長篇文章，題為「美國對米洛舍維奇政治對手們的指導」。這篇文章首次披露了美國如何插手南聯盟選舉、推翻米洛舍維奇政權的。對於關注南聯盟局勢的人來說，這實在不失為一篇難得的資料。文中不僅提到了美國無處不在的支持、對於反對派和學生們的指導、培訓、資助、民調組織的廣泛參與等等。這兩篇文章已經足以說明米洛舍維奇的倒臺是南斯拉夫國內外勢力相互勾結、共同作用的結果。

2. 塞爾維亞領土上的美國勢力

根據美國《紐約時報》和《華盛頓郵報》報導，美國國會一共撥款 7700 萬美元直接用於干涉南聯盟國內政治。南聯盟選舉投票後的第二天，美國眾議院再次通過一個法案，批准撥款 1.05 億美元來幫助南斯拉夫國內的反米洛舍維奇派別。這其中，或許就包含了 5000 罐油漆和 250 萬張不乾膠的費用。如此巨大的費用都花在了哪些方面呢？

培訓學生及反對派

　　許多參與反米運動的美國人透露，在這一運動中起領導作用的是美國國務院、美國「國際發展協會」（AID），而資金方面的調配則是由「政府對外資助機構」（GFAA）通過商業合同及類似於「國家民主研究所」、「國際共和政體研究所」（IRI）等一些非贏利機構來實現的。

　　2000 年 3 月，「IRI」為 24 名「抵抗」運動領導人出資，參加在布達佩斯希爾頓飯店舉辦「非暴力抵抗講座」。在「講座」中，塞爾維亞學生接受了系統訓練：學習如何組織罷工、罷課，如何通過手勢進行交流，如何克服恐懼心理，如何動搖一個「獨裁政府」的統治等等。貝大生物系畢業生斯爾賈・波波維奇曾在採訪中說：「令我們感到驚奇的是，從前我們的自發行為事實上都是『非暴力體系』的一部分，但是我們對這一體系卻一無所知。現在我們第一次意識到，這實際上是一種系統的、科學的方法。回到塞爾維亞後，我們將運用這些方法。」返回塞爾維亞以後，這些「抵抗」運動積極分子開始採用各種方法來動搖米洛舍維奇政權其中包括做民意調查、散發傳單，還有付費的廣告宣傳等。

　　「抵抗」組織成立於 1998 年 10 月 10 日，該組織策劃了「他完蛋了」運動，是推翻米洛舍維奇政權的重要力量。「他完蛋了」是當時「抵抗」組織所用的最有名的口號。「抵抗」組織的領導人伊萬・馬婁維奇（Ivan Marovic）還策劃了一款電腦遊戲《更強大的力量》（A Force More Powerful）。這款遊戲的宗旨在於訓練「年輕反抗分子」學會制定策略，發動人民力量，舉行遊行、集會和罷工，以和平方式推翻政府。

之後，格魯吉亞、烏克蘭、吉爾吉斯斯坦的青年組織都是步南聯盟的青年學生組織的後塵，有著很深的 Otpor 經驗的印記。這些青年組織，在格魯吉亞是科馬拉（Khmara，意思是「夠了」），在烏克蘭是波拉（Pora，意思是「是時候了」），在吉爾吉斯斯坦是凱爾凱爾（Kelkel，意思是「復興」）。他們通過散發傳單、示威遊行、張貼標語、當街集會、演講等形式，積極參與「顏色革命」的進程，改變了民眾對政治的冷漠，調動出民眾的政治參與熱情。

　　有研究分析，「顏色革命」和街頭政治中青年的行為特徵主要表現為：1.從眾心理主導下的激情參與；2.非暴力、非政黨性傾向明顯；3.有組織的政治參與，顯現青年組織主導下的群體認同；4.宣傳組織方式充分體現網路時代的烙印，有著鮮明的時代特徵；5.抗議手段新穎，標誌和口號具有打動人心的力量，抗議手法多樣化，做了廣泛的民眾動員。[1]

　　除了青年學生外，南反對派是外國勢力重點扶植的對象。對塞爾維亞的反對派來說，儘管米洛舍維奇的支持率也有所下降，但是靠自己的力量來推翻米政權是非常困難的事。因為塞爾維亞的反對派是一個由 20 多個政治黨派組成的鬆散聯盟，一些反對黨領導人沒有任何創意，只是忙於簡單地重複其「贊助者們」的言論。

　　1999 年 10 月，20 位反對黨領導人接受有華盛頓背景的「國家民主研究所」的邀請，參加在位於布達佩斯多瑙河畔的「瑪麗特飯店」的研討會。當時，會議的主要議程就是討論由「佩恩、

---

[1]　摘編自煙臺大學劉星主持並完成的團中央 2006-2007 年度青少年和青少年工作研究課題《東南歐「顏色革命」、街頭政治中青年行為研究》報告。

肖恩和伯爾藍德民調公司」得出的結論。從民調結果看，70%的塞爾維亞人不喜歡米洛舍維奇，但反對派中兩個主要領導人德拉什科維奇和金吉奇的不滿意率也居然和米洛舍維奇不相上下。在這一民調中，能夠對米洛舍維奇總統構成威脅的候選人中，最具競爭力的是一個名叫科什圖尼察的「溫和的」塞爾維亞民族主義者：民眾對他的支持率是49%，而不支持率只有29%。

肖恩對民調結果進行了分析並作出幾點結論：首先，南選民最容易接受的是從「惡劣的經濟環境」入手來攻擊老米；其次，選民希望通過選舉方式而不是整天遊行示威來改變政府；最後一點，也是至關重要的一點，趕老米下臺的唯一機會就是「反對黨應當聯合起來」。

在隨後的幾個月裡，反對黨領導人逐漸相信了民意調查的結論，在西方「顧問們」的幫助下，他們逐漸形成了「反米聯盟」，並且制訂了「反米策略」。金吉奇這位塞爾維亞最大的、並且也是組織最好的反對黨領導人同意把自己當總統的野心暫時擱置在一邊，這樣，避免了在反對黨聯盟中出現兩個總統候選人的局面，他「屈尊」同意出任反對黨聯盟運動的總協調人之一。

到2000年8月份的時候，讓科什圖尼察出任反對黨聯盟的聯合總統候選人的方案在民意測驗中獲得民眾的廣泛支持，並基本得以確定。由於科什圖尼察不斷地公開批評北約轟炸南聯盟，所以米洛舍維奇政權很難給他貼上「西方走狗」和「塞爾維亞叛徒」的標籤。科是一位堅決反對接受美國支持和援助的反對黨領導人，他說，「我反對這個（指西方援助），我本人也從來沒有接受過任何援助，而且我認為這也沒有必要」。的確，科的塞民主黨沒有接受來自美國的援助是真實的。但是「反對黨聯盟」卻並

不客氣地接受了來自國外，特別是美國大量的「諮詢服務」和經濟資助，而科什圖尼察本人在競選總統中獲益。

由於米洛舍維奇政府實行嚴格的簽證制度，使美國「顧問們」無法親自到塞爾維亞來，所以他們想辦法組織一些人到匈牙利和南聯盟黑山共和國，為這些反對黨骨幹分子舉辦「競選培訓講座」。這些「學成回國」的骨幹們再把從美國人那裡學到的東西教給其他反對黨支持者。據反對黨聯盟市場運作專家斯特瓦諾維奇透露，全國各地反對黨發言人採用的「競選說辭（哪怕是五分鐘的關鍵言論）」中的每一個辭彙都是經過和美國顧問的商討，並且經過民意測驗的檢驗才採用的。競選南聯盟議會和地方議會選舉的反對黨候選人就如何發言、如何回答記者提問、如何與米洛舍維奇的支持者進行爭辯等所有內容都接受過集中訓練。

非政府組織「出頭露面」

各式各樣的非政府組織早已進入南斯拉夫境內，在推翻米洛舍維奇的運動中他們更是不遺餘力。如果沒有這些非政府組織在其中「穿針引線」，米洛舍維奇政權的垮臺或許不會那麼迅速。

上文中提到的 2000 年 3 月，「IRI」（國際共和政體研究所）為 24 名「抵抗」運動領導人出資，參加在布達佩斯希爾頓飯店舉辦「非暴力抵抗講座」。這次講座的主講人是美國退役軍官羅伯特·赫爾維上校，他是「顏色革命精神之父」夏普的得意門生，對全球範圍內的非暴力抵抗方法進行過深入研究，其中包括在緬甸以及南美採用的辦法。而夏普則是著名的愛因斯坦研究所的創立人。幾年之後，赫爾維的身影又出現在格魯吉亞的「玫瑰革命」中。

在 2000 年 11 月紐約時報雜誌的文章裡提到，來自於華盛頓的 NED 的保羅 B・麥卡錫說，自 1998 年 9 月至 2000 年 10 月，民主抵抗通過 NED 的塞爾維亞分支得到了美國三百萬美元中的大部分。同時，麥卡錫舉行了在波德戈裡察以及在塞格德和布達佩斯與民主抵抗領導人舉行了一些列的會議會議。

大名鼎鼎的開放社會基金當然不會在「推土機革命」中缺席。早在 1991 年，開放社會基金就進入了南斯拉夫。而索羅斯在南斯拉夫的多年經營，不斷推進南斯拉夫的公民社會、媒體、教育等專案。我們可以從下面的「開放社會基金對塞爾維亞投資表」及「2001 年投資情況報告」中讀出一些東西。

從投資表中，我們可以看到在 1999 到 2008 的十年間，2000 年和 2001 年是開放社會基金對南斯拉夫投入最多的兩年，分別高達 6,475,000 美金和 6,556,000 美金。而南斯拉夫政局動盪之時，與 1999 年相比，開放社會基金明顯加大了在公民社會、媒體、青年計畫、會議與旅行等方面的開支。2001 年開放社會基金對塞爾維亞的投資報告，清晰地表明此類開支的作用都在哪些地方。

以下各年開放社會基金會在塞爾維亞的投資專案及情況均來自摘自於開放社會研究所與索羅斯網站所公佈的各年度報告。各年度報告都涉及表格中所列舉的各個項目，並提出了一些當年開展工作的重點及原因，從中我們可以瞭解到開放社會基金會在塞爾維亞的活動情況，分析它對塞爾維亞社會、經濟、政治等多方面的影響。

開放社會基金對塞爾維亞投資資料表

	Yugoslavia				SERBIA					
	1999	2000	2001	2002	2003	2004	2005	2006	2007	2008
藝術與文化(Arts & Culture)	247,000	523,000	377,000	335,000	262,000	132,000				
市民社會 (Civil society)	240,000	1,117,000	718,000	183,000	166,000	122,000	288,000	192,000	154,000	
會議與旅行 (Conference &Travel)	4,000	5,000	22,000							
以東計畫 (East East)	28,000	118,000	124,000	125,000	92,000	83,000	43,000	157,000	208,000	
經濟改革 (Economic reform)	290,000	192,000	76,000	2,000						
教育 (Education)	1,239,000	892,000	1,015,000	1,387,000	1,108,000	975,000	671,000	635,000	582,000	
信息 (Information)	549,000	470,000	354,000	140,000	78,000		132,000	148,000	149,000	
法律與刑事司法 (Law &Criminal Justice)	327,000	232,000	369,000	394,000	879,000	358,000	307,000	416,000	633,000	
媒體 (Media)	107,000	1,215,000	816,000	764,000	312,000	437,000	523,000	603,000	643,000	
公共行政 (Public administration)	11,000	181,000	818,000	480,000	599,000	528,000	393,000	443,000	364,000	
公共衛生 (Public Health)	71,000	26,000	31,000	11,000	255,000	358,000	241,000	221,000	277,000	
羅馬計畫 (Roma)		196,000	204,000	172,000	137,000	124,000	212,000	239,000	330,000	
婦女計畫 (Women's Programs)	213,000	255,000	300,000	304,000	187,000	199,000	170,000	123,000		
青年計畫 (Youth Programs)	229,000	353,000	436,000	230,000	170,000	114,000	135,000	79,000	110,000	
少數民族 (Ethnic Minorities)	27,000	147,000	223,000	188,000	224,000	20,000				
歐盟計畫(European Union Programs)	123,000							194,000	357,000	
其他計畫 (Other Programs)			52,000	94,000	52,000	119,000	290,000	12,000	2,000	
執行 Administration	419,000	553,000	622,000	463,000	453,000	319,000	368,000	411,000	407,000	
總計 (TOTAL)	4,124,000	6,475,000	6,556,000	5,268,000	4,974,000	3,987,000	3,773,000	3,873,000	4,212,000	5,175,000

單位（UNIT）：US Dollar
來源：根據開放社會研究所與索羅斯基金會網站資料整理
（OPEN SOCIETY INSTITUTE&Soros Foundation Network）
http://www.soros.org/resources

2001 年，開放社會基金－南斯拉夫慶祝成立十周年，正值前南斯拉夫聯盟解體和戰爭開始。但是，這段動盪的時期卻完成了塞爾維亞和南斯拉夫的市民社會的演變。2000 年 10 月米洛舍維奇的下臺、12 月的議會選舉以及 2001 年 1 月的新政府的建立，促成了國家的民主化過渡，並為建立開放社會而需要進行的改革奠定了基礎。

開放社會研究所主席喬治索羅斯在 2001 年 6 月訪問了塞爾維亞首都貝爾格萊德（Belgrade）慶祝基金會成立十周年，並檢查基金會已取得的成就。與政府人員會晤以討論改革問題以及基金會的作用。經過將近 10 年艱難條件下的實踐，基金會將在 2001 年與新的政府合作，為國家民主過渡的關鍵方面貢獻力量。

基金會，以及來自專家、學生、智囊團、獨立媒介、工會的盟友，他們所做的工作並不僅僅是向米洛舍維奇挑戰，並準備好與他的專制政權作鬥爭。在過渡時期的預想中，許多民間團體為經濟、司法、教育、公共衛生、社會政策、當地政府和公共管理方面制定了全面的計畫。過去的「另類（alternative）」機構現在與國家機構合作，並收到來自國家預算的部分經費。該基金會成為許多國際捐助者和打算參與南斯拉夫事務的非政府組織的傳聲筒，並作為慈善組織重點焦點而受到關注。

在繼續支持市民社會、藝術文化和人權的同時，基金會將教育、司法改革、當地政府、公共管理、獨立媒介以及最近面臨的新專案作為過渡時期第一年的優先發展專案。

在教育改革方面，基金會支持了政策改革團隊，制定了全面的教育改革策略。最近，將該戰略發佈到國際捐助團體中，將教育方法、教科書的提供以及從幼稚園到高中的教育管理作為工作重點。該基金會對 2001 年的司法改革提供了巨大的幫助，血多

法律草案都是由該基金會幫助起草的,包括司法機構、當地政府機構、資訊自由和警察部門的相關法律。

　　基金會在支持地方法官培訓教育中心(Center for the Training and Education of Magistrates)的建立過程中扮演了主要角色,該中心是由政府和法官協會(Association of Judges)在 2001 年 12 月成立的。該基金會還與許多國際組織合作建立民主機構。[2]

　　在總統競選期間,如果南聯盟海關工作人員稍加留意的話,就會發現去匈牙利南部的一個塞爾維亞修道院的學生人數成倍地增加,「去聖安德利亞做禮拜」成為「抵抗」運動分子去匈南部小鎮塞格德參加由美國資助的培訓項目的最好藉口。或許這些前去匈牙利南部的學生們的旅行費用就出自開放社會基金也說不定。

　　2002 年,塞爾維亞和黑山的新國家的建立已基本完成。在這一年中的緩慢變化阻礙了塞爾維亞的政治穩定性,延遲了國內的改革和該國加入歐洲安理會(Council of Europe)和其他歐洲機構的時間。儘管速度緩慢,但是政府還是採取了有效的措施改革教育、司法,減少貧困,並改善公共衛生。與其他東南部歐洲國家合作,進行經濟改革工作並完善反腐敗的相關法律。

　　該基金會多方位的支持教育改革,從改革教育課程到為羅馬尼亞兒童教育計畫提供建議。基金會幫助組織了一系列公共教育辯論,吸引了超過 30,000 名教師、家長和社區成員的參與,並為教育改革程序提高了透明度。在 2002 年這一年中,基金會還支持了教科書的改進,提倡改善高等教育的立法,並與世界銀行合作建立獨立的教育監測和評估組織,以確保教育品質。

---

[2]　開放社會研究所與索羅斯基金會網站(OPEN SOCIETY INSTITUTE& Soros Foundation Network)http://www.soros.org/resources

為推動司法改革，基金會參與了司法改革委員會（Council for the Reform of the Judiciary）的工作，該委員會由來自司法部、法律社區、非政府部門和國際捐助者的代表組成，並提出司法改革的總體戰略，強調法律的基礎是法制、公正、平等，人人享有公正和權力的保護。該戰略還試圖提高應對犯罪的能力，包括有組織的犯罪、戰爭罪和危害人類罪等，並促進司法系統與國際標準的一致。

　　該基金會發起了教育部、衛生部和伊伏丁那自治省政府的改革，與開發計畫署的能力建設基金會（UNDP's Capacity Building Fund）合作。為促進和解與合作，回顧過去計畫（Facing the Past Program）與其他組織合作，在塞爾維亞和其他南斯拉夫國家開展了真理與問責活動。

　　該基金會與塞爾維亞的羅馬尼亞社區合作，幫助政府機構和非政府組織改善羅馬尼亞的教育、健康保健和社會服務。在於位於歐洲東南部的其他索羅斯基金會組織合作的過程中，該基金會幫助羅馬尼亞避難者返回西歐。

　　2003 年戲劇化的政治發展使改革的步伐減緩，但並未完全停止。3 月 12 日，總理佐蘭金吉奇（Zoran Djindjic）被刺殺，當時他的政府正準備於 20 世紀 90 年代戰爭開始盛行的有組織的犯罪活動一決高下。新的政府在緊急情況下加強了同有組織犯罪活動的鬥爭，並完善與之相關的體制和法律框架。但是，對有組織犯罪的鎮壓也導致了對開放社會發展的阻礙，包括限制了人權，比如表達和資訊的自由；限制了立法變革，是立法局限於司法獨立和公平審判。

　　塞爾維亞開放社會基金（The Fund for an Open Society-Serbia）為應對這一年的政治暴力和混亂，與當地市民社會組織和國際

社區聯合，對新政府施壓，促使其對威脅市民社會和人權的政策進行重新審查。並與國際社區聯合執行了已達成協議的改革計畫。

與司法官改革委員會（Council for the Reform of the Judiciary）合作，基金會為司法改革制定了一個全面的戰略。基金會致力於提高職業道德準則，使陪審團和檢察官能夠更獨立的工作。超過一千名陪審人員和法官參與了由該基金會支援或組織的活動。在基金會舉辦的培訓幫助下，十六個國內非政府組織開始監督有組織犯罪和戰爭犯罪的審判，以及重大的地區法庭案件。基金會還支持對新聞記者進行法庭報告培訓。

2003 年，為其三年的教育改革努力，在五百名國內外專家的合作中完成。超過三萬名個人參與了該專案組織的公共討論。政府還批准了一項新的規範和改革教育的法案，該法案致力於建立權利下放的、民主化的、以兒童為中心的學校。

在高等教育方面，基金會資助教育品質控制、教師資格認證等方面的活動。英語語言計畫（English Language Program）改革了大學教師職前培訓，引進顧問指導概念，並建立了專業教師協會。

與各非政府組織合作，基金會幫助提高教育部和衛生部的公共交流，支援歐盟工作人員的培訓，並制定新的國防和安全戰略。

該基金會聯合來自波士尼亞、黑塞哥維那、克羅地亞和塞爾維亞的幾個著名的非政府組織，發起了一個區域性倡議，該倡議彙集了政治家討論回顧過去和實現公正的模型。羅馬計畫的工作重點是非政府組織的能力建設，培養年輕的羅馬尼亞領導人，改善羅馬尼亞兒童獲得優質教育的情況。公共衛生計畫（Public Health Program），2003 年立足於改善弱勢群體的健康狀況，試圖

影響公共衛生政策，加強衛生保健機構的管理和籌資能力，並啟動了世界衛生組織－組織相容抗結核政策。

2004 年塞爾維亞開放社會基金，在總統斯洛博丹米洛維奇（Slobodan Milosevic）統治期間，資助了市民社會組織和獨立媒體，幫助市民參與選舉和民主化政治活動。2004 年該基金會通過幫助加強塞爾維亞的司法建設，繼續推動民主化進程和法制建設。

在 2005 年，塞爾維亞開放社會基金（Fund for an Open Society-Serbia, FOSS）向政府施壓採取親歐立場，竭力克服政治僵局並發動根本性的變革。FOSS 努力幫助準備政府代表關於穩定性和與歐盟達成協議的談判。該基金會參與了塞爾維亞加入歐盟的發展戰略；塞爾維亞政府在 2005 年 6 月接受了這項戰略，該戰略作為與歐盟談判的基礎，並作為發展與歐盟相關政策的起點。

2006 年公開譴責米洛舍維奇政權的電視連續劇受到廣泛好評：由該基金會資助的紀錄片，向民眾展示了米洛舍維奇政權如何使用捍衛國家利益增加其權利，以及發動跨越整個前南斯拉夫的民族戰爭的藉口。普通的塞爾維亞民眾在政權和軍事變革中遭受了苦難，而政客和那些商界支持者卻發了財閉關威脅或殺死自己的對手。這個電視劇，本意是試圖幫助塞爾維亞公民面對剛過去不久的事實，但卻造成了巨大的社會需求，重播了三次，DVD 也賣斷了貨。

為便於更好管理，將多種族社區聯合起來工作：在塞爾維亞北部三個種族社區進行的項目最後階段，幫助加強了地方監察和不同種族理事會的發展，以保護少數民族的權利，促進關於種族問題政策的出臺。克羅地亞人、匈牙利人、吉普賽人、羅馬尼亞

人、魯塞尼亞人、斯洛伐克人、烏克蘭人紛紛提高他們對政府管理的參與。

　　展示歐盟需求增長的報告：通過市民社會組織對塞爾維亞與歐盟合作進程的監測報告可以看到獲取政策資訊以發展立法等方面的進展，還可以看到國內立法與歐洲和國際人權規範、反腐敗標準趨於一致。儘管與國際刑事法庭（ICTY）的合作不夠充分，延緩了參與歐盟候選的進程，該基金會仍將繼續支持開放社會的監督，以推動政策完全達到歐盟標準。

　　塞爾維亞的智障殘疾人的機會增加：塞爾維亞的智障患者越來越多的開始自食其力，被人雇傭，參與到當地社區的活動中去。該基金會和開放社會研究所的心理健康計畫（Mental Health Initiative）共同努力說服一些雇主，例如麥當勞和市政機構，承諾雇傭智力殘障人士。一個貝爾格萊德（Belgrade）項目幫助了24位智障殘疾人在較大社區內獨立生活。這些所有成就都得益於基金會資助的非政府組織，他們幫助制定雇傭殘障人士的稅收優惠制度，促使塞爾維亞政府承諾在 2006 年實現非制度化。

　　2007 年，塞爾維亞開放社會基金立足於親歐政策的發展，改善法律的執行，加強善政和問責制，加強對個人人權的尊重，提高少數民族的地位，尤其是羅馬民族的地位。鼓勵關於科索沃談判的建設性方法，推動塞爾維亞與前南斯拉夫國際法庭（International Criminal Tribunal）的充分合作。

　　一個由基金會開發，與塞爾維亞教師協會（Teachers' Association of Serbia）共同執行的為期三年的計畫，提出將包容性教育問題置於教育議程的優先地位。該計畫提出的包容性教育概念有利於正常兒童與殘疾兒童的融合。並發展廣泛的組織網路來推動和執行包容性教育這個概念。

基金會繼續監督政府對加入歐盟做的準備工作，監督內容包括公共政策、執行的有效性以及已取得的成果。該計畫的工作重點是公眾和當地自治當局的能力提高，司法部門以及獨立監管機構。該計畫還涉及人權和民族權利問題；反腐敗反壟斷政策；透明度和廉政；國民對警察和武裝部隊的控制；教育和研究對知識型社會建立的貢獻；地區與歐洲合作的形式。

計畫的監督報告受到了國內外專家和高級官員的高度評價；他們的各項建議，包括政策建議受到政府官員和民權部門的讚揚。2006-2007 年的報告影響了歐盟委員會 2007 年關於塞爾維亞的報告內容，將若干建議付諸實踐。許多建議推動了當地和國外市民組織開發自己的類似專案。

該基金會旨在推動國家解決青年需求的青年組織倡議獲得了多項獎項，並導致了政府新的青年和體育部的建立。由這些青年組織運作的宣傳活動相信新的部門必將通過組織專題討論會和重點小組來重新界定國家青年政策。

全方位「逼宮」

在進行政治戰的同時，以美國為首的西方國家還強化對南聯盟的經濟制裁。1999 年 7 月通過的《東南歐穩定公約》中，南聯盟連 1 美元的援助也未能得到，此外，還以是否制裁米氏政權為標準，將南企業分別列入黑名單和白名單，上了黑名單的南企業將無法與歐盟國家企業進行業務往來。2000 年 9 月，面對強大壓力，米洛舍維奇依然無意下臺。這時，美國駐南大使公開聲稱，如果科什圖尼察上臺，美國將取消對該國的經濟制裁，還可提供大規模經濟援助，並推動恢復南斯拉夫在聯合國的席位。

南斯拉夫大選開始時，美國和克羅地亞在 2000 年 9 月 25 日開始在南亞得裡亞海舉行為期四天的聯合軍事演習。英國則將多達 25 艘的各類軍艦集結在南斯拉夫附近的地中海水域。美國國防部長科恩生曾，美將「運用一切可能手段」迫使米洛舍維奇下臺。

長期的經濟制裁與適時的軍事威脅之外，西方媒體在推翻米氏政權的運動中也功不可沒。波果薩夫列維奇是南聯盟最有名的民意測驗專家之一。他說：「在這次『運動』中，我們採用的策略是，『推銷』一種『品牌』，同時打擊另外一種『品牌』；推銷的『品牌』就是科什圖尼察，而打擊的『品牌』就是米洛舍維奇。」西方媒體也採用類似的策略，他們大肆宣傳米洛舍維奇政府的腐敗和無能，並為南聯盟內部的所謂獨立電臺造勢，

3. 塞爾維亞媒體眾生相

自南斯拉夫解體以來，媒體市場已經完全改變。在 20 世紀 90 年代只有國有或國家控制的媒體，但是多黨制的引進不僅導致政黨過多，而且出現大量的新媒體。

南斯拉夫解體後的新市場

在 20 世紀 90 年代和 21 世紀初，主要媒體受執政力量的永久檢查。今天，執政黨的影響仍然明顯，特別是在國有電視臺和廣播電臺。在一切權力和位置上所有色調的政治家仍然為自己的利益和目的而盡力操縱媒體。

新媒體的迅速發展

　　儘管塞爾維亞，最初和黑山聯合在一起後來才獨立，比前南斯拉夫的市場要小得多，這方面對新媒體的迅速發展沒有什麼影響。在新千年開始之際，媒體專家計算成百或上千家新的電視和廣播電臺。幾乎塞爾維亞的每一個村莊至少有一個地方無線電廣播發射器，如果不是它自己的電視臺的話。在這種新媒體的叢林，有幾個已經成為反抗斯洛博丹·米洛舍維奇政權的開場這和符號。報紙，電臺和電視臺都能夠成功地爭取新聞自由和民主自由。眾多的主要外國媒體也在這方面發揮了決定性作用。德國WAZ 媒體集團和瑞士榮格在塞爾維亞媒體市場中表現出眾，特別是在印刷方面。其中電子媒體只有美國福克斯電視臺。塞爾維亞新近的暴發戶首要的是設法進入廣播電視市場，投入引起爭議的資金，往往是不明來源的資金。專家們抱怨新聞業的衰落，擔心的是民主原則方面，以及媒體日益屈從於政治和廣告利益。

不清楚的所有權導致混亂

　　較大的外國媒體的出現對塞爾維亞媒體市場的混亂影響不大。塞爾維亞最大的媒體公司是西德意志彙報（WAZ），它擁有政治日報（1904）超過 50%的股份，政治日報是過去巴爾幹最重要的印刷媒體和最古老的日報。WAZ 出版一些日報和雜誌。它的主要競爭對手是榮格塞爾維亞，它出版 3 份日報和週報。榮格公司（成立於 1833 年，祖芬根／瑞士）是瑞士最大的媒體公司。在其國內市場，榮格成功地控制所有動態增長的市場，並佔有各大媒體高層職位古典與流行的電子和娛樂部門和印刷部門。隨著中歐和東歐和亞洲市場的放鬆管制的承諾，榮格也是最重要的是

瑞士媒體和印刷公司。印刷媒體市場的其餘部分由不明所有權的塞爾維亞報紙出版商瓜分。即使是國家也不知道到底是誰擁有和在財政方面支持這些報紙和雜誌。

媒體的私有化尚未完成。一些地方報紙仍然歸州所有。據媒體法律，他們應在 2007 年之前私有化。這同樣適用於電子媒體，在這種情況下，媒體立法至少會導致電臺和電視臺站數目的減少。塞爾維亞很多的印刷和電子媒體都沒有目標受眾或尋求固定讀者、聽眾或具體內容的觀眾。

電子媒體秩序

在塞爾維亞有兩個媒體法案：2003 年公開資訊法和 2002 年的無線電廣播法，然而這些法律到 2006 年都已不再適用。這也帶來了電子媒體市場後來幾年的混亂，不算無牌的幾百家電視臺，現在有 6 個全國性的電視臺和廣播電臺。

仍有地方廣播電臺，在每一個城市或更大的社區廣播。例如在貝爾格萊德，除國家廣播公司之外，有 6 個地方電視臺和 14 個廣播電臺。八年來被許可的頻率有 2006 個。例如德國電視臺 RTL，因為它的所有權情況（51%的外國所有權）沒有獲得許可牌照，但仍然試圖通過其他方式為塞爾維亞市場提供服務。

與電子媒體不同的是，沒有任何規則控制平面媒體。文化和資訊部並沒有報紙和雜誌數量、其所有權的情況或發行量的資料。在不久的將來將制定規章。

獨立媒體 B92 與 ANEM

每個星期，ANEM，即塞爾維亞的獨立媒體協會發出媒體在南斯拉夫受鎮壓的報告。非法強行進入報社、電視臺陰謀破壞，

逮捕記者，並且政府官員譴責獨立媒體的事情每天都發生。自由論壇提及塞爾維亞的媒體法師「中歐最嚴厲的法律。」B92 是獨立的廣播電臺，公開反抗斯洛博丹・米洛舍維奇政權，不管當局壓制所有媒體的努力，它拒絕推動政府的路線。

媒體是科索沃戰爭中的一個戰場，隨著北約打擊塞爾維亞國家電視臺，塞爾維亞電視臺一次次地播放影片「搖尾狗「作為對美國政府的起訴書。塞爾維亞總統米洛舍維奇的軍隊接管了十歲的獨立電臺 B92，導致國際聯盟拯救該電視臺，它後來也重新組合成 B2-92。與此同時，世界各地傳媒的批評者譴責有線電視新聞網等西方新聞媒體支持北約的偏見近乎宣傳。

B92 電視臺因曾被米洛舍維奇政府實行軍官而著名，但是為什麼 2000 年至 2004 年 B92 會陷於嚴重的財務危機並且可能破產呢？因為當時的外國捐助者，那些曾在戰後支持的「獨立媒體」的人，收拾行李，拿走他們的錢，前往下一個政治熱點，B92 被遺棄在危機之中。

戴安娜・約翰斯頓（Diana Johnstone）1979 年至 1990 年擔任《在這些時代》的歐洲編輯，從 1990 年至 1996 年人在歐洲議會綠黨的新聞官員。她在 1999 年曾經發表了一篇文章，題為〈塞爾維亞的媒體〉（Media in Serbia）[3]。這篇文章揭露了所謂獨立媒體被米洛舍維奇當局迫害、關閉的謊言，與西方國家人權鬥士的雙重標準。文中寫道：

> 在過去的九年裡，我們聽到多少次「米洛舍維奇即將關閉南斯拉夫最後一個獨立廣播電臺（或報紙）？」沒有人注意，幾個月後，即殉道者報紙（或廣播）實際上再次運作。

---

[3]　http://www.emperors-clothes.com/articles/Johnstone/SerbMedi.html

但不要緊──我們會很快聽到又一個「最後的自由的媒
體」即將被關閉。

　　這種誇大之詞幫助南斯拉夫記者、出版商和編輯籌集西方捐款
（來自歐洲聯盟，由基金會……），以資助他們的出版物。要維持
一份報紙運轉很難，即使在一個沒有像塞爾維亞這樣受到制裁的
國家。南斯拉夫傳媒人不應該被嚴厲地審判因誇大他們的政治困
境──這是唯一從西方富人那兒拿到錢的方法。此外，他們的申
訴中有一點點的真理。偶爾政府給一種或另一種報紙或電臺已造成
或多或少嚴重的困難，雖然這樣的騷擾一直偶然的而不是系統性
的，而且從來沒有阻止南斯拉夫享有一個驚人的廣泛的印刷媒體。
我不認為在西方的城市，對政府的嚴厲批評能夠一天天的被印刷出
來擺在滿城的報攤上，或者知道北約開始轟炸──在貝爾格萊德。
　　因為沒有自由，新聞界的利益和新聞自由的狀況差不多，而
且對南斯拉夫的「禁止媒體」的抱怨形成一種遠遠超出了事情的
嚴重性的共鳴。不斷的哭喊「狼來了（大壞米洛舍維奇要吃掉媒
體）」極大地促進了將米洛舍維奇杜撰為壓制所有自由的「獨裁
者」，因此「樂於助人」的北約以一切手段來恢復「人權」……
最終摧毀該國。
　　當看到各種不同的反對派報紙在每一個主要的貝爾格萊德街
頭售賣，以及在省會城市後；看到了站在新帕紮爾的立場上的穆
斯林原教旨主義報紙，和普裡什蒂納報攤上眾多的阿爾巴尼亞語
報紙刊物，很難瞭解「在南斯拉夫沒有新聞自由」的神話」是如
何維持下去的。外國觀察員和記者被蒙蔽、買通或被審查了嗎？
　　在科索沃給予阿爾巴尼亞語的媒體的自由，它們多年來一直
在推動的理念就是阿爾巴尼亞人必須將科索沃歸為己有，這是相

當不尋常的。正如允許阿族抵制一切正常的公民義務的自由，甚至是納稅，這是在任何其他國家是沒有先例的。

現在，由於北約已開始了對南斯拉夫大規模的戰爭，該國政府確實已經關閉了許多的反對派媒體，包括廣播電臺 B92，它的經費來自於其軍事力量正在湧向針對這個國家的大規模的、殘酷的戰爭。似乎政府還關閉了某些公開支持「科索沃解放軍」的阿爾巴尼亞文報紙。

接著我們的人權衛士自稱震驚。前天晚上，我與一個人權觀察的代理人辯論，他認為我應該同樣對米洛舍維奇的暴行表示憤慨：貝爾格萊德竟然告知來自正轟炸南斯拉夫的四個北約國家的記者離開該國。——塞族如何敢剝奪我們看我們已開動的酷刑的機器產生的影響的自由？為此，他們必須承受更多的轟炸，甚至入侵（下一步）。

我們西方人權衛士已經失去了與人道的所有聯繫。他們的無限自以為是使他們無法意識到，位於高科技的受領者一方的人們，從安全的戰爭距離殺死他們，戰爭仍然是戰爭。看到貴國毀滅也是一樣，因為它始終是。死亡沒有改變。對塞族來說，這不是遊戲，一個名為「我們能不能打敗米洛舍維奇？」的電視節目出現在廣告和喜劇表演間的花絮中。這是一個生死攸關的，特別是存亡的大事。

不，我們的人道主義者無法理解的是，這不是他們的「人權」議程的組成部分。因此，他們需要被問到：

在珍珠港事件後，有多少日本記者被給予在美國奔走的自由？

有多少納粹記者被派到到倫敦觀察閃電戰？對於這個問題，獨立媒體是如何密切觀察英國的馬島戰爭，或者在 1991 年伊拉克的海灣戰爭行動？

現在在南斯拉夫不需要西方媒體。我們知道炸彈做了什麼。它們爆炸。它們殺死人。它們嚇唬人。它們讓人非常，非常生氣。他們團結成一個國家。

西方媒體沒必要必須在那裡，因為不管怎樣他們所說的已經提前寫出來了。它是場景的一部分。即使沒有任何現場的記者，北約官員告訴我們什麼一定正在發生：塞族人對無辜的阿爾巴尼亞族平民殘酷的報復。是真的嗎？在任何情況下他們會告訴我們。它是轟炸的一部分：挑起塞族的報復。這是引發犯罪行動下一階段的觸發器：在「人道主義」轟炸後，「人道主義」的入侵。

北約需要其保護國。如果米洛舍維奇不給他們，如在巴黎塞族人拒絕簽署的最後通牒（稱為「和平協定」）所要求的那樣，北約將試圖用武力征服。這是北約為 21 世紀的新使命：人道主義民族解構。被南斯拉夫驅逐，西方記者應把注意力轉向一個更大和更神秘的故事，一個真正的需要被告知的故事：美國和它的歐洲衛星國如何以及為什麼在半個世紀內，打算清除其人類尊嚴的全部遺產？」

可以看出，在米洛舍維奇第三次尋求連任後，其違憲的問題就被民眾和北約抓住，媒體在這段時間放大性的報導，甚至還映射如果米洛舍維奇下臺，那麼，塞爾維亞都有可能加入北約組織，塞爾維亞國家的安全就會納入北約的框架，屆時，塞爾維亞的經濟發展就會和歐盟結合。在這樣資訊不對稱的年代，民眾的思想意識形態變得更加簡單，其實，當米洛舍維奇下臺後，塞爾維亞的經濟發展還長期處於低谷。只是當政局穩定後，才開始步入正常。

CHAPTER 3

玫瑰花革命

玫瑰花革命，指 2003 年 11 月，喬治亞的反對黨領袖薩卡什維利針對當時的謝瓦納茲總統政權的抗議示威，由於薩卡什維利每次公開露面都拿一枝玫瑰花，因此稱作玫瑰花革命，反對黨最後獲得勝利，建立民主政府，薩卡什維利當選喬治亞總統。

格魯吉亞正好地處裡海和黑海之間，也是連結波斯灣地區和東西歐國家的戰略要地。這裡風光旖旎，有「上帝的後花園」之稱。它西臨北約的「最東端」土耳其，東面與裡海國家亞塞拜然接壤，北靠俄羅斯，南鄰亞美尼亞。它是中亞和外高加索八國中惟一有出海口的國家，歷來都是東、西方勢力碰撞和爭奪的戰略重地，其地緣政治意義不言而喻。2003 年的「玫瑰革命」不僅是格魯吉亞國內政治勢力間的一次較量，更是俄、美、歐之間的大國博弈。

　　格魯吉亞屬於高加索地區和北約國家的地緣政治核心，但格魯吉亞卻是資源非常欠缺的國家，嚴格的講格魯吉亞屬於農業國家。謝瓦爾德納澤作為國家領導人，其任內和戈巴契夫共同推進重建和新思維政策，使得很多的蘇聯官員對於謝瓦爾德納澤相當的不諒解，再加上史達林作為格魯吉亞人，很多蘇聯的改革派對於格魯吉亞這個國家存在一定的成見。這樣原本對於這樣一個地緣政治非常重要、人口少的國家，發展本不成問題，依靠俄羅斯，出口俄羅斯自 1991 年解體以來非常需要的農產品。由於史達林和謝瓦爾德納的個人原因，使得格魯吉亞的經濟發展長期處於困頓狀態。謝瓦爾德納澤最大的問題就在於沒有處理好和俄羅斯的關係，現任總統薩卡什維利的問題也在於和北約全面發展關係額同時，放棄和俄羅斯的政治、經濟聯繫，使得格魯吉亞的發展出現不平衡的狀態。

1.「玫瑰革命」爆發

在「玫瑰革命」之前，號稱「高加索銀狐」和「政壇不倒翁」的謝瓦爾德納澤已經統治格魯吉亞長達 11 年之久。儘管謝瓦爾德納澤曾當過前蘇聯外長，在政壇也打拼了很多年。但是在他執政期間，卻治國乏術，並沒有給格魯吉亞帶來期盼已久的統一、繁榮，反而使人民生活雪上加霜。據統計，2001 年，格魯吉亞國家財政收入約為 4.5 億美元，人均月工資只有約 23 美元，最低月工資僅為 10 美元。2003 年，格魯吉亞這個小國卻有外債 20 多億美元。

2003 年 11 月 2 日，格魯吉亞舉行議會選舉，這成了格魯吉亞政治危機的導火線。根據格魯吉亞選舉法規定，總統不能第三次連任。已經連續擔任兩屆總統的謝氏也多次表示不參加下屆總統競選，但這並不妨礙在議會選舉中謝氏成為被攻擊的對象。因為議會議長是僅次於總統的國家第二號任務，議會第一大黨在格魯吉亞政治生活中發揮了巨大的作用。各個黨派都在議會選舉中摩拳擦掌，準備爭奪議會的 225 個議席。

「玫瑰革命」前，格魯吉亞是由最大的政黨「格魯吉亞公民聯盟」執政，該黨成立於 1993 年，總書記是愛德華・蘇爾馬尼澤，該黨後逐漸成為「當權黨」。較有實力的反對黨主要有格魯吉亞復興聯盟，主席阿斯蘭・阿巴什澤；民族運動黨，由薩卡什維利於 2001 年創建；此外還有傳統力量聯盟等。

這次議會選舉中，共有 287 萬選民參與投票，投票率為 53%。11 月 4 日，格魯吉亞反對派組織數千人舉行示威遊行，要求當局

停止在計票工作中的「舞弊行為」。此後反對派的抗議活動不斷升級。到了 8 日，各反對派領導人在議長布林賈納澤的辦公室舉行會晤，醞釀更大規模的示威遊行。面對如此混亂的局面，總統謝瓦爾賈納澤指責反對黨領導人正在醞釀一場軍事政變。他拒絕宣佈選舉無效，並發佈總統令，宣佈格魯吉亞發生了武裝政變，在全國境內實行緊急狀態。

11 月 20 日，議會選舉結果出爐，支持現政權的政黨「為了新的格魯吉亞」和「民主復興聯盟」分別成為議會第一、第二大黨。隨後，謝瓦爾德納澤不顧反對派的抵制，決定於 22 日舉行新一屆議會首次會議。然而反對派在 22 日以選舉「舞弊」為由接連舉行抗議活動，並控制了議會大廈。之後就發生了非常有名的一幕：薩卡什維利把一支玫瑰花高高舉過頭頂，一馬當先衝入議會。正在議會中發言的謝瓦爾德納澤在保鏢的護送下急忙離開。隨後，格魯吉亞的局勢急轉直下。30 個小時後，謝氏正式宣佈辭職，布林賈納澤代任總統。2004 年 1 月，接受美國教育的 37 歲新總統薩卡什維利正式就任。

2. 「玫瑰革命」的助產士

拋棄「老朋友」的美國

謝瓦爾德納澤在辭職後曾說：「我懷疑第比利斯的局勢就是南斯拉夫事態的精確重複。」他還聲稱：「我很懷疑邁爾斯先生（美國駐格魯吉亞大使）。他積極而且非常積極地參與，或許他參加製造了這一幕」。而美國駐格魯吉亞大使邁爾斯本人對於謝

氏的懷疑沒有正面回應。謝瓦爾德納澤在外交上一直實行親美親西方的政策，但是以美國為首的西方勢力為什麼會拋棄這樣一位「老朋友」呢？

謝瓦爾德納澤辭職僅兩天，美國就迅速做出決定，派遣一個小組，同格魯吉亞臨時政府討論如何幫助他們準備未來的選舉以及這個國家面臨的其他至關重要的問題。12 月 3 日，美國助理國務卿幫辦帕斯科抵達第比利斯，與代總統布林賈納澤、國務部長日瓦尼亞、總統候選人薩卡什維利舉行了會談，討論美國幫助舉行總統和議會選舉以及經濟改革等問題。他表示，布希總統和鮑威爾國務卿已經答應支持新領導人，美國和格魯吉亞政府今天的利益完全一致。美國將在近期內提供 700 萬美元的援助。

2003 年 11 月 24 日，瑪莎‧布瑞爾‧奧科特（Martha Brill Olcott）發表了一篇文章，名為〈格魯吉亞在轉捩點上〉（*Georgia on the Cusp of Change*）[1]。文中聲稱「當總統愛德華‧謝瓦爾德納澤同意辭職時，精心策劃格魯吉亞的玫瑰革命的民主活動家們創造了歷史」。但是文章也指出儘管謝瓦爾德納澤已經辭職，但是格魯吉亞的政局仍不平穩。因為這個國家大部分的地方領導人都不認可尼諾‧布林賈納澤的權威性。愛德華‧謝瓦爾德納澤是已經失去力量的政治力量。但是，從格魯吉亞 11 月 2 日選舉的不規範和弄虛作假中獲益的那些政治團體，不會靜靜地或迅速地消失。這裡所謂的獲益的政治團體指的的是阿斯蘭‧阿巴什澤——阿紮爾地區委員會的主席。他的「復興聯盟」是被宣告無效的選舉中的一些異乎尋常的選舉混亂中最主要的受

---

[1]　http://www.carnegieendowment.org/publications/index.cfm?fa=view&id=1408 &prog=zru&zoom_highlight=Georgia+on+the+Cusp+of+Change

益者之一。阿巴什澤也有全國性的政治野心。因此美國對於臨時政府和布林賈納澤的支持與幫助是多麼的及時，真是一場「及時雨」呀！

那麼美國是如何將它的「老朋友」謝瓦爾德納澤拉下臺的呢？下臺後的謝瓦爾德納澤曾說，美國的「索羅斯基金會」在這次政治危機中起到了極壞的作用，索羅斯是格魯吉亞政變的主要「罪犯」，所有：事情都是他參與策劃並安排好的，另一些外國組織也參加了篡改投票人名單、操縱計票的活動。他悻悻地抱怨道：「掌握政權的政治家們的資金大部分來自億萬富翁喬治·索羅斯的資助，索羅斯為何要顛覆格魯吉亞的政權呢，我們也不知道。這不是革命，是政變！」

以下各年開放社會格魯吉亞基金會的投資專案及情況均來自摘自於開放社會研究所與索羅斯網站所公佈的各年度報告。各年度報告都涉及表格中所列舉的各個項目，並提出了一些當年開展工作的重點及原因，從中我們可以瞭解到開放社會基金會在格魯吉亞的活動情況，分析它對格魯吉亞社會、經濟、政治等多方面的影響。

2000 年開放社會格魯吉亞基金會（Open Society Georgia Foundation, OSGF）投資具體專案及情況

對於開放社會格魯吉亞基金會（OSGF）來說，要想實現衝突地區開放社會的發展這個重要目標，就必須採取新的行動。2000 年，基金會資助了阿布哈茲（Abkhazia）和南奧塞梯（South Ossetia）戰爭地區的非政府組織，並計畫 2001 年在這兩個地區建立子公司。在經常發生衝突的泰拉維（Telavi）地區和阿哈爾

索羅斯：再造一處「開放社會」

開放社會格魯吉亞基金會投資資料表

單位（UNIT）：US Dollar

	GEORGIA								
	2000	2001	2002	2003	2004	2005	2006	2007	2008
藝術與文化 (Arts & Culture)	449,000	243,000	361,000	161,000	202,000	252,000	19,000	92,000	
市民社會 (Civil society)	166,000	102,000		2,000	5,000		323,000	466,000	
會議與旅行 (Conference &Travel)	1,000								
東方一東方計畫 (East- East)	140,000	37,000	136,000	78,000	116,000	186,000	238,000	244,000	
經濟改革 (Economic reform)	41,000	179,000	204,000	314,000	203,000	466,000	202,000	361,000	
教育 (Education)	2,447,000	2,689,000	1,949,000	954,000	471,000	657,000	356,000	222,000	
信息 (Information)	574,000	398,000	355,000	494,000	300,000	339,000	85,000	70,000	
法律與刑事司法 (Law &Criminal Justice)	156,000	319,000	389,000	804,000	390,000	223,000	424,000	392,000	
媒體 (Media)	106,000	54,000	109,000	222,000	155,000	214,000	214,000	204,000	
公共管理 (Public administration)	81,000	199,000	385,000	187,000	239,000	215,000	318,000	355,000	
公共衛生 (Public Health)	250,000	199,000	267,000	331,000	320,000	560,000	697,000	685,000	
Transparency & Accountability							9,000	148,000	
婦女計畫 (Women's Programs)	63,000	78,000	97,000	119,000	225,000	263,000	190,000	161,000	
青年計畫 (Youth Programs)	243,000	133,000	99,000	87,000	73,000	65,000	63,000	39,000	
Grants								1,000	
International Programs								196,000	
歐盟計畫 (European Union Programs)							118,000	11,000	
其他計畫 (Other Programs)	1,000	278,000	352,000	229,000	318,000	315,000	208,000	15,000	
執行 Administration	639,000	633,000	648,000	622,000	396,000	379,000	331,000	528,000	
總計 (TOTAL)	5,369,000	5,532,000	5,351,000	4,600,000	3,313,000	4,134,000	3,795,000	4,190,000	4,303,000

表源：開放社會研究所與索羅斯基金會網站（OPEN SOCIETY INSTITUTE&Soros Foundation Network）
http://www.soros.org/resources

齊赫（Akhaltsikhe）地區開設了新的辦事處。阿哈爾齊赫（Akhaltsikhe）辦事處的設立有非常重大的意義，因為它所服務的地區是少數民族聚居的區域。

通過 30 個國家和地區專案，基金會的舉措為格魯吉亞人民生活的許多方面都帶來了積極的影響。教育將再次成為基金會的優先支持專案，並將重點加在新的知識和技能方面的投資。在國際高等教育支持計畫（International Higher Education Support Program, HESP）和社會科學支援計畫（Social Science Support Program）幫助向格魯吉亞和其他前蘇聯國家引進新的學科。關於政治學、國際關係學、社會學的 11 門新的課程獲得了資助，並在去年一年裡舉辦了三次獎學金競賽。第比利斯州立大學（Tbilisi State University）的政治學系開設了暑期培訓，以提高社會學教授的英語水準。他們已經翻譯了很多社會科學文章，並準備出版。

在與教育政策研究所（Institute for Educational Policy, IEP）聯合舉辦的會議期間，OSGF 還與教育部合作起草了一項關於教育系統管理的新法規。這項新的法規規定學校有權做出關於資金、人力資源和課程發展方面的決定。並史無前例的授予學校權利進行董事、董事會成員和教師委員會的選舉。教育系統權力下放計畫（Education System Management Decentralization Program），最為 OSGF 特大專案的一部分，將促使這項法規的執行。

特大專案的另一個部分是改革支援機構（Reform Support Agency），它建立了一個教育統計學的資訊資料庫和教育系統的電腦模型。格魯吉亞還改變了教科書的選擇，使用了由 OSGF 提出的以競爭為基礎的方法。教育計畫（Education Program）資助了 10 個學習室的建立，並開設了 5 個電腦中心，在多個區域舉辦了多種學科的競賽。星期日公民教育班和暑期學校也得到了資金捐助。

將近 15000 名年輕人參與了由基金會網路計畫（Internet Program）提供的課程。電子出版計畫（Electronic Publishing Program）向「格魯吉亞網路資訊」競賽的獲獎專案提供自己支援。高等教育機構獲得了訪問開放社會研究所的電子資訊圖書館（Electronic Information for Libraries, EIFL）的科學文獻資料庫。

基金會的反腐敗活動吸引了後來喬治索羅斯在 2000 年 12 月對格魯吉亞的訪問。在 OSGF 和美國國際發展署（United States Agency for International Development）的資助下，反腐敗工作小組在全國範圍內向市民分發了「國家反腐計畫」的副本，和一份調查問卷，以及一個回郵信封。與憲法與法律政策研究所（Constitutional and Legal Policy Institute, COLPI）合作，基金會制定了未來反腐活動的計畫。監獄系統改革是基金會的另一個工作重點。基金會支持了「囚犯人權（Former Prisoners for Human Rights）」──個非政府組織，該組織使無論正在服刑的囚犯還是首次被拘留的個人，在獲取資訊方面的權利成為可能。

當地政府計畫（Local Government Program）與當地政府和公共服務改革倡議（Public Service Reform Initiative, LGI）合作，資助當地的非政府組織活動，以完善社區關係，提高當地政府機構工作的透明度。OSGF 還資助了格魯吉亞公共管理學院（Georgian Institute of Public Administration），該學院為當地政府管理人員提供培訓。

2000 年 OSGF 其他的活動還包括大眾媒介專案（Mass Media Program）支援下的反腐敗和新聞調查專案；為出版商提供小額貸款；由經濟和商業發展計畫（Economic and Business Development Program）資助的關於修訂稅法的圓桌會議；支援藥物緊急需要的衛生計畫（Health Program）。

2001年開放社會格魯吉亞基金會（Open Society Georgia Foundation, OSGF）投資具體專案及情況

2002年，開放社會格魯吉亞基金會（OSGF），繼續執行項目以發展公民社會，改善格魯吉亞公民生活水準。基金會的 17 個國家專案和 13 個網路專案，與當地夥伴合作推動了開放社會關於反腐敗、教育、公共衛生、區域性合作和解決衝突方面的發展。

該國的反腐敗委員會，由總統謝瓦爾德納澤擔任主席，該委員會在 OSGF 的支持下開始了野心勃勃的計畫。除了總統，由新聞記者和非政府組織代表組成的理事會自愛反腐活動中發揮的了不小的作用。它的第一個官方公佈的報告就指出沒有執行反腐措施的政府機構。基金會全年都在進行反腐方面的努力，通過支援非政府組織負責的計畫進程監測工作。

OSGF 支持第比利斯州立大學的學生自治選舉。學生選舉出一個自治的機構，有利於確保學校預算的透明度，並加強學校的有效運作。

教育領域的另外一項發展是，推動了格魯吉亞教育系統不斷改革的基金會特大項目（Megaproject）的結束。作為特大專案的一部分，穩步發展計畫（Step by Step Program）活躍於 200 多個初級教室，包括那些設立在戰爭地區的教室。特大專案還在格魯吉亞學校幫助建立了家長－教師協會，和一個關於教育系統權力下放的實驗模型。對教科書的改革將持續到 2002 年，對 22 個現存的出版物增加 19 篇新的文章，並將教育改革的觸角伸向學校處罰制度。

OSGF 與歐洲理事會（European Council）合作制定了一個關於格魯吉亞高等教育未來發展的報告，該報告由格魯吉亞議會在

12 月份討論並通過。支持計畫（Support Program）制定的 13 個新的文學課程將成為大學社會學、政治學國家關係學課程的一部分。該基金會還與北約合作為高加索國際網路（Caucasian Internet Network, CARENA）的建立提供技術資源，該網路將試圖加強高加索共和國地區的現存的教育研究資源。

通過公共衛生計畫（Public Health Program），開放醫療俱樂部（Open Medical Club），在格魯吉亞的幾個地區開設了培訓課程，並為醫療社區提供從國際兒童診所研討會的醫生獲取的資訊和知識。

在高加索地區，OSGF 的工作重點是合作與解決衝突。基金會繼續就新教科書——《高加索國家的歷史（History of Caucasian Nations.）》的制定問題與歐洲理事會合作。在 2001 年底召開的會議中，來自格魯吉亞、亞美尼亞、和亞塞拜然的歷史學家，與歐洲理事會的專家合作，共同證明了一直的意見和公平的地區歷史報告是可能，儘管它存在極大的複雜性和長期的衝突。這本誰將在 2002 年初出版。

在衝突地區，如蘇呼米（Sukhumi）、茨欣瓦利（Tskhinvali）和阿哈爾齊赫（Akhaltsikhe），推動開放社會的發展，對 OSGF 來說至關重要的，因此 OSGF 在這些地區均建立了辦事處。在 2001 這一年中，蘇呼米（Sukhumi）和茨欣瓦利（Tskhinvali）辦事處批准了 48 個專案，其中大多數都是藝術與文化方面的。阿哈爾齊赫（Akhaltsikhe）辦事處當做國際學生諮詢中心來運作。

2001 年，與索羅斯基金會內部合作的關於當地的戰略，在來自格魯吉亞、亞美尼亞、亞塞拜然基金會的常務理事和董事會成員召開的幾次會議上制定。計畫在 2002 年召開類似的會議，到時候基金會將執行多個區域性計畫。

2002 年開放社會格魯吉亞基金會（Open Society Georgia Foundation, OSGF）投資具體專案及情況

開放社會格魯吉亞基金會（OSGF）致力於應對政治和經濟變革的計畫，並為開放社會的發展堅持不懈。2002 年，基金會的工作重點是政府管理、法律法規、教育、公共衛生、婦女權益、和經濟發展。基金會還努力減少地區衝突，並通過幫助當地非政府組織執行媒介、教育和文化方面的計畫來增進阿布哈茲（Abkhazia）和南奧塞梯（South Ossetia）的地方穩定。

在 2002 年 6 月的當地選舉中，基金會為新的委員會成員組織了培訓專案，以建立代表與選民之間的民主關係，並支持透明度與可靠性。培訓的成功促使一些組織如歐亞基金會與 OSGF 合作參與反腐敗的活動，加強非政府組織的監視作用，並同薩姆茨赫（Samtskhe）和 Javakheti 的城市委員會共同資助了 15 個當地計畫。

法律計畫（Law Program）提高了公眾對人權、管理改革、法律教育、立法篩選和反腐敗問題的認識。該計畫與開放社會研究所、國際和格魯吉亞國內的非政府組織以及其他的捐助者聯合，支持了一項能夠保留非政府組織在人權案件中上訴權的法律。OSGF 還與美國律師合作協會（American Bar Association）、英國文化協會（British Council）、法律與公共教育協會（Association of Legal and Public Education）、德國技術援助機構（German Technical Assistance agency）、格魯吉亞非政府組織合作起草了一份關於法律實施機構改革的報告。

培養年輕學生成為格魯吉亞的領導人是基金會 2002 年最優先的工作之一。OSGF 和開放社會研究所的獎學金計畫，支持了

80 位格魯吉亞學生到歐洲和美國留學。OSGF 的國際學生諮詢中心（International Student Advising Center）為 10000 名學生提供了高等教育建議。社會學支援專案（Social Science Support Program）與第比利斯州立大學合作，在社會學與政治學領域制定了新的博士學位計畫，並與歐洲理事會合作準備起草一項新的法令。該法令要求高等教育增強透明度、專業限制、學生對決策制定的參與。OSGF 設立了三個新的獨立非政府組織，以解決教育政策發展以及社區和家庭對學校活動的參與問題。

基金會努力推動病人權益的發展，並在各路幾頁簽署並批准了關於人權、生物醫學歐洲理事會協議，以及附加的禁止複製人類的協議。公共衛生計畫還幫助說服議會接受關於醫療活動的法令，該法令界定了病人和醫生的權利和義務。除了支持針具交換專案，OSGF 還擴大和落實了在阿賈拉（Ajara）的政府愛滋病防禦和危害減少活動。

婦女計畫（Women's Program）幫助完成了關於少數民族婦女問題的紀錄片；推動了性別作為一門大學學科的研究；建立了國際反暴力服務站（National Antiviolence Service）以保護婦女和兒童。

經濟和商業發展計畫（Economic and Business Development Program）通過政策、立法和培訓活動支持中小型企業（small and medium-sized enterprises, SMEs）的發展。與格魯吉亞銀行和財政機構合作，該計畫開始了為中小型企業開設的信貸業務，在當地商業貸款難以承擔。

基金會支援了無限制使用由格魯吉亞公民社會提供的資訊和溝通技術，並幫助將 20 所學校和 15 個非盈利教育組織連接到

這個網路。北約和 OSGF 聯合資助了一個計畫,該計畫將 30 個研究和教育機構通過第比利斯的無線數據機連接到網路。

2003 年開放社會格魯吉亞基金會(Open Society Georgia Foundation, OSGF)投資具體專案及情況

開放社會格魯吉亞基金會(OSGF)支持的專案推動了格魯吉亞自由、公平、民主的選舉,成為格魯吉亞的重大歷史轉折。基金會仍舊從事於提高資訊和技術的使用權,加強法律法規建設,改善公共衛生,支持小型企業。

隨著格魯吉亞 2003 年議會選舉的臨近,OSGF 開設了選舉支持計畫(Election Support Program),這項計畫由公民社會活動家、非政府組織領導、國際組織和知識份子共同參與,確保公平的選舉,以及媒體對競選和投票的全面報導。涉及的活動包括社會學研究調查、記者招待會、辯論和民意調查。選舉日當天有 75% 的投票率,超過了預測和以往的任何一次選舉的人數。但是,這次選舉被舞弊和政府操縱蒙上了陰影,促使市民上演了非暴力的「玫瑰革命」,這場革命最終導致了總統謝瓦爾德納澤(Shevardnadze)在 11 月份辭職。2004 年 1 月,米哈伊爾薩卡什維利(Mikhail Saakashvili)在新一次的選舉中當選總統,並且國家觀察員宣稱新一次的選舉是民主、自由和公正的。

一個有基金會和交流理事會(IREX)聯合開設的計畫建立了一個新的衛星頻道,該頻道提高了格魯吉亞研究和教育網路(Georgian Research and Education Network,GRENA)的網路服務可靠性和品質。資訊計畫(Information Program)還支援了電子騎士(e-Riders)試驗計畫,該試驗計畫提供五位資訊傳播技術(ICT)顧問幫助 40 個非政府組織實施 ICT 戰略,以加強他們

的日常工作。該計畫打算將電子騎士（e-Riders）作為一個模型，用來推動開放資源軟體與私人擁有軟體的替換。

法治計畫（Rule of Law Program）支持了保護人權和反腐鬥爭的專案，也幫助了對格魯吉亞常規行政法典（Georgia's General Administrative Code）的執行。婦女計畫幫助婦女和兒童免受暴力，並加強區域網路內與暴力的鬥爭。公共衛生計畫在阿布哈茲（Abkhazia）新設了一系列聯合專案，並開設了格魯吉亞的第一個安養院。

為了幫助社區基礎的企業成功發展，經濟發展計畫（Economic Development Program）在薩姆茨赫（Samtskhe）和 Javakheti 兩個地區試驗了小額信貸專案。這個區域內的中小企業支援中心（Small and Micro Enterprise Support Centers）開始接受其他捐助機構的支援，但從 2003 年開始獨立運作。

OSGF 將它的社會科學支持計畫發展成為一個新的社會科學中心，並將波普爾辯論中心（Karl Popper Debate Center）轉變為一個新的、獨立的非政府組織。

2004 年開放社會格魯吉亞基金會（Open Society Georgia Foundation, OSGF）投資具體專案及情況

格魯吉亞的「玫瑰革命」的後果是，在 2004 年一月帶來了更為民主的選舉，選舉出的總統薩卡什維利 Mikhail Saakashvili 掌權。開放社會格魯吉亞基金會繼續致力於提高政府的透明度、可信度和公眾的參與度。其中一項計畫建立了一個關於立法資訊的網站，這些資訊來自於國會，保證公民擁有知情權並允許他們提出法律意見。

2005 年開放社會格魯吉亞基金會（Open Society Georgia Foundation, OSGF）投資具體專案及情況

開放社會格魯吉亞基金會致力於改善格魯吉亞內政部和警察部門的運作。一個由基金會贊助的會議檢測了社區治安和預防犯罪、內外忽視的警察結構、警察與媒體和公民組織的關係。並為格魯吉亞警察人員提供機會學習如何在民主國家建立有效的警察制度。與開放社會司法倡議（Open Society Justice Initiative）、格魯吉亞司法部、格魯吉亞青年律師協會（Georgian Young Lawyers Association）合作，開放社會格魯吉亞基金會開設了一個新的計畫以推動一個自由的法律援助制度；該計畫促進了公共代理服務（Public Attorney Service）的產生。

2006 年開放社會格魯吉亞基金會（Open Society Georgia Foundation, OSGF）投資具體專案及情況

一名「前交通警察」從基金會獲得 7000 美元的資助，在孤兒院建立了一個養蜂計畫（beekeeping program）。該計畫為兒童提供資金，交他們養蜂知識。培養的蜜蜂和收穫的蜂蜜用於商業銷售或者與其他慈善或非營利機構分享。該基金會的職業再培訓計畫向那些因為機構改革而下崗的公務人員提供資金和業務技能培訓。在 1200 名申請者中選出 100 名進行培訓，他們中的大多數都曾經是執法人員。

格魯吉亞國家圖書館開始致力於發展成為國家第一個綜合的、公開的網上圖書館，與公民社會相關的材料都已經在過去的 15 年中用格魯吉亞當地語言翻譯和整理好。網上圖書館計畫，由基金會撥款資助，重點整理關於人權，尤其是婦女和兒童權利，以及宗教自由和民主管理方面的材料。

安全之家（Safe House）與格魯吉亞警察合作，幫助一個關於烏茲別克買賣人口進行性交易的倖存者，試圖建立格魯吉亞第一個關於性買賣交易的實例。該中心有基金會資助，救助陷入人口買賣圈套的婦女，幫助她們復原，非常有效的切斷了格魯吉亞性和勞動力販賣的線路。並為那些被格魯吉亞當局押送過境的被捕婦女辯護，幫助這些婦女獲得滯留證明文件，並有效的實施了格魯吉亞的新的非法交易法。

在基金會的支持下，格魯吉亞的新聞行業設立了媒體委員會，以幫助自我調節和改進新聞標準和實踐方法。在建立自己的程序之後，委員會審查了一個反對黨領導人對一家私人廣播電視臺的投訴，和一個市民對格魯吉亞公共廣播電臺的投訴。媒體委員會要求這兩家電視臺向他們違反格魯吉亞媒體行為守則的地區公開道歉。

受基金會支援，格魯吉亞非政府組織和捷克共和國的專家，制定了一個全面的藥物政策計畫，該計畫提出了降低危害措施，以解決諸如血液傳播疾病的公共健康風險，例如愛滋病。在格魯吉亞被診斷 HIV 病毒呈陽性反應的患者中有超過 62%為吸毒者。議會成員和健康專家審查了這份計畫，並遞交給國家衛生委員會和勞動、衛生、社會事務部門。

2007 年開放社會格魯吉亞基金會（Open Society Georgia Foundation, OSGF）投資具體專案及情況

開放社會格魯吉亞基金會在 2007 年的工作重點是透明度問題、公共資金的監管、法律援助改革、選舉檢測和資訊、民族間的對話、政治家之間的共識。

基金會的電子透明度計畫重點起草了公共資訊電子化訪問草案（Law on Electronic Access to Public Information）。基金會和公共資金透明化聯盟（Coalition for Transparency of Public Finances）分析了巴庫－第比利斯－傑伊汗管道公司（Baku-Tbilisi-Ceyhan Pipeline Company）與格魯吉亞政府之間的協議，此舉促進了雙方根據研究報告的建議，修改並最終簽署了協議。

基金會國家健康計畫，對名貧困線以下居民生活情況的監測顯示，預算撥款不足以支援國家關於降低貧困和基本權利的政策；研究結果有助於改善預算編制週期，加速了對 2008 年計畫最大限度的預算撥款。

開放社會格魯吉亞基金會和開放社會司法倡議（Open Society Justice Initiative）繼續支持格魯吉亞司法部，對該國的司法援助系統進行改革。基金會起草並提倡法律援助法，該條法令在 2007 年 6 月在格魯吉亞議會通過。而類似法令只在先進的東歐國家存在。

受基金會支援的四個格魯吉亞非政府組織，從事於選舉檢測和觀察方面的工作，它們分別是：格魯吉亞青年律師協會（Georgian Young Lawyers Association）、公平選舉和民主的國際社會（International Society for Fair Elections and Democracy）、格魯吉亞國際透明組織（Transparency International Georgia）、新時代新舉措（New Generation New Initiative），它們在選舉相關的活動中協調工作。基金會協助它們開展了一個媒體中心，以提供關於 2008 年總統選舉的及時可靠的資訊，為選民提供選舉程序方面的建議，並收集選舉過程中關於違法行為的資訊。

基金會的一體化和公民教育計畫（Integration and Civic Education Program）促進了關鍵政治領導人之間達成共識。小組訪談和主要黨派領導人之間的會面表明，沒有任何共識和合作的

政治活動進程，將只是一個零和博弈。該研究宣導政治上的共識和合作戰略，並將研究成果向各非政府組織的代表和媒介展示。該研究還在各大電視頻道引起了激烈討論。

2008 年開放社會格魯吉亞基金會（Open Society Georgia Foundation, OSGF）投資具體專案及情況

在格魯吉亞，索羅斯基金會為應對 2008 年發生在南奧賽梯地區的衝突，與公民社會團體合作為那些流離失所的人民提供食物、藥品和衣物。在之後發生的鬥爭中，基金會將工作重點轉移到難民的人權問題上，並確保為支持格魯吉亞經濟和基礎設施重建而捐助的 450 億美元的國際救援物資發放和使用的透明度。

基金會在愛沙尼亞的一項研究曝光了格魯吉亞難民營的惡劣生活條件；只有 3-4%的戰爭難民獲得了食物、衣物和藥品救濟。基金會的參與最終幫助改善了這些情況，包括關閉一些難民營。

由基金會創建的指導計畫提高了使用俄語的老師的愛沙尼亞語言技能，通過將他們與使用愛沙尼亞語的同事的配對培訓。

貌似「糊塗」的西方媒體

索羅斯的開放社會基金會在格魯吉亞的所作所為，只能算是美國在「玫瑰革命」中的一個剪影。美國以及其他國家的媒體也是「玫瑰革命」的助產士之一。2003 年 11 月 26 日，Anatol Lieven 發表了一篇文章〈The West had a different Georgia on its mind〉（西方頭腦中的不同的格魯吉亞）。[2] 作者在文章中提到過去 10 年它

---

[2] Anatol Lieven, The West had a different Georgia on its mind, International

所提供的大量幫助——按人口平均計算超過 1 億美元——已經絕大多數被竊取和浪費。但是太多年了，美國向他們的公眾提供了一幅格魯吉亞民主與進步的圖畫，但和格魯吉亞的現實沒什麼關聯。而西方媒體和評論者也跟隨美國政府的步調，由此他得出了幾個教訓。

首先，在美國媒體和評論有非常強烈的傾向，即跟隨自己的偏見以及美國和西方官員在特定的國家和事物上的立場。在格魯吉亞的例子中，克林頓政府產生一種想法即把格魯吉亞建設成為對抗俄羅斯的一個緩衝區，記者和評論員隨後乖乖地順從這一政策，沒有檢驗格魯吉亞自己內在的動力。一切都降低到莫斯科和華盛頓之間的「大博弈」的一部分。

第二，記者和評論員經常如此著迷於民主思想，他們無法看到在他們面前的事物。這對於所有關於格魯吉亞重要性的大型對話都沒有幫助，所以很少有認真的西方學生精通這個。對西方學術界而言，這是一個痛苦的無可非議的事。在蘇聯解體 12 年之後，仍沒有嚴肅的關於蘇聯解體後格魯吉亞的學術書籍，雖然有無盡的虛偽的學術論文在華盛頓的辦公桌後面寫出來。

3. 格魯吉亞的「獨立媒體」

歷史上，在 1989 年秋季鐵幕落下前，格魯吉亞所有的媒體是政黨贊助的。首個非黨報成立於 1990 年，由新聞工作者協會主辦。對於大多數的格魯吉亞人來說，報紙並不像電視那樣是重

Herald Tribune, November 26, 2003.

要的資訊源。一些區域性報紙有較高的發行量，而且比全國性報紙更經常被人們所閱讀。例子包括在阿紮爾地區的 Batumelebi。主要的全國性報紙是 24 小時，Rezonansi，Alia 和 Kviris Palitra。印刷媒體的主要障礙在於報刊發行，這使得它的新聞難以交付給它的讀者在合理的時間框架內。雖然報紙的發行量很小，閱讀率卻很高。報紙經常在閱讀後被傳遞，從而接觸到更大的讀者。

兩個最相關的資訊機構是總理新聞和國際新聞社新聞。這兩個機構是獨立的，是國家，國際和當地媒體公司代理。

大部分格魯吉亞人從電視中獲得新聞。很多的有線電視運營商和幾十個主要商業電視臺共同競爭不斷增長的廣告市場。公共廣播機構——格魯吉亞公共廣播，取代了前國家電臺和電視臺。國家已放棄其他媒體資產，包括報紙，新聞通訊社。大約有 40 家，包括格魯吉亞的城市頻道、廣播。然而，這些地方電視臺工作人員的素質和他們的預算和技術往往很低。

國家電視臺有更好的條件。 Rustavi 2 電視臺在「玫瑰革命」中發揮了重要作用。唯一的廣播願意站出來對抗政府，向公眾通報選舉舞弊和隨後的抗議行動。Rustavi 2 電視臺引起人口大規模動員。然而，Rustavi 2 電視臺現在經常批評，並表示已經成了一個政府的喉舌。Rustavi 2 電視臺的確切身份目前還不清楚。沒有人確切知道它目前的擁有人。

Imedi 電視臺曾被法院暫停，最近它導演了一齣好戲。「伊梅季」電視臺在 2010 年 3 月 13 日晚間節目中以格魯吉亞和俄羅斯之間再次爆發衝突的可能性為主題，邀請嘉賓討論。節目設想格魯吉亞反對派在選舉中失利，發起反政府活動；俄羅斯在部分反對派協助下乘機出兵。它以新聞形式報導：格總統米哈伊爾·薩

卡什維利被迫轉移並遇害；親俄反對派組建臨時政府；美國總統貝拉克・奧巴馬呼籲停火等。節目使用資料畫面，顯示俄軍坦克長驅直入，戰機劃過天空，格魯吉亞居民四散奔逃。雖然電視臺在畫面播出前和播出後提醒觀眾，這並非真實新聞，只是想說明「一旦格魯吉亞社會不能同心協力對抗俄羅斯的圖謀」，可能會出現這種情況。

俄軍入侵格魯吉亞的假新聞爆出後，引發格魯吉亞全國恐慌，驚慌失措的人們湧上大街，通訊網絡幾乎癱瘓。這條假新聞引起俄羅斯方面的不滿，在新聞畫面中出現的英、法大使也紛紛發表聲明，撇清與此事的關係。格魯吉亞總統薩卡什維利發表聲明稱，此事與格當局無關。但就「玫瑰花革命」中 Imedi 電視臺與格反對派的關係來看，薩卡什維利的聲明並不能讓人信服。

格魯吉亞的電臺面臨變革。在蘇聯時代，電臺沒有被作為一種交流媒介。因此一貫的收聽模式沒有建立起來。很多獨立的廣播電臺以調幅和調頻的頻率進行廣播，但他們的節目大部分由音樂組成。Radio Fortuna 擁有最多的觀眾，超過 62 萬聽眾。其他流行的廣播電臺包括：自由歐洲電臺／自由電臺，Radio Greenwave and Radio Imedi。

重要的資訊來源包括 Media.ge，是由歐安組織在格魯吉亞主辦的，Civil.ge 是由非政府組織聯合國格魯吉亞協會主辦。Humanrights.ge 是一個線上日報，致力於支持獨立媒體的發展、建立記者和人權的網路和進行人權新聞調查。

格魯吉亞獨立記者協會的設立是為了解決有關問題記者的專業活動，也為了保護多元民主和國際公認的人權。該組織獨立於所有的意識形態、政府、政治和宗教機構。Internews 是有三種

語言（英文，格魯吉亞和俄羅斯）的網站，致力於格魯吉亞媒體的所有方面，以及該國獨立的新聞事業的發展。其中包括前陣子的印刷新聞報導和這個共和國的所有媒體的基礎新聞。

CHAPTER 4

橙色革命

橙色革命（Помаранчева революція），又稱栗子花革命，發生於 2004-2005 年，源於 2004 年烏克蘭總統大選引發的貪污和舞弊等問題，因對手亞努科維奇舞弊，而於大選落敗的總統候選人尤申科，使用橙色作為選舉時的代表色，因此這場抗議運動也使用橙色作為主色，故稱橙色革命。最後，烏克蘭最高法院宣布這次重選的結果無效，並宣布於同年 12 月 26 日再次重選，尤申科遂在這次重選中獲勝，顯示了橙色革命的勝利。

2003 年格魯吉亞爆發顏色革命之時，烏克蘭總統庫奇馬曾於 2003 年 11 月 22 日以獨聯體元首理事會主席的身份發表聲明，呼籲格魯吉亞各派政治力量保持克制，通過法律手段平息衝突。烏克蘭與俄羅斯在經濟、社會和文化上關係密切，尤其是烏克蘭東部地區，實際上很難將烏克蘭與俄羅斯區分開來。絕大多數從俄羅斯新西伯利亞、烏拉爾山脈以東到德國、法國和西歐國家的天然氣輸氣管都要經過烏克蘭。從軍事戰略的角度看，如果烏克蘭加入北約，將對俄羅斯構成致命的威脅。

　　1991 年在蘇聯解體中重要推手的八月政變前，俄羅斯聯邦總統葉利欽、烏克蘭總統庫奇馬和哈薩克總統共同商定，未來當戈巴契夫下臺之後，其三人的班子取代蘇聯中央的官員，蘇聯的地方官員全面取代中央。但在八月政變的三天中，葉利欽發現蘇聯中央官員難以取代，最後和各各共和國的總統商定蘇聯解體，成立獨聯體。此時，庫奇馬和葉利欽的關係就變得非常微妙，烏克蘭和俄羅斯是否處於平等地位呢？庫奇馬由於長期堅持烏克蘭文化的獨立性否認烏克蘭和俄羅斯歷史上的聯繫，尤其在烏克蘭境內的俄羅斯黑海艦隊、及軍事基地的使用權問題上，烏克蘭和俄羅斯的矛盾日益尖銳化。烏克蘭在轉向北約和歐盟的同時，其國內的農產品和工業產品對於歐洲國家來講，其技術含量還處於低級階段，其產品對於俄羅斯反倒很具吸引力。烏克蘭和俄羅斯是合則兩利，分則俱損。現任烏克蘭總統亞努科維奇已經轉向，把俄羅斯和北約、歐盟的利益放到同等重要。烏克蘭橙色革命對於國家改變不大，只是改變了庫奇馬和葉利欽的情結。

1. 橙色革命風潮

反對黨領導人維克多尤先科的選舉勝利，在東歐前蘇聯國家的歷史中是一個新的里程碑，這個地區在地緣政治中急遽轉向西方。

2004 年 10 月 31 日，烏克蘭舉行獨立後的第四屆總統選舉。這次選舉決定著烏克蘭未來國家政策是親俄羅斯還是親西方。最有實力的兩位候選人是尤先科和亞努科維奇，前者支持烏克蘭加入歐盟和北約，而後者則主張繼續庫奇馬的政治路線以保證穩定，承諾將加強與俄羅斯的關係。

在第一輪選舉中，由於沒有一位候選人獲得過半數的投票，因此得票列前兩位的候選人尤先科和亞努科維奇進入第二輪選舉。

第一輪選舉結果・烏克蘭 2004 年

候選人	政黨	10月31日
尤先科	我們的烏克蘭 Our Ukraine	39.9
亞努科維奇	烏克蘭區域黨 Ukrainian Party of Regions	39.3
Oleksander Moroz	烏克蘭社會主義黨 Socialist Party of Ukraine	5.8
Petro Symonenko	烏克蘭共產主義黨 Communist Party of Ukraine	5.0
Nataliya Vitrenko	烏克蘭進步黨 Progressive Party of Ukraine	1.5
Anatoliy Kinakh	烏克蘭企業和工業黨 Party of Industrialist and Entrepreneurs of Ukraine	0.9
其他候選人（18）		8.5
Against All		2.0

來源：烏克蘭中央選舉委員會 http://www.cvk.gov.ua/pls/vp2004/wp0011.

11 月 21 日，尤先科和亞努科維奇進行第二輪的角逐。選舉結果尚未公佈之時，兩項民意調查就已經顯示尤先科獲得了勝利，其中一項民意調查是由西方國家資助的。亞努科維奇及其團隊認為這種調查是「不正確和不科學的」。第二天，中央選舉委員會公佈的投票結果顯示，亞努科維奇獲勝，在已經統計的99.14%的選票中贏得了 49.42%的選票。尤先科當日就召開新聞發佈會，指責當局操縱選舉，選舉存在嚴重舞弊，並呼籲支持者走上街頭。他還號召歐洲向烏克蘭政府施壓。

　　隨後烏克蘭局勢一片大亂。尤先科擅自舉行總統宣誓儀式。因此烏克蘭一時間冒出了三位總統。各方政治勢力不斷博弈，期間尤先科與亞努科維奇與行會談無果，俄羅斯、歐盟、波蘭等國還在烏克蘭舉行多變國際談判。然而烏克蘭局勢依然動盪不安。之後第二輪選舉結果重新揭曉，這次反對派候選人尤先科獲勝。曾經的獲勝者亞努科維奇又不承認選舉結果。最後重新舉行第二次選舉，尤先科依然獲得了選舉的勝利。至此，烏克蘭的選舉亂局終於告一段落。

　　格魯吉亞的「玫瑰花革命」中，反對派對選舉結果不滿，指責當局在選舉中舞弊，之後再大規模的街頭運動中，謝瓦爾德納澤當局迅速下臺。而烏克蘭的「橙色革命」卻沒有那麼簡單，用一波三折來形容都道不盡總統選舉中的曲折。反對派拒不承認選舉中的失利，大有不上臺不甘休的姿態。美國、歐盟、俄羅斯在烏克蘭總統大選中也紛紛登場，使得烏克蘭的「橙色革命」成為大國勢力角逐的一場好劇。

表格

區域	第一輪選舉			第二輪選舉			第二輪選舉			地區選民的比重
	尤先科的支持率	亞努科維奇的支持率	投票率	尤先科的支持率	亞努科維奇的支持率	投票率	尤先科的支持率	亞努科維奇的支持率	投票率	
基普	62.2	14.6	75.8	74.7	19.9	78.6	78.4	17.5	79.2	5.7
北部：Zhytomyrska, Kyivska, Chernihivska, Sumska	50.8	23.4	78.2	68.7	27.2	79.6	75.8	20.2	76.3	11.9
中部：Poltavska, Vinnytska, Khmelnytska, Cherkaska, Kirovogradska	52.4	21.8	77.5	66.7	29.1	80.5	75.5	20.6	76.6	15.1
西部：Lvivska, Volynska, Ivano-Frankivska, Rivnenska, Ternopilska	83.5	7.8	82.9	89.3	8.9	84.7	92.7	5.5	86.4	14.8
東部：Donetska, Luganska	3.5	84.5	75.0	2.9	95.1	94.3	4.9	92.8	82.5	15.4
東南部：Kharkivska, Dnipropetrovska, Zaporizhska	17.1	53.8	69.8	26.4	67.5	76.9	28.3	65.7	72.3	17.8
西南部：Zakarpatska, Chernivetska	55.6	28.8	69.1	63.8	31.8	69.7	73.1	22.5	68.6	4.3
南部：Mykolaivska, Odesska, Khersonska	21.2	49.6	65.8	29.8	64.6	72.4	31.5	63.0kelin	69.0	10.0
克里米爾地區	11.6	69.9	66.9	13.4	83.2	78.0	14.1	82.6	75.5	4.9
總共	39.9	39.3	74.5	46.6	49.5	80.4	52.0	44.2	77.2	100

烏克蘭中央選舉委員會 http://www.cvk.gov.ua/pls/vp2004/wp0011

2005 年 11 月 22 日，卡內基和平國際基金會主辦了一個名為
「橙色革命後一周年」的會議，與會者熱情地稱讚橙色革命，稱
它為「政治觀念上的革命」，並讚美由它而產生的有活力的公民
社會。儘管所有人都承認新政府犯了錯誤，專家們還是對明年的
議會選舉和烏克蘭的未來持樂觀態度。

　　這次會議對革命沒有解決的一些主要問題達成了共識。卡
拉特尼奇（Karatnycky）認為橙色革命沒有深入到制度的層面，
而且高級官員仍然被議會所架空，它是在不自由、不公平的選舉
中選舉出來的。馬克福爾指出其他的問題：(1)亞努科維奇重新
成為總理的可能性；(2)貢加澤謀殺案的不確定性，選舉人從前
的欺詐行為和寡頭政治執政者的違法行為。(3)東西分裂以及由
此產生的謠言。這次會議預示了烏克蘭「橙色革命」之後的發
展方向。

　　Mykola Riabchuk 是烏克蘭文化研究中心副研究員，他發表了
一篇文章，名為〈烏克蘭：從後共產主義轉變中得到的教育〉[1]。
該文章分析了多種外部力量對烏克蘭的影響。文章提到：

　　烏克蘭總是被描述成一個在東方和西方之間的國家，西方指
今天的歐盟和北約成員，東方指俄羅斯。這個「之間」的位置不
僅是指受外部文化和政治影響的不同，也指烏克蘭內部容易受這
些因素的影響。由於烏克蘭是一個不穩定的，分為兩派（親歐洲

---

[1]　Mykola Riabchuk, Ukraine: Lessons Learned from Other Postcommunist Transitions
http://www.sciencedirect.com/science?_ob=ArticleURL&_udi=B6W5V-4R7 0W5G-5&_user=2316052&_origUdi=B6W5V-4R70W5G-3&_fmt=high&_c overDate=12%2F31%2F2008&_rdoc=1&_orig=article&_acct=C000056874 &_version=1&_urlVersion=0&_userid=2316052&md5=e82a14f5e6d3a88a0 2e28c343a70db85

或親俄羅斯）的國家，任何外部的影響都可能引起不同地區的不同反應。

在烏克蘭俄羅斯的帝國主義試圖綁架其脆弱的鄰國。沒有力量可以阻止西方對烏克蘭民主，自由和人權的推進。目前，西方似乎取得了競爭的勝利，儘管俄羅斯對烏克蘭的政策顯得比西方更連貫，更自信。

烏克蘭與西方地理位置的接近導致一個分散的效應，意味著西方即使不用任何戰略或者重大措施通過它共同的經驗和正面例子就可以對烏克蘭的發展產生強大的影響。西方的影響主要包括兩個方面：聯繫和影響力。

到目前為止，歐盟在東部一直都奉行俄羅斯第一的外交政策。將烏克蘭視為俄羅斯的後院——俄羅斯合法的勢力範圍（類似於臺灣相對於中國）。歐盟沒有對烏克蘭的積極加入採取鼓勵措施。一方面，歐盟還沒有積極採取措施改變它可以預見的未來——擴張疲憊。另一方面，歐盟越來越依賴俄羅斯的石油和天然氣。當然，有一個鼓勵的信號可以增強烏克蘭的歐洲身份，鼓勵政治機制和法律改革，鞏固民主，使克林姆宮從過度自信的烏克蘭政策中退出。所有的這些都沒有發生，直到烏克蘭處理完繁雜的事務之前都不會發生。

在當下，烏克蘭應該利用與歐盟合作的機制，特別是與歐洲睦鄰政策合作的計畫與歐盟建立一個自由貿易區，要求歐盟國家對烏克蘭公民取消簽證以促進學生，遊客，文化和教育計畫的交流並洽談為烏克蘭公民提供合法的工作。

與歐盟相反，北約向烏克蘭敞開了大門。但是烏克蘭似乎不大熱衷於加入北約。但是與北約的合作可以是烏克蘭強大，這個組織有利於推動烏克蘭機制的改革，特別是軍隊改革，這將有利

於烏克蘭的民主化。國際資金機構,烏克蘭很早就加入了這些機構,但是這些機構對烏克蘭遏制腐敗相當有限。

其他的國際組織和非政府組織歐安會是在烏克蘭出現的最早的國際組織。由於俄羅斯的不合作,它的地位在過去幾年被嚴重削弱。歐安會似乎是推動民主與法治的最有效的機構。至少歐安會可以使它的成員國接受一些不受歡迎的決議。非政府組織有效地推動了烏克蘭的民主化。烏克蘭可以進一步開放對非政府組織的環境。國外小非政府組織在兩個城市關係水準上的參與或與烏克蘭合作夥伴的具體合作專案是一個非常有希望的趨勢,應該被鼓勵。

總之,有兩個因素會對烏克蘭和其他地方的民主化進程產生影響。第一,應該通過國家和國際社會的參與者共同努力建立法律規則,這是任何民主化的必要條件。第二,西方國家本身就應該對民主價值和原則有一個強有力的承諾,並小心的避免不一致和不協調(這些可能會被解釋為雙重標準並被獨裁政客利用將其作為另一個虛偽的西方背信棄義的作法而去中斷民主)。

有兩個因素使烏克蘭的形勢不同於其他大多數後共產主義國家。第一,它有十分微弱和分散的國家認知,這使任何統一的改革政策難以執行,這不僅會引起社會的緊張,還會引起民族、文化和宗教的緊張。第二,烏克蘭直接暴露在俄羅斯的多重影響之下,烏克蘭有相當部分的人口容易受到這種壓力。這意味著中東歐轉型的經驗在烏克蘭的特點前應該有所調整。第一,獨特的文化,種族和宗教應該作為大規模的反改革動力的源泉來考慮,經常被翻動份子、反西方和反民主的力量利用。俄羅斯在烏克蘭自信的政策應該通過西方公平的參與有所抵消。第一問題由烏克蘭自己解決。第二個問題則需要西方政府和國際機構的努力。這

首先涉及到歐盟，儘管歐盟到現在還沒有履行它給烏克蘭的任何承諾，但是他仍然需要在關於烏克蘭加入歐盟符合必要標準上作出明確的政治宣言。

2. 分裂的烏克蘭傳媒

烏克蘭傳媒在總統大選中分裂[2]

在「橙色革命」中，媒體人的態度在影響民眾意見方面具有至關重要的地位。烏克蘭各大媒體官方網站都密切關注選後情勢的發展以及市中心聚集幾十萬示威抗議的民眾行為。與此同時，烏克蘭國家電視一台內部的矛盾首先展現在公眾面前，這主要是自由派與國家派媒體人在媒體發展方向上的意見分歧，終於在這次選舉後表現出來。自由派與國家派媒體路線之爭，事實上也反映了屆滿卸任總統庫奇馬在執政的十年間政策的搖擺。庫奇馬在執政的前半期採取親美親歐的政策，由於烏克蘭國內能源嚴重缺乏並完全依賴俄羅斯的低價供應，在上個世紀末，烏克蘭開始全面與俄羅斯結盟，但之前親美政策下所培養民眾的親美情緒並沒有隨時間而消失，這次烏克蘭媒體人的人格分裂是其外交政策搖擺的必然結果。

烏克蘭內部的分裂首先反映在國家電視臺領導層和編輯部對總統大選期間新聞報導的不同意見，在選委會公佈選舉結果之後媒體內部的矛盾首先爆發出來。烏克蘭第一電視臺有 14 名記

---

[2]　吳非，〈獨聯體國家傳媒在「顏色革命」中的分裂〉，《新聞記者》，2006年 5 月。

者宣佈罷工，這些記者認為在選舉之前他們多次與烏克蘭國家電視公司領導層溝通關於選舉期間新聞客觀性報導取向問題，在領導完全不採納的情況下，選擇在大選結果公佈之後罷工抗議。罷工的記者們還表示，烏克蘭國家電視公司的高層在這次選舉的新聞報導過程中，侵犯了烏克蘭法律保障民眾有完整瞭解公正、客觀、全面新聞的知情權利。

2002 年 2 月初，前總統庫奇馬簽署法律，確立了烏克蘭國家電視公司成為國家廣電事業集團領導公司的正式官方地位。烏克蘭國家電視公司（National Television Company of Ukraine）是烏克蘭國有的電視廣播公司，它控制著其國內唯一一家覆蓋 97%領土的電視臺──烏克蘭國家電視臺(UT-1)。2003 年 11 月 20 日，烏克蘭議會通過修正條款，確定國家電視公司與國家廣播公司總裁職務的任命必須由國家領導人提名、議會表決通過才能生效。但是與此同時，廣播電視公司要設立一個由社會各界代表組成的公共執行委員會，負責節目政策的制定，而廣播電視公司的總裁則相當於公司管理的經理人。烏克蘭言論與資訊自由委員會會長多門科則表示，在政府無錢進行媒體商業化的前提之下，這樣的措施比較有利於廣播電視公共化的發展。

然而，在烏克蘭 2004 年總統大選年的前夕，議會對國家廣播電視公司總裁行使同意權的做法只能算是自由派與國家派在媒體發展上的一個妥協之舉，至少法律保障了國家元首對國家廣電事業的控制，但同時也賦予廣電公司在制定集團發展方針和組織經營管理上有一個較為靈活與多元的協商空間。烏克蘭第一電視臺記者對於電視臺國家化就一直持反對的態度，這次電視臺的內部矛盾開始公開化了。烏克蘭媒體記者的言論標準一般都是依據美國媒體發展的現狀而定，這些記者經常接受美國媒體組織的

支援，經常到美國學習，這使得烏克蘭媒體基層與中層的記者編輯的思想與高層和政府的思想完全不統一，發生在烏克蘭的混亂只是烏克蘭領導失策的一次集中表現。

反對派總統候選人尤先科的顧問團中，有一名音樂製作人瓦卡爾丘克，他向烏克蘭記者喊話：「我想呼籲每一位有媒體接近權的記者，當你在說什麼或寫什麼的時候，請捫心自問，不要用話語隱藏自己的職業道德和工作的核心——促進民主，現在不是談工作的時候，我們所有人都處在國家的罷工期，誰也不能正常工作。記者必須與人民站在一起，請與人民站在一起，就如同我的音樂工作夥伴，和許多其他人一樣，請你們發揮勇敢精神捍衛人民的利益，因為你們是世界上最自由的人，全世界都在看你們的表現。」瓦卡爾丘克的呼籲似乎與罷工記者前後呼應。

反對派媒體的代表就是第五頻道，第五頻道為了支援尤先科，已經與政府當局的關係瀕臨崩潰。第五頻道在 11 月 25 日的報導中稱，俄羅斯特種部隊已抵達烏克蘭首都基輔。後來烏克蘭內務部社會資訊局官員否認了這一則報導，並要求媒體不要散佈不實的資訊，以免誤導大眾認為烏克蘭即將進入暴動，斥責傳媒增加社會不安的動盪情緒。即將卸任的總統庫奇馬指責第五頻道的報導試圖改變政局為反對派提供談判籌碼。11 月 26 日，國家廣電委員會召開緊急會議，討論將封鎖第五頻道和紀元電視臺。政府這一舉措正式向反對派電視臺施壓。政府與第五頻道的對立情緒逐漸升高。在 10 月 31 日的第一輪投票後，國家廣電委員會認為，該電視臺在節目中放縱政治人物，預測尤先科將勝出的消息，因此決定採取法律途徑要撤銷該電視臺的播出執照。政府釋放這一資訊之後立刻引發 11 月 2 日該電視臺記者進行絕食抗

議，抗議理由是政府打壓電視臺是為了避免尤先科當選。第五頻道於 2003 年創台，電視臺使用兩顆電視衛星的發射，收視群為 1500 萬受眾，是西方投資烏克蘭的商業電視臺之一，其親西立場可想而知。

事實上，總統和內務部指責媒體的報導不是沒有原因的，因為在烏克蘭的政治走向上，媒體比政府還要著急走西方路線，媒體人認為媒體事業發展必須要走西方市場自由化的道路，這樣媒體人的利益才會最大化，而烏政府為避免失去對媒體的經營控制權，只能對媒體做出部分的妥協。例如，第五頻道是支援反對派總統候選人尤先科的自由派傳媒，這樣該電視臺就會從美國在烏克蘭的跨國公司獲得大量商業廣告的播放權。烏克蘭媒體在發展過程中失去了自身的特色，反對派媒體在選舉之前塑造反對派有絕對實力贏得選舉的印象，這樣即使反對派輸掉選舉，也會獲得執政黨的其他妥協。媒體為獲得自身商業利益和對政局的影響力，儼然成為烏克蘭政治鬥爭的工具。

「獨立」傳媒第五頻道[3]

烏克蘭第五頻道是一個電視臺，自從它在全國範圍內傳播的時候，它就一直傳達著社會的主流資訊，但是該電視臺只覆蓋全國百分之三十七的地區，大多數是城市中心地區。第五頻道在全國一些特定的地方不能播放，特別是頓涅茨克（Donets'k）和第聶伯羅比的羅斯布克（Dnipropetrovs'k）地區。第五頻道沒有按照 temnyky（是一個審查文件，它指導新聞編輯者如何再現新聞，

---

[3] Marta Dyczok, Breaking Through the Information Blockade: Election and Revolution in Ukraine 2004.
http://politicalscience.uwo.ca/faculty/dyczok/dyczokcsp.pdf

比如什麼該突出，什麼該忽視等等。它在 1996 年俄羅斯總統大選中最早被應用）的形式編排節目，第五頻道還把脫口秀和新聞調查節目重新引入烏克蘭電視臺。

第五頻道不同於烏克蘭其他的國立的電視臺，它不屈服任何審查制度，也不屈服於當權派或者它的所有者。第五頻道的記者大多是反對派尤先科的支持者，這就意味著它對反對派會進行大量的報導，而且這些報導大多是正面的，有可能包含許多重要的、不尋常的、沒有經過審查的資訊。這包括大量的關於當權派錯誤新做法的細節資訊。2004 年 9 月初，烏克蘭最受尊重的報紙的一位編輯弗爾吉米爾 Volodymyr Mostovyi，描述了這樣一個情形，「如果把電視臺比作一個宮殿，那麼烏克蘭大多數電視臺的窗戶只面向了一個方向，這個方向的街道是整潔而乾淨的，第五頻道是惟一一個擁有兩個方向窗戶的電視臺。」為了讓人們消除當權派萬能的思想，鼓勵人們支援反對派，第五頻道運用形象，幽默的力量支持反對派的活動。2004 年 9 月 24 日的雞蛋事件，幾周之後的尤先科被捕事件就是最好的例子。

為了獲得更多的同情，當權派對雞蛋事件進行了特別的杜撰，第五頻道對此進行了揭露。在星期五的一個問題中，當權派控制了媒體的報導，在一次前往伊萬諾-弗蘭克夫 Ivano-Frankivs'k 活動中，總理亞努科維奇被一些不明重物擊中並且正在醫院進行康復治療。這個版本的新聞來自於一個在事件發生現場的計程車司機。所有被控電視臺都播放以下片段，對亞努科維奇陣營成員的採訪、事件現場調查者以及第二天來自醫院的採訪。第五頻道也播放這個事件，但是與其他電視臺不同，它播放的是整個完整的事件。這個新聞片段以一個支持尤先科陣營卻被強制參加亞努科維奇陣營的學生影像開始，然後螢幕顯示亞努科維奇的車開

到，Victor 亞努科維奇帶著微笑下車，一個快速移動的物體擊中他的胸部，他摸了下胸前然後戲劇性的倒下並被帶走。主持人告訴觀眾這個物體是一個生雞蛋。似乎當權派並不知道第五頻道有關於這個場景的錄影，因為反對派記者和攝影師並不允許進入亞努科維奇的記者團，他的新聞官沒收了巴士上所有電視臺記者的錄影帶。但是第五頻道從 1+1 攝像師那裡得到一個拷貝帶，他們以最快的速度將錄影傳向公眾，大量應用慢鏡頭，甚至把它傳上網路。第五頻道在報導尤利婭季莫申科的時候卻用另外一個視角，季莫申科一個嬌小的金髮美女，同一週在 Zaporizhzhia 一個聯盟的講話中她也被雞蛋襲擊，但是她繼續講話並做了一個簡短的評價，「你們休想用雞蛋阻止我」。結果，亞努科維奇不僅沒得到同情反而變成了一個笑料。這個事件說明了第五頻道如何用幽默來反對看似強大的當權派。

第五頻道在新聞報導中大量的播放反對派的新聞，這在宣傳效果方面取得了巨大的成功。它不僅傳播了反抗的資訊，同時也向社會傳達了一種感覺，「你們並不孤單，如果你們堅持自己，第五頻道將支援你們。」夏天發生在 Sumy 的學生反抗就是一個很好的例子，儘管當局想用暴力鎮壓這次暴動，但最終仍是以學生勝利告終。第五頻道每天對該事件進行了大量的報導直至事件解決。

第五頻道在鼓舞反對派士氣方面獲得了巨大成功。不久在第一次選舉之前當權者試圖讓第五頻道停止報導。該台的銀行帳戶被凍結，營業執照被烏克蘭廣播電視委員會重新審查。電視臺通過絕食的方式進行反抗，並於 2004 年 10 月 25 日在電視臺上播放。這種狀態從第一次選舉期間一直持續到 11 月 2 日，這天電視臺的帳戶解凍，營業執照也被調回。當晚一個勝利的公告出現

在電視臺的新聞上，「我們贏了」。這個條幅也掛在電視臺網站的主頁上。

第五頻道還及時的報導國際社會關於橙色革命反應的資訊，外國領導人和像歐盟這樣的組織所做的各種各樣的聲明。這推動了人們反抗的情緒，同時也讓人們覺得他們得到了國際社會的支持。

第五頻道在革命期間一直保持資訊的流通——巨大的螢幕放在所有主要的革命地點，不斷的播放尤先科的講話，每日及時新聞和供抗議者娛樂的音樂。

互聯網熱潮

烏克蘭在近幾年經歷了互聯網熱潮。目前已有 500 多權威的電子報，但更受歡迎獲得所謂的互聯網博客，其總額上升至 26 萬。這些消息來源大多是獨立的，不與政黨或其他不同利益集團有關，不像博客，這站點通常是由一個人保持著經常項目的評注、描述的事件或如圖形或視頻等其他材料。超過一半（55%）的烏克蘭網站都是由媒體和新聞機構運行，23%屬於政黨，14%的主要論壇和新聞網站，百分之八是個人網頁。

烏克蘭擁有超過 320 種線上報紙和期刊，以及最重要的印刷媒體的線上版本。最流行的互聯網媒體來源是虛擬雜誌 Korrespondent.net，烏克蘭真理報是最好的獨立的線上新聞門戶網站之一。烏克蘭的博客在過去一年中擴大了兩倍。在原有烏克蘭流行博客群中，我們可以記住 Blog.i.ua 和 Blog.meta.ua.但是，許多烏克蘭公民喜歡使用俄羅斯博客群，和諸如 Liveinternet.ru，Blog.mail.ru，Livejournal.com 和 Diary.ru。最流行的基輔博客網站之一是基輔烏克蘭新聞博客，它提供來自全國各地的即時新

聞。當烏克蘭用戶總數增加了近千萬,他們中只有約 12% 經常使用互聯網,其主要一部分是男性(83%),年齡在 20 至 29 歲之間(48.9%)。

3. 「橙色革命」背後的大國博弈

美歐故技重施

　　烏克蘭位於歐亞大陸要衝,地處巴爾幹半島和高加索兩個戰略要地之間,幅員和人口都居歐洲國家前列,戰略地位極其重要,成為美歐志在必得的地區。烏克蘭東部與東北部與俄羅斯接壤,與俄羅斯的關係非常密切。歐盟近些年來一再東擴,烏克蘭是俄羅斯與歐盟之間的重要屏障,是俄歐之間的緩衝區。布熱津斯基曾說,「讓烏克蘭離開俄羅斯式美國最重要的戰略目標。」美歐對於烏克蘭的拉攏早在「橙色革命」之前數年就已開始。如上文提到的,美國曾經給庫奇馬政府數億美元的支持,儘管美國方面清楚地指導烏克蘭內部存在嚴重的腐敗,但是仍然給庫奇馬政府大量的支持。2004 年的總統選舉,給了美歐將更好的代理人推上臺的大好機會。

支持尤先科為首的反對派

　　根據烏克蘭安全局經濟反間諜司的一份報告,反對派的境外支持者包括歐亞基金會、福特基金會、自由論壇等等。這些機構花費資金「支援獨立媒體、鼓動青年團體、培訓觀察家、拉攏選舉委員會委員。」據悉,布希政府用來幫助烏克蘭反對派的資金超過了兩億美元。而一位名叫羅恩·波爾的美國會眾

議員稱「這些錢的很大一部分用於支援了一個總統候選人，他就是尤先科。」

　　烏克蘭得益於發展超過十年的公民社會，它大量的捐助來自美國、歐洲各國政府、全國民主基金會和私人慈善家如喬治索羅斯等。雖然這些贊助者是無黨派人士，但它增強了民主價值觀，加深了公眾對自由和公正的選舉程序的瞭解。真正的民主價值觀念正在加強，通過新的一代人在公開化的環境下成長起來，並之後清楚的瞭解世界各地的民主實踐。[4]

　　烏克蘭選舉中，大批的國際觀察團、民調組織趕赴烏克蘭。在烏克蘭中央選舉委員會還未公佈結果的時候，各種民調機構就已經預測尤先科勝利。以第五媒體為代表的獨立媒體也紛紛為尤先科造勢，大肆揭露庫奇馬政府腐敗和無能。貢加澤案就是大選中反對派掀起反對現政府高潮的一個絕佳的藉口。貢加澤是烏克蘭的一位著名記者，他在 2000 年被謀殺。獨立媒體與西方媒體都聲稱他的死與庫奇馬政府有關。

妖魔化烏克蘭當局

　　美國堪薩斯州大學政治系的保羅德・阿尼瑞（Paul D'Anieri）撰文批評了庫奇馬政府在烏克蘭大選中操縱、控制、打擊媒體，以支援亞努科維奇。《最後的表演：2004 年總統選舉和政治機器的限制》的主要內容是：

---

[4]　Ukraine's Orange Revolution, Adrian Karatnychy, foreign affairs March/April 2005

媒體控制

在選舉的時候甚至在選舉運動之前為贏得選舉的勝利而盡力的去控制媒體。除了任何直接的脅迫，贏得大選最直接的方式就是是選民投你一票。這不僅需要良好的政府，還需要政府對資訊的控制，或者雙管齊下。自從庫奇馬和他的支持者在建立良好政府方面減低興趣時，他們開始通過控制媒體來贏得選民的支援。烏克蘭選民得到關於總統的資訊是積極的穩定的，很少人知道反對派領導人而且關於反對派的資訊都是消極的。庫奇馬和後來的尤先科希望他們能得到較高的支持率已取得選舉的勝利。這些措施在俄羅斯已經成功的被運用，1996 年葉利欽利用這些措施取得了意想不到的勝利，2004 年普京取得了壓倒性的勝利。他們控制媒體的方式主要有四個。

選擇性執法

選擇性執法就是利用關閉或者是恐嚇媒體報導的方式為總統選舉製造問題。被選擇性執法的原因可能是這些報導直接批評總統，或他們支持其他的政治團體，或僅僅只是因為揭露了烏克蘭政治的黑暗面。經常這些事情是連在一起的。在烏克蘭有相當一部分的非政府報紙，這些報紙與一定的政黨團體有關係，因此，他們對總統有潛在的威脅。

恐嚇記者

除了威脅媒體組織以外，還直接的威脅記者。近幾年已經在烏克蘭發生了許多起攻擊記者的事件，很難說記者受攻擊的原因是否與政府或政府工作人員有關，或者只是一些商業組織或個人

私人目的，但是可以肯定的是記者被害的案件中政府工作人員出現嚴重的辦案不力。即使許多案件是由於私人動機，政府沒有公正的處理犯罪嫌疑人。通過無所作為，政府在記者之間幫助建立了一個恐懼的氛圍。

Temnyki

2002 年 10 月，在烏克蘭一個新的積極的媒體控制類型出現了，名字叫 Temnyki。在 2002 年的議會選舉中首次被利用，在 2004 年的總統選舉中被廣泛的關注並運用。Temnyki 發佈每日公告 2 到 8 頁，內容大致涵蓋總統行政當局到主要的新聞報導，規定哪些事件可以成為當日的頭版頭條，媒體應給與重點報導。在本質上，媒體沒有一點新意，新聞編輯和記者大概知道政府想看到什麼和不想看到什麼。但是這些觀念依然留給許多私人新聞媒體媒體很大的迴旋餘地。顯然，政府將這是為一個很大的問題。Temnyki 給新聞報導以非常明確的指示，編輯在壓力之下遵守這些指示，以免遭受懲罰或被他們的老闆解雇，這些媒體所有者實際上完全有庫奇馬控制。

所有者

在烏克蘭電視臺，75%的烏克蘭人收到的關於總統選舉的資訊都是由庫奇馬及其支持者控制的。烏克蘭有許多小的本地的電視臺和電視臺，同時也有六家國家電視臺。當然，國家一台（UT1）屬於國家，其他的三家電視臺（Novyy Kanal，STB 和 ICTV）都是由維克多平克丘控制的，平克丘是庫奇馬的女婿，他同樣控制著全國最大的三家報紙。SDPU 政黨的領導人控制著其他的兩家電視臺（Inter 和 Studio 1+1）。

2004 年烏克蘭的大部分電視臺都支持亞努科維奇，他得到了媒體大量的不成比例的報導，大部分是支援的。而尤先科得到的報導非常少。

　　與庫奇馬政府所採取的手段不同，西方媒體和獨立媒體採取了更加隱蔽的方式。烏克蘭的東西部地區之間存在著長久且明顯的分歧。來自東部的總統候選人亞努科維奇因其親俄立場，受到獨立媒體以及西方媒體的一致炮轟。並因庫奇馬政府較為支持亞努科維奇，使得亞努科維奇也在競選中被人揭了他年輕時曾經兩次犯罪的歷史。

　　在「妖魔化」庫奇馬政府與亞努科維奇之外，美歐等西方媒體與獨立媒體一道還幫助尤先科演了一齣苦肉計。當時的尤先科雖已不是年輕的小夥子，但依然是一位風度翩翩、極富魅力的中年男士。然而在競選過程中，尤先科的面容突然發生較大變化。對此有幾種說法，其中甚至有競選對手投毒之說，這大大損害了尤先科的競選對手的聲譽。

　　烏克蘭第二輪選舉結果出爐後，面對亞努科維奇獲勝的結果，美歐都指責選舉中存在舞弊行為，並對烏克蘭提出「警告」。美國前國務卿鮑威爾曾在新聞發佈會上說，如果烏政府不立即採取行動，那麼美國與烏克蘭的關係、烏克蘭融入歐洲－大西洋一體化的進程都將受到嚴重的負面影響。歐盟委員會巴羅佐警告烏克蘭，如果烏克蘭部隊第二輪投票結果進行重新審查，它將承擔「嚴重後果」。為了表達對大選的不滿，歐盟甚至召回了駐烏克蘭大使。

支援非政府組織和學生運動

「其他的國際組織和非政府組織歐安會是在烏克蘭出現的
最早的國際組織。由於俄羅斯的不合作，它的地位在過去幾年被
嚴重削弱。歐安會似乎是推動民主與法治的最有效的機構。至少
歐安會可以使它的成員國接受一些不受歡迎的決議。非政府組織
有效地推動了烏克蘭的民主化。」[5]1990年，索羅斯基金會在烏
克蘭創建國際復興基金會，大搞「民主滲透」。截至2004年，共
投入經費8200萬美元，除了在首都基輔設立基金會總部外，還
在24個地區開設了分支機構。2004年底，烏克蘭爆發「橙色革
命」。美國議員透露說，索羅斯基金會下屬的烏克蘭開放社會研
究所在發動「橙色革命」的過程中發揮了重要作用，後來當上總
理的尤先科就是該研究所的董事會成員。

從 2004 年國際復興基金會（International Renaissance
Foundation, IRF）——烏克蘭投資具體專案情況看，2004年，開
放社會研究所（OSI）和國際復興基金會（IRF）都集中力量確保
烏克蘭選舉的自由與公正。IRF支援了各種起保護作用的網路系
統，以及從事選民動員和選舉監督工作的公民和人權非政府組
織。IRF還努力為公民組織和選民團體提供法律保護和律師服
務，尤其是那些易受脅迫和用意引起刑事訴訟的人們。

IRF在2004年，特別關注資訊的獲取以及獨立媒體圍繞總統
選舉所報導的話題。該基金會還發起並支持了一個新的文摘的出
版，這個文摘在選舉過程方面提供專業的意見和分析，受到了廣

---

[5]　《烏克蘭：從後共產主義轉變中得到的教育》，Mykola Riabchuk（烏克
蘭文化研究中心副研究員）。

泛的關注，尤其是區域性媒體。此外，IRF 還支援媒體工會，幫助組織記者抵制政府的審查和壓制。所有這些努力恰好遭遇及即將離任的政府對資訊的控制和對其他制度保護的干擾。最後，烏克蘭臭名昭著的 temniki，一個由國家發佈指令來審查新媒介的系統，輕易的被公共和私營的自由出版社、電視媒體超越，就在去年冬季的民主變革過程中。[6]

波勞！（烏克蘭語：ΠΟΡΑ！），在烏克蘭語中是「時間到了！」的意思，是一個民間青年組織（黑色波勞！）和烏克蘭的政黨（黃色波勞！）信奉非暴力抵抗，並且主張增強國家的民主。該集團成立於 2004 年（只是作為一個民間青年組織）以協調青年人對庫奇馬政府的反對活動。波勞！是由塞爾維亞民主抵抗運動的人員發起並部分培訓出來的。符拉迪斯拉夫·卡斯基夫先生是波勞（「時間到了」）的主要領導人。在烏克蘭總統選舉的準備階段，波勞動員選民，並強調與選民登記名單的問題。11 月 21 日的總統選舉第二輪選舉後，波勞成員迅速行動，大批聚集在獨立廣場，在基輔市中心搭建巨大的帳篷城市。由 Kaskiv 先生和其他人的帶領下，忍受惡劣的冬天的天氣，波拉的成員常常揮舞著明顯的黃色的橫幅，在橙色革命期間堅持路障的「和平存在」，不肯放棄自己的帳篷，直到 2005 年 1 月 10 日正式計票結果顯示，尤先科選舉獲勝。

---

[6]　索羅斯基金會網路 2004 年年度報告（Soros Foundations Network2004Annual Report）http://www.soros.org/resources

俄羅斯又一次無奈退讓

俄羅斯很清楚烏克蘭對於它的重要地位，烏克蘭是俄羅斯抵制北約東擴、守護自身戰略空間的「最後一道屏障」。如果烏克蘭的領導人選擇走向西方，那麼俄羅斯的利益將不可避免地受到損害。在格魯吉亞變色之後，烏克蘭的總統選舉時又發生「橙色革命」，俄羅斯給予這場選舉更多的關注。

早在選舉之前，俄羅斯總統普京於 2004 年 9 月兩次訪問烏克蘭，支持亞努科維奇。莫斯科還向亞努科維奇的競選團隊派出了政治顧問。11 月 22 日，烏克蘭大選初步結果剛剛公佈，正在國外進行訪問的普京總統就第一個打電話對亞努科維奇當選表示祝賀。23 日，俄外交部官員發表談話，抨擊美國「前所未有地干涉」他國內政。當反對派街頭政治愈演愈烈之時，俄羅斯國家杜馬主席甚至支持烏克蘭當局對反對派動用武力。

最終國力衰退的俄羅斯在西方的壓力下不斷往後退縮，最終放棄了對亞努科維奇的支持。普京總統發表聲明宣稱，無論誰當總統，都將與之合作，都能與之找到共同語言。亞努科維奇在失去了庫奇馬這個同盟後，又失去了俄羅斯這個最強有力的支持，只能認輸。他落敗後感慨地說，美國的干預是「系統的、精心準備的」，而俄羅斯施加的影響是「輕微的」。俄羅斯又一次在與美歐的博弈中處於下風。

在橙色革命的 17 天中，聚集在獨立廣場的示威團體圍攏著幾面白俄羅斯國旗。他們是渴望能夠參與正在發生的革命，並將經驗帶回去的積極分子。哈薩克納紮爾巴耶夫獨裁政權的反對派也試圖去學習他們的烏克蘭同行。俄羅斯公民活動家也來到基輔會見了烏克蘭的抗議領導人，並討論正在組織中的改革。1 月中

旬，當俄羅斯退休老人奮起反對削減他們的福利，莫斯科的報紙猜測俄羅斯可能將變成「橙色」。正如烏克蘭的波勞青年運動積極分子從塞爾維亞的民主抵抗和格魯吉亞的 Kmara 青年聯盟那裡學到的，專制的前蘇聯國家的公民領袖正在參照烏克蘭，並尋找他們自己的成功的非暴力的民主變革的途徑。[7]

4. 烏克蘭橙色革命與美國政策

2005 年，一位歐洲、外交、國防及貿易事務方面的專家史蒂芬・沃瑞歐（Steven Woehrel）在一份報告[8]中解讀了橙色革命後，烏克蘭所面臨的諸多挑戰，以及美國對於烏克蘭的政策。

烏克蘭的優先事項

尤先科總統為新的政府確定了雄心勃勃的國內優先事項。尤先科說主要的國內優先事項包括縮小非正式的「影子」經濟模式，特別是降低稅收，消除漏洞，避免企業行賄。另外一個重要目標是維持宏觀經濟的穩定性，但這一努力有可能挑戰競選中對促進社會消費的承諾。尤先科許諾要通過進行行政與公民服務改

---

[7] Ukraine's Orange Revolution,Adrian Karatnych, foreign affairs March/April 2005

[8] Steven Woehrel,,Ukraine's Orange Revolution and U.S. Policy, http://docs. google.com/viewer?a=v&q=cache:Y8oGzaAObL4J:fpc.state.gov/documents/ organization/45452.pdf+Ukraine%E2%80%99s+Orange+Revolution+and+U .S.+Policy&hl=zh-CN&pid=bl&srcid=ADGEEShnv2SQnXyFkzNqfH0Qu0q Ekv783wG1RFxTNBiS0_VUv5HstXLC5ouN1IVNTATe_lmSxZC2aVzyt2R DrMQxc51BJb-62Rn21ErV2UCbG4w3AF2F_5kpjVN9dHE2Oeak9tCfLsO V&sig=AHIEtbQ1t3K14EzGaEodYD1Z2QoHBGHzSQ

革，與腐敗作鬥爭，因為這是烏克蘭的一個關鍵性問題。其他優先事項還包括：提高司法機構的獨立性和有效性；吸引外國投資。尤先科還宣導檢舉犯罪行為，包括選舉期間的舞弊行為和2000 年發生的烏克蘭記者 Georgi Gongadze 被謀殺的有關線索，以及尤先科自己的生活。

尤先科還說，他沒有想到在過去的 15 年裡可疑的私有化交易會發生大規模的逆轉（對某些政治寡頭來說有可能是個寬慰），但是他將重新審視這些近幾年成立的可疑的私有化機構，他估計這樣的公司大概有 20 至 30 家。其中的一個私有化企業，龐大的 Kryvrizhstal 鋼鐵廠，已經被推翻。據新聞報導，國際鋼鐵公司，包括美國鋼鐵公司和俄羅斯的企業，在重新私有化的前提下有興趣投標承包該公司。但是，總理季莫申科發起了一個更為廣泛的調查，可能涉及到 3000 家公司。一些西方觀察家已經表達了他們的擔憂：如果大量的私有化企業遭到質疑，將對烏克蘭的投資環境造成不良的影響。如果政治上決定的「遊戲規則」再一次被修改，而不是長久穩定的法規，那麼潛在的長期投資者將會擔心他們的財產被沒收。

外交政策

尤先科的主要優先外交政策市擴展與歐盟的聯繫，尋求歐盟指定的市場經濟模式是第一步。在烏克蘭加入世貿組織之後，尤先科希望在 2005 年底，烏克蘭能夠獲得與歐盟的自由貿易區；到 2007 年，開始就加入歐盟的問題進行談判，尤先科認為這是一個在第一個 10 年就能夠完成的目標。但是，歐盟官員一直在試圖淡化烏克蘭加入歐盟的機會，而不是根據歐盟的歐洲睦鄰友好政策（European Neighborhood policy），採取實際的行動改善國

與國之間的關係。這些行動可能包括歐盟指定的市場化經濟、烏克蘭 WTO 成員國候選資格的援助、歐盟與烏克蘭自由貿易區域的可行性研究和一些其他形式的援助。

　　總統尤先科曾表示，他主張烏克蘭加入北約，儘管他曾多次強調加入歐盟這個目標。庫奇馬政權，被指控懾於俄羅斯的壓力下尋求加入聯盟，美國對烏克蘭的這一願望表示了支持。烏克蘭與形成於北約－烏克蘭委員會（NATO-Ukraine Commission）的烏克蘭發展合作關係。2002 年雙方制定了一個北約－烏克蘭行動計畫（NATO-Ukraine Action Plan）概述烏克蘭政治和軍事改革的目標。但是，庫奇馬領導下的改革沒有任何進展，付出的努力在很大程度上都是無效的。新的國防部長阿納托利格裡岑科（Anatoli Gritsenko）說，加入北約不應該是烏克蘭目前優先考慮的事項，烏克蘭目前面臨的更急切的挑戰是軍隊服務問題，包括處理軍事方面的社會經濟問題以及縮小軍隊規模。

　　烏克蘭官員採取這一立場，某種程度上是為了避免驚擾俄羅斯，另一方面的原因，正如尤先科注意到的，是因為對於加入北約的問題公眾支持的聲音還是非常少。根據民主倡議基金（Fund for Democratic Initiatives）2005 年 1 月份的調查結果，48%的受訪者反對加入北約，15%支持加入北約，36%的受訪者不置可否。烏克蘭官員任務，有必要進行廣泛的資訊傳播，去除資訊的誤導以及在蘇維埃時代就形成的對聯盟的偏見。有觀察家推測對加入北約的更為急切的要求要等到 2006 年三月份的選舉過後，以避免給政府的對手帶來競爭的話題，尤其的是烏克蘭東部地區，那裡的親俄情緒非常嚴重。

　　儘管在選舉期間俄羅斯對他的對手進行了強有力的支持，但是尤先科仍舊表示願意與俄羅斯建立良好的關係。在成為總統後

的第一次出訪中，尤先科 1 月 24 日與俄羅斯總統普京在莫斯科舉行會晤。尤先科稱俄羅斯為烏克蘭永久的戰略夥伴，並堅決宣稱服從參與俄羅斯領導的單一經濟空間（Single Economic Space，SES）和獨聯體國家的目標歐洲－大西洋一體化。具體來說，烏克蘭領導人表示，他們可以考慮單一經濟空間下的自由貿易區，但不是關稅同盟或者貨幣同盟。

俄羅斯的觀察家開始關注烏克蘭的新歐洲定位和再私有化計畫將如何影響雙方的經濟關係。烏克蘭的能源供應相當大的比例來自俄羅斯或者經由俄羅斯運送。俄羅斯還是烏克蘭最大的出口市場，2003 年吸引了烏克蘭 18% 的出口份額。俄羅斯 78% 的天然氣利潤來自向歐洲的輸出，而這也要經過烏克蘭境內運輸。俄羅斯和烏克蘭建立了一個聯合財團供應西歐的天然氣，但是烏克蘭試圖加入西歐的公司。俄羅斯的商人能夠看到烏克蘭成為一個更有優勢的外國投資環境。烏克蘭的目標已開始使俄羅斯確信，烏克蘭的北約傾向不會影響俄羅斯黑海艦隊（Russian Black Sea Fleet）在烏克蘭的地位，並拿到一張持續到 2017 年的租約。

莫斯科和基輔之間的另外一個爭議可能是對待前蘇聯國家的政策問題。莫斯科擔心烏克蘭對古阿姆集團（GUUAM，格魯吉亞、烏克蘭、烏茲別克斯坦、亞塞拜然和莫爾達瓦）國家起到更為積極的作用。儘管有著各種不同的政治和經濟情況，但是這些國家有一個共同的目標就是維持他們的國家主權，因為它們時常會受到俄羅斯和俄羅斯主導的獨聯體國家的威脅。

在一個特殊的領域這些國家可以互相合作，那就是能源等自然資源的多樣化和能源的管道運輸。烏克蘭目前正在學習如何將這項計畫擴展到波蘭，石油管道從目前的奧德薩（Odesa）碼頭

延伸到布羅迪（Brody）。奧德薩-布羅迪（Odesa-Brody）管道可以通過格魯吉亞運送裡海的石油，用油輪穿越黑海到達奧德薩-布羅迪，最終輸送到西歐，因此降低了俄羅斯石油的成本，也降低了俄羅斯對區域性管道的控制。但是，由於前政府的決定，該管道正以「反向模式」運行，將俄羅斯的時候運送到管道的奧德薩端，然後直接運送到地中海。

烏克蘭的新政府支持莫爾達瓦重新統一德涅斯特河沿岸地區的願望，包括莫爾達瓦要求美國和歐盟參與這一問題的協商，以及俄羅斯 1500 軍人組成的部隊從德涅斯特河沿岸迅速撤離。更重要的是，烏克蘭能夠打擊烏克蘭與德涅斯特河之間的非法貿易，從而對德涅斯特河的領導施壓。俄羅斯很有可能把烏克蘭的立場看作是在削弱莫斯科在德涅斯特河的影響。

對於俄羅斯和烏克蘭的關係的另一個潛在的問題正如一些俄羅斯觀察家所表現的恐懼：烏克蘭可能向該地區的其他國家「輸出」所謂的民主化革命，包括白俄羅斯甚至是俄羅斯本國。儘管烏克蘭領導人否認了這種目的，在橙色革命中扮演了重要角色的烏克蘭非政府組織，包括青年團體「Pora」已經表現出了這種傾向目標。此外，一個成功的民主革命將會激起獨聯體其他國家的期望，尤其是一旦烏克蘭的改革能夠實現該國的更繁榮的景象。

美國政策

美國官員支持烏克蘭的「橙色革命」，並告誡前政權舞弊行為的消極後果，嚴厲的批評了在 11 月 21 日選舉中的欺詐行為，並祝賀尤先科的最終勝利。美國還向烏克蘭的非政府組織提供援助，監督選舉過程，並就舞弊行為進行民意調查。作為對新一屆

領導人的支援，布希總統和其他北約領導人在 2005 年 2 月 22 日舉行的北約首腦會議上與尤先科總統舉行了會晤。尤先科在 4 月 4-7 日對美國進行了訪問，受到了總統布希和國務卿賴斯的會見，他主要是為了參加 4 月 6 日的國會聯合會議。

目前美國雖烏克蘭的援助相對有限。根據由總統提出的 2006 年年度財政預算，烏克蘭在 2005 年將獲得大約 9350 萬的美國資助。執行人員建議將 2006 年的資助金額提高到 11590 萬。總統在伊朗／阿富汗 2005 年年度財政追加撥款要求和烏克蘭的改革中增加了 6000 萬。

美國還有興趣觀望新政府如何應對武器擴散和販賣人口問題。在庫奇馬時代，一些販賣軍火的醜聞破壞了烏克蘭的國際聲譽。2002 年 9 月，政府宣佈已證實 2007 年在庫奇馬辦公室錄製的關於庫奇馬同意將 4 台早期預警雷達系統 Kolchuga 賣給伊拉克的錄音是真實的，聯合國安理會（U.N. Security Council）已明文禁止武器出售。尤先科政府已經開始進行武器販賣方面的調查，包括在 1999-2000 年度向伊朗和中國出售的 18 枚可攜帶核彈頭的遠端巡航導彈。

2004 年國務院人口販賣報告顯示，烏克蘭是有目的性交易的婦女和女童的來源國。該報告將烏克蘭制定為「二級」國家，這表明烏克蘭還沒有達到消除人口販賣的最低標準，但以目前形式來看將很快到達這一標準。該報導還表示，烏克蘭在許多領域，包括法律的實施、政府腐敗等。新的政府表示將會以改善烏克蘭的這些問題作為目標。

5. 國際復興基金會在烏克蘭

國際復興基金會成立於 1990 年 4 月，是國際索羅斯網路的一個重要組成部分，是烏克蘭最大的慈善組織之一。主要通過向烏克蘭境內的主要公民活動提供資金支援和業務協助，從而推動烏克蘭開放和民主社會的發展。本節主要根據國際復興基金會在烏克蘭年的投資資料表以及索羅斯基金會網路中的年度報告，來分析索羅斯基金會在烏克蘭開展活動的情況，以及它是如何推動烏克蘭朝著「民主社會」前進。

以下各年國際復興基金會在烏克蘭的投資專案及情況均來自摘自於開放社會研究所與索羅斯網站所公佈的各年度報告。各年度報告都涉及表格中所列舉的各個項目，並提出了一些當年開展工作的重點及原因，從中我們可以瞭解到國際復興基金會在烏克蘭的活動情況，分析它對烏克蘭社會、經濟、政治等多方面的影響。

國際復興基金會（International Renaissance Foundation, IRF）──烏克蘭 1999-2007 年投資具體專案情況 [9]

1999 年報告

1999 年，國際復興基金會發起了公共宣傳計畫（Public Advocacy Program），以培養和引進保護公民權利的有效機制。基

---

[9]　分別來自索羅斯基金會網路 1999 年至 2007 年各年的年度報告，http://www.soros.org/resources

國際復興基金會對烏克蘭投資資料表

單位（UNIT）：US Dollar

	UKRAINE									
	1999	2000	2001	2002	2003	2004	2005	2006	2007	2008
藝術與文化（Arts & Culture）	964,000	480,000	601,000	423,000	166,000	11,000				
市民社會（Civil society）	199,000	16,000	188,000	357,000	940,000	913,000	1,375,000	730,000	687,000	
會議與旅行（Conference &Travel）	8,000									
以東計畫（East East）	376,000	325,000	150,000	207,000	230,000	329,000	327,000	475,000	457,000	
經濟改革（Economic reform）	299,000			36,000	1,000					
教育（Education）	2,421,000	1,007,000	1,343,000	749,000	509,000	341,000	254,000	381,000	276,000	
信息（Information）	1,753,000	540,000	220,000	1,032,000	633,000	1,125,000	342,000	300,000	363,000	
法律與刑事司法（Law & Criminal Justice）	314,000	617,000	689,000	830,000	976,000	993,000	1,000,000	1,105,000	1,420,000	
媒體（Media）	246,000	252,000	425,000	1,603,000	963,000	1,550,000	560,000	668,000	1,029,000	
公共行政（Public administration）	254,000	737,000	505,000	580,000	217,000	1,471,000	35,000	417,000	575,000	
公共衛生（Public Health）	397,000	528,000	608,000	1,044,000	989,000		1,442,000	757,000	754,000	
羅馬計畫（Roma）	757,000	91,000	113,000	108,000	59,000	111,000	71,000	100,000	93,000	
婦女計畫（Women's Programs）	400,000	319,000	301,000	349,000	67,000	8,000				
青年計畫（Youth Programs）	524,000	345,000	144,000	54,000	6,000	10,000		13,000	7,000	
少數民族（Ethnic Minorities）		403,000	330,000	245,000	155,000					
歐盟計畫（European Union Programs）								693,000	597,000	
其他計畫（Other Programs）	300,000	244,000	195,000	186,000	42,000	644,000	476,000	1,081,000	814,000	
執行 Administration	988,000	805,000	733,000	668,000	654,000	734,000	732,000	677,000	737,000	
總計（TOTAL）	10,200,000	6,709,000	6,544,000	8,471,000	6,607,000	8,242,000	6,614,000	7,397,000	7,809,000	7,687,000

來源：開放社會研究所與索羅斯基金會網站（OPEN SOCIETY INSTITUTE & Soros Foundation Network）http://www.soros.org/resources

金會將人口中的弱勢群體和法律尚未健全的地區作為工作重點。該基金會還以引進了基本權利和自由，以及人權監督問題的國際標準。並分發了名為「瞭解你的權利（Know Your Rights）」的小冊子以促進市民的法制教育。1999 年開始的另一個試點專案是與烏克蘭國家管理與處罰部門（State Department of Ukraine for Issues of Administering Punishment）合作，參與監獄改革。在推進監獄系統的民主化變革方面的努力包括支持立法活動、在大眾媒介上的辯論、引進輕度犯罪的非監獄式懲罰、培訓監獄管理人員，還包括支援非政府組織在囚犯和已釋囚犯方面的工作。

資訊計畫（The Information Program）在 1999 年繼續支持旨在影響政府關於出版行業政策的公民活動。該計畫繼續支持烏克蘭的出版物和西方作者，並努力擴大烏克蘭的互聯網工作範圍。藝術與文化計畫（Arts and Culture Program）將工作重點發放在三個領域：區域間的合作、實驗性的現代藝術和新媒介形式藝術的發展。該計畫試圖推動烏克蘭地區的文藝復興，鼓勵年輕一代的藝術家，促進全新的獨立的藝術形式的建立，為藝術間開闢新的前景。

為改善公共管理的法律體制，IRF 支持了該國的兩個法律草案和確保政府財政合理分配的專案的準備工作。還組織一些其他活動來改善當地的預算程序，並加強市政當局的建設，促進國家與當地政府之間的交流，以作為民主化、公共管理改革（Reform of Public Administration）和地方政府自治計畫（Local Self-Government Program）的一部分。

該基金會為烏克蘭的幾所主要大學的 12 名白俄羅斯研究生提供獎學金，幫助他們在社會學和人學學科方面的研究。烏克蘭與白俄羅斯合作與交流計畫（The Ukrainian and Belarusian

Cooperation and Exchange Program）還支持了來自政界智囊團、政府部門和捐助組織的代表之間的事實調查交流會（fact-finding exchange）。

媒體計畫（The Mass Media Program）的工作重點是採取法律行動來打擊新聞自由的侵犯，並與國際公共倡議組織聯合，宣傳了幾起揭發公共組織的案件。該計畫在烏克蘭、白俄羅斯和，莫爾達瓦組織了記者培訓和電子媒介記者研討會。基金會支援媒體對 1999 年選舉的報導，還支援了羅姆雅克（Romany Yag）報和羅馬青年協會（Roma Youth Association）新聞公報的出版和發行。

對於羅馬計畫（Roma），IRF 在 1999 年提出了為吉普賽社區建立文化和教育中心的計畫，該計畫幫助年輕一代保留他們的傳統和特性。辛菲羅波爾（Simferopol，克里米亞半島南部城市）的加斯普林斯基圖書館（Gasprinsky Library）的重建與開幕象徵著克里米亞韃靼人和其他被史達林驅逐的民族文化的復興。該基金會支援婦女非政府組織的發展，將國際婦女組織與烏克蘭非政府組織聯繫在一起，確保獲取更廣泛的資訊和資源。參與授權教育計畫（Empowering Education Program）的 6 個國家，在 1999 年邀請了該計畫的烏克蘭培訓師分享在加強婦女權益方面的工作經驗。

2000 年報告

國際復興基金會 2000 年主要通過 9 月開始的一個新項目來實現立法改革，從而繼續加強非政府組織的發展。烏克蘭立法計畫（Ukrainian Legislation Project）的改變計畫宣導立法變革和幫助建立烏克蘭民眾對非政府組織和慈善機構的公開態度。該倡議使非政府組織、管理機構、工商企業以及捐助組織受益。

2000 年基金會將重點為烏克蘭第三產業的維持和發展建立廣播電視網路。2001 年初的計畫包括議會代表和商人參與的圓桌會議，議會非盈利部門展覽（nonprofit sector exhibition at the Parliament），介紹免稅代碼改革、非政府組織改革和慈善立法改革的會議。

2000 年的另一項新舉措是公共政策發展計畫（Public Policy Development Program）的提出，旨在改變政府行政機構制定決策的方法。這項主要被國際政策研究中心（the International Center for Policy Studies）執行的計畫，預計將帶來行政決策制定的新程序，改善政府的行政分析和戰略規劃能力，以及實現內閣資訊庫（the Cabinet's information base）的現代化。2000 年的活動專案還包括促使烏克蘭官員與西方專家磋商交流，以熟悉政策分析方法和戰略改革計畫。

基金會還幫助建立了資訊資源中心（Information Resource Center），作為內閣秘書處的一個特殊部分，將促進政府資訊系統的現代化，並檢測增加行政決策過程參與度的技術使用方法。基金會的另一個工作重點烏克蘭公共金融系統（Ukraine's public finance system）的改革。基金會的民主化和地方政府自治改革計畫（The Foundation's Democratization and Reform of Local Self-government Program）開發了新的項目，設計更加透明和有效的公共財政制度以針對舊的行政原則。該計畫還提交了預算草案以供政府立法和管理機構、行政機構和各種公共組織的專家審議。這引起了關於關鍵規定與財政預算委員會（Parliament's Budget Committee）對如何改善預算系統、組織預算過程、制定新的內部預算關係的議案之間的討論。2000 年監獄系統改革計畫（Penitentiary System Reform Program）支援的研究顯示，替代制

裁措施能夠降低國家運行刑法系統的成本，並減少監禁帶來的社會破壞以及心理和生理後果。這項研究是由律師、經濟學家、社會學家、人口專家、心理學家、醫生和人權活動家組成的專家組參與執行的。

2000 年的教育措施包括舉辦獎學金競賽以完成「大型專案」，涉及到區域性的烏克蘭學院的各個部門。這項計畫將建立五個提高學習、教學、和研究方法的國際中心，其中涉及到政治學、社會學、歷史學、歐洲研究和教育學五個領域。

2001 年報告

2001 年，國際復興基金會（International Renaissance Foundation, IRF）執行董事會制定了新的戰略──2001 年及以後市民社會的發展，這是由開放社會研究所（OSI）主席和 IRF 創始人喬治索羅斯批准的。新戰略的目標是增加 IRF 專案對烏克蘭非政府組織網路的發展。IRF 還優先支持保護公民自由的倡議，加強民主化，並繼續解決教育、監獄改革和衛生政策的問題。

防治濫用權利的法令（The Law Against the Abuse of Power）計畫幫助檢測學生活動分子的非法活動，並公佈檢測結果，為青少年建立諮詢中心，免費提供法律援助和服務。這項計畫組織了四次關於人權的公共聽證會，吸引了來自政府、媒體和市民社會組織的代表的參與。名為「我有權利」的小冊子被印刷了 15000 本分發給市民，使市民瞭解因為政治法律活動而受到警方拘留或起訴的人們如何維護自己權利，並列出人權組織和律師事務所的位址。這項計畫還支持新聞會議和關於壓迫學生權利的文章，其中包括共和國研究所網站（the Republic Institute's website）上的一個專欄。

在烏克蘭，記者和公眾的資訊及言論自由受到了極大的限制。國家電視頻道和報紙受政治寡頭控制，或者受國家影響。儘管存在許多障礙，非政府組織還是有效的利用公眾對於 6 月份發生的「記者 Georgiy Gongadze 被謀殺事件」的憤怒，作為強有力的反擊，促使政府將兇手繩之以法。基金會目前的一個工作目標是增加烏克蘭國內對政治局勢進行客觀報導的記者的支援。通過與媒體計畫（Media Program）的合作，IRF 協助建立了烏克蘭第一個獨立的公共廣播電臺，並與 2002 年正式開播。這個電臺將為聽眾提供各種形式的新聞和事實節目，包括談話類節目。

計畫在 2002 年舉行的議會選舉成為了 2001 年加強民主化建設的催化劑。IRF 通過彙集主要非政府組織參與選舉監督並建立烏克蘭全民監測委員會（All-Ukrainian Public Monitoring Committee），從而促進了民主實踐和透明度。加強之前分散和獨立的非政府組織之間的合作，並鼓勵他們打破政府和媒介寡頭對資訊的控制。通過在趨於媒體上發佈每週一次的特別補充報導，監測委員會提供了及時和全面的資訊，其中包括大眾傳播媒介、選民的權利和幫助市民成為知情選民的選舉管理舉措。各種各樣的活動和舉措使 IRF 在協調其他西方捐助者在烏克蘭的活動中扮演了重要的角色。

2002 年報告

2002 年的議會選舉的主要特點主要體現在政府對市民社會，尤其是對媒體和非政府組織的壓迫和控制。而 IRF 的工作是確保公民社會組織能夠幫助選舉盡可能做到透明和民主。IRF 的其他優先工作是支援非政府組織的發展，監獄改革，文化和資訊技術的發展。

基金會支援在私人國內電視網路上的競選辯論，並播出被審查的候選人和政黨的意見，以此來回應政府試圖壓制反對意見的舉動。基金會還幫助建立以非政府組織為基礎的烏克蘭全民監測委員會（the NGO-based All- Ukrainian Monitoring Committee），該機構對選舉進行監督，並發佈重點關於腐敗問題的公共服務通告，鼓勵民眾成為知情並獨立的選民。與自由之家（Freedom House）以及其他組織一起，基金會支援了一個獨立的選舉日民調（election-day exit poll）來對付潛在的投票舞弊現象。

　　為協助非政府組織的活動，基金會組織了第一個專為烏克蘭市民社會組織服務的國家論壇。該論壇吸引了 280 個非政府組織、烏克蘭政客、美國參議員、和外交官如前美國國務卿奧爾布賴特，以及當地和國際媒體的參與。該論壇還促成了一個組織公眾和議會對審查制度聽證的諮詢委員會的建立，並成立了第一個獨立的烏克蘭記者工會。在 2003 年 1 月，議會通過了一項前所未有的決議，此決議承認在烏克蘭的政治審查，並概述了解決這個問題的措施。

　　2002 年工作取得的一個重要進展體現在監獄改革方面，基金會協助制定了刑法法規，該法規依附於國際人權標準，這項法規獲得議會通過。IRF 還提出了關於替代刑罰、社區服務以及針對已釋囚犯的社會康復措施。

　　2002 年，IRF 通過推動議會聽證會的決議，促進了藝術和文化的發展。議會成立了一個由文化部支持的文化委員會，以使民間社會參與到決策的制定中去，並與文化工作者合作，制定 2003 年的新政策。

　　該基金會與聯合國開發計畫署（United Nations Development Program）合作組織圓桌會議，解決了資訊與通信技術（information

and communications technology, ICT）) 問題，並促成了「烏克蘭
電子商務準備度評估（Ukraine E-Readiness Assessment）」，這是
烏克蘭對 ICT 發展的第一次全面描述。IRF 還為非政府組織提供
給資訊技術服務，通過支援名為「公民空間（Civic Space）」互聯
網門戶網站，網址為 www.civicua.org.

　　IRF 幫助與來自議會、總統辦公室、政府機構和非政府組
織的代表制定了資訊政策的法律草案，以加強資訊市場內的合
作，並為國家資訊政策的形成和實施制定更加透明化的程序。該
基金會還倡議在 24 個地區和克里米亞自治共和國（Autonomous
Republic of the Crimea）的公共圖書館建立資訊門戶和中心。這
個倡議是由區域政府、烏克蘭文化藝術部（the Ministry of Culture
and Arts of Ukraine）、世界銀行、烏克蘭國家議會圖書館（the
National Parliamentary Library of Ukraine）、歌德學院國際社（the
Goethe-Institut Inter Nationes ）、國際研究與交流委員會
（International Research and Exchanges Board，IREX）英國文化
協會（the British Council）和微軟公司共同提出的。

　　該基金會對市民社會組織和活動的支援提高了自身的公眾
形象。9 月的一份調查顯示，39%的烏克蘭受訪者都知道該基金
會對市民社會發展做出的積極貢獻。

2003 年報告

　　國際復興基金會（International Renaissance Foundation, IRF）
2003 年的主要任務是支援烏克蘭的復興和發展市民社會。自 2002
年的選舉過後，烏克蘭的非政府組織開始越來越多的參與社會問
題和政策的宣傳，開始建立同盟，監督政府部門以及決策的制
定，推動了反腐敗措施的出臺，在政府的各級部門都能為公眾謀

福利。2003 年，IRF 在許多領域的工作都取得了顯著的成就，例如法律司法、媒體、市民社會的發展、資訊和教育。

為了推進法制建設，IRF 發起並建立了由一個保護人權的組織參與的網路，旨在最大限度的發揮國家當局決策的影響力。基金會幫助組織成立了一個新的隸屬於人權、少數民族、民族間關係議會委員會（the parliamentary Committee for Human Rights，National Minorities，and Interethnic Relations）的公共理事會，並提供專業和宣傳人員。

在於烏克蘭和克里米亞議會合作的過程中，IRF 對反腐敗法律的實施以及克里米亞韃靼人和羅馬人（Crimean Tatars and Roma）的人權問題進行了有效的監管，並舉辦了公眾聽證會。基金會支持建立了司法政策分析中心（Judicial Policy Analysis Center），以解決烏克蘭的司法改革問題，並協助執行歐洲人權法院（European Court of Human Rights）的規範和決定。IRF 還支持了監獄改革的國家戰略發展。

媒體計畫（The Media Program）彙集了 50 個非政府組織建立了一個新的隸屬於言論與資訊自由議會委員會（the parliamentary Committee for Freedom of Speech and Information）的公共理事會。該理事會協助非政府組織參與民主法制在電視與無線電廣播、新聞檢查制度和國家廣播委員會方面的發展。基金會繼續支援公共電臺為公民提供關於國內外活動的客觀全面的資訊。媒體計畫還支持建立獨立新聞媒體工會，應對政府試圖控制媒體的局面。

ISF 的增強市民社會發展計畫（IRF's Enhancement of Civil Society Development program）發起建立了隸屬於議會委員會的三個公共理事會。這三個理事會將幫助市民社會組織和政府組織參

與到立法的過程中。該基金會還支援了由主要非政府組織專家進行的區域政策機構培訓。

資訊計畫（The Information Program）幫助成立了電信行業和資訊技術部門的非政府組織的聯盟和論壇。該論壇設法增加合作力量，以改善資訊政策和新的資訊技術方面的法律法規。在日內瓦舉行的關於資訊社會的首腦會議（the World Summit on Information Society）中，同盟者遞交了烏克蘭國家報告，其中建議建立一個隸屬於烏克蘭內閣（Ukraine's Cabinet of Ministers）的關於資訊社會發展的協商理事會（Consultative Council on Information Society Development）。2003 年，IRF 還建立了一個新的公民互聯網門戶（www.civicua.org），該網站迅速成為該國最受歡迎和尊敬的非政府組織資訊獲取網站。

在教育方面，IRF 繼續支持一個檢測中心的建立，該中心幫助確保所有人都有平等的機會得到高品質的教育，由教育和科學部支持，合乎政府減少教育部門中的腐敗現象的計畫，政府的計畫是為高中的對外測試建立新的系統。在 2003 年，烏克蘭的 31 所大學參與了這個項目，並接受了那些經過對外測試的學生。

2004 年報告

2004 年，開放社會研究所（OSI）和國際復興基金會（IRF）都集中力量確保烏克蘭選舉的自由與公正。IRF 支援了各種起保護作用的網路系統，以及從事選民動員和選舉監督工作的公民和人權非政府組織。IRF 還努力為公民組織和選民團體提供法律保護和律師服務，尤其是那些易受脅迫和用意引起刑事訴訟的人們。

IRF 在 2004 年，特別關注資訊的獲取以及獨立媒體圍繞總統選舉所報導的話題。該基金會還發起並支持了一個新的文摘的出版，這個文摘在選舉過程方面提供專業的意見和分析，受到了廣泛的關注，尤其是區域性媒體。此外，IRF 還支援媒體工會，幫助組織記者抵制政府的審查和壓制。所有這些努力恰好遭遇及即將離任的政府對資訊的控制和對其他制度保護的幹擾。最後，烏克蘭臭名昭著的 temniki，一個由國家發佈指令來審查新媒介的系統，輕易的被公共和私營的自由出版社、電視媒體超越，就在去年冬季的民主變革過程中。

為了提高宣傳方面的技能，IRF 建立了公共宣傳學校，該校將為市民社會領導人組織宣傳活動提供培訓和資源。為了改善升學的平等問題，基金會啟動了一個試點測試中心，該中心將提高考試過程中的透明度，並降低對居住區域、財政狀況和性別的歧視現象。該基金會還啟動了歐洲計畫（European Program）以加強民間社會組織的工作能力，最終達到改善烏克蘭與歐盟關係的目的。

2005 年報告

國際復興基金會（IRF）開展了向決策者建議如何建立對市民社會有利的環境的協作工作。對反對酷刑和虐待運動的支持，促進了內政部認識問題並組織工作隊來改善有關情況。該基金會支持了一個致力於司法改革的國家委員會，該委員會受到總統認可。

IRF 還進行一系列活動以促進烏克蘭的公共廣播系統的建立。努力培養在公共衛生政策和實踐、健康保健系統改革、創新和試點方法的引進方面的市民社會公約。支持選擇民主的社區

（Community for Democratic Choice）的建立，聯合波羅的海、裡海、黑海海域和巴爾幹地區，共同推動民主、安全、穩定和和平的建立。加強同來自烏克蘭、莫爾達瓦和羅馬尼亞的獨立智囊團的合作，試圖尋找解決德涅斯特利亞（Transnistria）地區衝突的方法，努力促使歐盟對其東部鄰國的簽證政策更加友好更加現代化，能夠與基本人權政策一致。

由 IRF 建立的檢測技術中心（Testing Technologies Center），在一個試點項目中測試的 10000 名學生都被更高的教育機構的錄取。這項成功促使政府計畫在 2006 年對兩百萬名學生進行測試，但是政府的這個計畫影響了所有烏克蘭學生在獲得更高教育的平等性。因此，IRF 將繼續改進這個系統。

2006 年報告

國際社區提倡自由公平的選舉：由 IRF 支援的非政府組織的監督使烏克蘭 2006 年的議會選舉成為該國在前蘇聯解體後的最民主最透明的一次選舉。這些非政府組織讓選民熟悉選舉的相關問題和選舉程序，並採取措施確保政治家的競選承諾的可信性。來自歐盟、北約和美國政府的官員紛紛向烏克蘭表示祝賀，評價烏克蘭選舉符合國家法律和國際標準。

政府和市民社會為法律援助建立基礎：基金會幫助建立了一個可持續的法律援助計畫，這將使烏克蘭的司法系統更多的幫助貧困和邊緣化的被告。該基金會與開放社會司法倡議（Open Society Justice Initiative）、維克托平丘克基金會（Viktor Pinchuk Foundation）和司法部共同建立法律援助辦公室，為不能支付律師費用的被告提供法律諮詢和代理幫助。該辦公室是基輔地區的

兩個試驗試點中心中最早建立的一個，它將提供發展國家法律援
助系統的模型。

邁向新聞自由的重要一步：一個人權方面的烏克蘭記者在第
一輪對政府控制公共資訊的打擊過程中就贏得了一項重要的法
律決定。在基金會的支援下，該記者起訴國家政府將總統法令檔
隨意列為國家機密。聯邦地方法院判定這樣分類為非法行為，但
尚未向政府下令公開文件。

新的考試系統向高校招生腐敗想像挑戰：超過 40,000 名學生
已經參與了旨在減少烏克蘭高校招生腐敗現象的試點考試。該考
試由國家教育品質評估中心（National Center for Educational
Quality Assessment）準備並執行，由基金會提供資金和技術支
援。是檢測學生能夠從高中畢業和是否適合在某一高校就讀的透
明而獨立的手段。

2007 年報告

國際復興協會－烏克蘭 2007 年的工作重點是人權問題。9
月份，該基金會為支援一個烏克蘭非政府組織殘疾人國民大會
（National Assembly of People with Disabilities），發起了一場推動
聯合國公約認可殘疾人權利的運動。最終，烏克蘭總統授權簽署
該公約。基金會將給予支持這項運動直至國民議會批准該公約，
並將繼續支援監督其執行情況。

基金會支持並推進了有關刑事司法改革文件的出臺，該文
件要求改革整個刑事司法系統，並獲得了總統和總統諮詢機構
——加強民主和維護法制全國委員會（National Commission on
Strengthening Democracy and Asserting the Rule of Law）的批准。

公共衛生方面，基金會通過公共當局和非政府組織，支援了衛生部草案的制定，該草案要求明確界定在病人護理方面的人權保護標準，包括精神病人的權利。基金會正努力創建一個跨部門工作小組，來審查烏克蘭對精神病人援助的立法，擬定新的立法草案來修改現行法規，並保持公眾對該草案的廣泛討論，同時增加對修正案的立法支持。

該基金會與開放社會研究所教育支持計畫聯合，共同推動殘疾兒童模式化教育問題的解決。

IRF 對烏克蘭的投資總計 1999 年最多，其次是 2002 年和 2004年，其餘幾年沒有明顯變化。其中，IRF 對烏克蘭藝術與文化（Arts & Culture）方面的投資在呈逐年減少的趨勢，至 2004 年停止對該項目的投資；對市民社會（Civil Society）的投資呈逐年增加趨勢，到 2005 年達到投資最大值，06、07 年略微減少；對教育（Education）方面的投資自 1999 年以來逐年減少；對法律與刑事司法（Law & Criminal Justice）的投資逐年大幅增加；對媒體（Media）的投資在 2002、2004、2007 三年增加比較突出；在公共行政（Public Administration）方面的投資 2004 年比較突出，其餘幾年沒有明顯變化；婦女計畫（Women's Programs）的投資逐年減少，直至 2004 年停止對該專案的投資；06 年開始新增對歐盟計畫（European Union Programs）的投資。

從上述報告可以得知每年的重點支援專案。其中，1999 年重點支援專案：教育（Education）、資訊（Information）。2000 年重點支持專案：教育（Education）。除法律與刑事司法（Law & Criminal Justice）和公共行政（Public Administration）兩個方面投資有所增加以外，其他領域投資均大幅減少，整體減少。2001年重點支持專案：教育。對媒體（Media）和公共衛生（Public

Health）方面的投資有所增加，其他項目較 2000 年變化不大。2002
年重點支持專案：資訊（Information）、媒體（Media）和公共衛
生（Public Health）。對市民社會（Civil Society）的投資較前幾年
有大幅增加，教育（Education）有較大幅度減少，其他項目變化
不大。2003 年重點支持專案：市民社會（Civil Society）、法律與
刑事司法（Law & Criminal Justice）、媒體（Media）、公共衛生
（Public Health）。除對市民社會投資較前幾年增加以外，其他項
目均有所減少。2004 年重點投資專案：資訊（Information）、媒
體（Media）、公共行政（Public Administration）。對這三個專案
的投資在 2004 年達到有史以至 2007 年的投資最高數值。唯一一
年沒有進行公共衛生（Public Health）方面的投資。2005 年重點
投資專案：市民社會（Civil Society）、法律與刑事司法（Law &
Criminal Justice）、公共衛生（Public Health）。在這一年對公共行
政（Public Administration）的投資為 99-07 的最低數值。2006 年
重點投資專案：法律與刑事司法（Law & Criminal Justice）。2000
年開始新增歐盟計畫（European Union Programs）投資。2007 年
投資重點專案：法律與刑事司法（Law & Criminal Justice）、媒體
（Media）。

CHAPTER 5

鬱金香革命的盲目性和悲劇

鬱金香革命，又稱「黃色革命」、「檸檬革命」，指中亞的吉爾吉斯共和國（Кыргыз Республикасы；Qirghiz Respublikasi）於 2005 年 2 月 27 日和 3 月 13 日議會選舉之後，總統阿斯卡·阿卡耶夫及其政府的倒台。

2005 年，顏色革命的大潮席捲到了中亞山國吉爾吉斯斯坦。吉爾吉斯斯坦在中亞地區事務中並不重要，但卻是美國在中亞和高加索戰略目標的重要一環。因為，中亞地處歐亞大陸腹地，被譽為歐亞大陸的「心臟地帶」。一旦控制了吉爾吉斯斯坦，就等於在俄羅斯和中國之間打入了一塊楔子。而且中亞地區石油、天然氣資源豐富，這對美國來說是必爭之地。

　　自 1991 年蘇聯解體，吉爾吉斯斯坦獨立以來，阿卡耶夫就一直擔任吉國的總統，直到「鬱金香革命」爆發。阿卡耶夫政權在一週的時間內被吉反對派所推翻，這讓很多人感到意外。因為在「革命」爆發前幾天，阿卡耶夫政權看起來還穩若磐石。而且吉爾吉斯斯坦被看做是中亞的民主島，阿卡耶夫總統被稱作是中亞「最講民主」的總統。「鬱金香」革命後，阿卡耶夫總統曾激動的表示：「我不明白，為什麼我們的國家排在西方的『民主改造』候選國名單之列！所有人都應知道，吉爾吉斯斯坦是中亞最民主的國家！」那麼「鬱金香革命」是如何爆發的呢？

　　吉爾吉斯斯坦爆發「鬱金香革命」的主要原因就在於領導人長期執政，政權利益集團化，民眾的利益長期無法滿足，基層官員升遷的管道完全堵塞，對此，阿卡耶夫還渾然不知，而國際非政府組織發現了吉爾吉斯斯坦的問題。這裡有個怪現象，阿卡耶夫執政期間首都沒有任何新建設，很多的新建築都是非政府組織自建的辦公樓。在首都比斯凱克的某些街頭長期聚集幾萬失業的人，在等待是否有公司來拉人就業，這使得政府免費為「鬱金香革命」提供了人選。事實上，當「鬱金香革命」發生時，很多上街頭的人，都是長期失業在街頭的人，這些人沒有訴求，只是一些組織給錢到街頭抗議。這樣自「鬱金香革命」後，吉爾吉斯斯

坦長期處於動盪中，新政府在執政期間也沒有提出任何有建設性的思路。

2001 年時任俄羅斯總統的普京就曾多次派人到吉爾吉斯斯坦考察，認為該國有發生巨大變化的可能性，但阿卡耶夫沒有做任何的改進措施，直到「鬱金香革命」發生。最後，俄羅斯內部報告表示：吉爾吉斯斯坦爆發革命，前總統阿卡耶夫負有全部失察責任。

1. 中亞山國的「鬱金香革命」

2005 年 2 月，吉爾吉斯斯坦將要舉行議會選舉。阿卡耶夫總統在議會選舉、國防委員會會議上發表講話說，2005 年將是吉爾吉斯斯坦「不平靜的一年」，但是吉爾吉斯斯坦不會允許輸入「顏色革命」。殊不知，阿卡耶夫總統猜對了開頭，卻沒猜對結局。

由於格魯吉亞和烏克蘭的前車之鑒，吉爾吉斯斯坦在議會選舉前已經注意到了該國爆發顏色革命的可能性。阿卡耶夫曾發表告全國人民書，呼籲民眾反對顏色革命，通過公正的方式把優秀的候選人選進議會。選舉過程中，吉政府為了讓群眾明白搞街頭政治的危害，充分利用媒體，特意在電視臺不斷播出示威者給人民生活帶來種種破壞的廣告片。然而事態發展卻並未如吉政府所願，吉爾吉斯斯坦不僅爆發了顏色革命，而且在「革命」中出現了部分暴力活動，造成不良影響。

自 2005 年 2 月 27 日開始，兩輪選舉過後，來自親政府陣營的代表達到 30 名左右，而親西方立場的反對派當選者不超過 8 人。阿卡耶夫的支持者勝利在即。吉反對派拒不承認選舉的失

敗，開始按照塞爾維亞、格魯吉亞、烏克蘭等國的反對派一樣，開始走上街頭運動的老路，企圖在吉爾吉斯斯坦掀起另一場顏色革命。

反對派的抗議活動開始主要集中在南部城市賈拉拉巴德。阿卡耶夫總統最初並沒有給予充分重視。誰知事態迅速惡化，2005年3月19日，南部奧什州和賈拉拉巴德州政府大樓被攻佔。示威者攜帶棍棒和燃燒彈進佔地方政府大樓。後奧什州發生嚴重騷亂，阿卡耶夫總統與當局面對如此嚴重的騷亂，雖強烈指責這是一場精心策劃的「政變」，是外國勢力指使和資助的結果，權力機關絕對不能示弱。但是阿卡耶夫當局卻並沒有採取斷然措施遏制這場騷亂。到了3月24日，遊行示威從南方蔓延到了北方的首都比什凱克，參與遊行的激進分子甚至於防暴警察發生衝突。阿卡耶夫總統及其家人倉皇出逃。不久，阿卡耶夫在莫斯科不得不簽署了關於此去吉總統職務的文件。吉爾吉斯斯坦的阿卡耶夫時代一去不返了。

2. 吉爾吉斯國家意識顯現危機

吉爾吉斯斯坦發生顏色革命後，俄羅斯總統普京直言不諱地指出：吉爾吉斯斯坦發生的一切對俄羅斯來說並非意外事件，這是吉政權軟弱、社會經濟問題積重難返的必然結果。的確，吉爾吉斯斯坦國家內部存在著種種的危機。首先是經濟發展長期不順利，人民生活痛苦。2002年全國的貧困人口達52%，70%的鄉村沒有自來水，41%沒有醫院和保健機構，60%沒有交通服務和公路。其次，吉爾吉斯斯坦的南方與北方之間存在長期的矛盾和隔

閣。雙方不論是在居民的民族還是生活水準上，都存在明顯的差異。「鬱金香革命」中爆發騷亂的奧什州就位於南方。再次，阿卡耶夫家族的腐敗也成為「鬱金香革命」中反對派的一個有力的攻擊點。

美國駐吉爾吉斯大使斯蒂芬‧揚在向美國國會提交的關於該國議會選舉期間局勢的報告中表明，美國在吉爾吉斯議會選舉期間用於推動各項「民主」和支持反對派候選人的活動方面已經花費 500 萬美元，報告還呼籲美國政府在支持吉反對派方面再撥款 2500 萬美元。在這裡，試想如果俄羅斯政府也開始用更多的資金來支持吉爾吉斯那會如何？而且俄羅斯一定已經這樣做了，但問題在於俄羅斯並不會用金錢來支持反對派，在金錢進入現政府手中，現政府就一定會用這些錢來維持舊政府中弊病，民眾一定會對此更加反感，這使得美國可以用很小部分的錢就能達到事半功倍的效果，俄羅斯只能做費力不討好的投資。

吉爾吉斯的媒體在選舉前，2 月 25 日吉外交部長阿‧艾特瑪托夫發表講話之後，便處於沉默狀態，艾特瑪托夫在出席上海合作組織會議期間對外宣佈，吉爾吉斯不會重複所謂的「橙色革命」，也不存在發生任何有色革命的可能性和前提條件。他強調，吉爾吉斯的政局是「穩定的、平靜的和正常的」。但 3 月 22 日後，《吉爾吉斯時報》就開始發表與政府不一樣的評論，該報評論大約有 3 篇，內容分別為：「吉爾吉斯到底發生了什麼？」「聯合國秘書長安南歡迎在吉爾吉斯各方所展開的談判」「發生在吉爾吉斯的事件正在納入烏克蘭遊戲的軌道」。

發生顏色革命的三個國家中，都普遍存在對於媒體本身的特殊性質認識不足的問題。媒體隊伍應該建立自己的核心價值，媒體不應像外交一樣左右搖擺，不然，媒體成為顏色革命的工具就

是非常正常的了。俄羅斯總統普京早在 1999 年就開始努力讓愛國主義成為俄羅斯國家媒體的精神支柱，這同樣也成為俄羅斯現階段成功抵制顏色革命侵襲的保證條件之一。

3. 欲蓋彌彰的「推手」

由於吉爾吉斯斯坦的議會選舉中，各個環節設計上都儘量透明公開，要求了數百名國際觀察員對選舉進行現場監督。這些設計都是為了使外部勢力看到選舉的公正、公開，防止他們借機大做文章。當反對派對選舉結果不滿，企圖以選舉舞弊之類的藉口攻擊當局時，連歐安組織都承認選舉過程沒有發生大規模的舞弊行為。

「鬱金香革命」爆發之時，卡內基基金會的瑪莎·布里爾·奧爾科特（Martha Brill Olcott）發表了文章。她提到，有利於聚集大眾興趣和創造精英階層的這些期望的因素之一是民權社會組織和非政府組織（NGO）。它們能夠在蘇聯垮臺後滲入到吉爾吉斯斯坦的環境中。已經滲入到社會中的技術上的進步，通過創造一個消息靈通的群體來提高這種興趣。在中亞國家中吉爾吉斯斯坦大眾和它的精英對互聯網應用最熟悉，手機的使用也是很普遍的。傳播上的改進有利於最近的政治運動，就像西方非政府組織在吉爾吉斯斯坦的存在一樣。[1]瑪莎·布里爾·奧爾科特還指出，吉爾吉斯斯坦的狀況給它鄰國的精英們傳達了一個強烈的資

---

[1] 瑪莎·布里爾·奧爾科特（Martha Brill Olcott），〈吉爾吉斯斯坦事件的影響〉（The Impact of Events in Kyrgyzstan, http://www.carnegieendowment. org/events/?fa=eventDetail&id=759&zoom_highlight=georgia+revolution

訊，即它們應該注意它（顏色革命），因為在中亞的一些國家這樣的機會已經成熟。

可見，選舉舞弊只是反對派和外部勢力的一個藉口，真正的原因在於他們都不希望阿卡耶夫政府及其支持者繼續執政。

非政府組織自由之家在「鬱金香革命」中的成功經驗，成為自由之家的推翻別國政府的經典案例。這個案例是如何發生的呢？《紐約時報》在 2005 年 3 月 30 日的一篇文章詳細講述了這個經典案例。

吉爾吉斯斯坦比什凱克，3 月 29 日就在吉爾吉斯斯坦最近舉行的議會選舉前不久，反對派報紙刊登了正在建設中的，為該國十分不受歡迎的總統阿斯卡爾·阿卡耶夫豪宅的照片，幫助引起了在這個貧窮的中亞國家人民普遍的憤怒和反抗。

這家報紙是美國政府資助的接受者，並且在美國政府資助的自由之家管理的印刷廠印刷，自由之家是一家被描述為「為世界各地的民主和自由的清晰聲音」的美國機構。

除了美國，幾個歐洲國家——英國，荷蘭和挪威——幫助資助這個項目以發展這個國家的民主和公民社會。這些努力在將反對派推向權力位置的人們暴動的準備過程中發揮了至關重要的作用。

「當然，這些基礎設施有一個影響，」一位歐洲選舉觀察員說。「現在人們相信他們有權利，而且他們不害怕，因為該系統的鎮壓能力薄弱。」

蘇聯解體後，吉爾吉斯斯坦迅速成為中亞國家中吸引最高人均外國援助的國家。到達的數以百萬計的美元中的一大部分是用於重點建立公民社會和民主體制。

這些錢大多來自美國，它維持了吉爾吉斯斯坦最大的雙邊的支持民主的項目，因為自由支持法案，於 1992 年在國會通過，以幫助前蘇聯加盟共和國的經濟和民主過渡。被指定用作在吉爾吉斯斯坦的民主項目的資金總額約為 1,200 萬美元。

多達數十萬個其他的美國政府支援的組織參與進這個國家的促進民主項目，如全國民主基金會。這並不包括為自由之家印刷機或吉爾吉斯語的自由歐洲電臺／自由電臺，一個支援民主的廣播服務的錢。

「如果沒有那些幫助，這本來是絕對不可能的發生的，」Edil Baisolov 說，他領導了非政府組織聯盟，指的是上週起義。Baisolov 先生的組織是由美國政府通過全國民主研究所資助的。

美國的資金幫助資助全國各地的民間社會中心，積極分子和公民能夠在那裡見面、接受培訓、閱讀獨立報紙，甚至看 CNN 或上網衝浪。N.D.I.獨立經營 20 個中心，提供俄羅斯、吉爾吉斯斯坦和烏茲別克斯坦新聞摘要。

美國資助在吉爾吉斯斯坦的美國大學，它們的規定的使命部分是促進公民社會發展，並支付派遣學生和非政府組織領導人去美國的交流專案。吉爾吉斯斯坦新總理巴基耶夫，曾是其中之一。

近年來，所有資金和人力都給予聯合中的吉爾吉斯斯坦反對派金融和道義上的支持，以及使它能與吉爾吉斯斯坦人民交流它的想法的基礎設施。

民間社會日益增長的同時，開始對全國人民發揮覺醒的影響，就像阿卡耶夫先生和他的家庭越來越迷戀於權力一樣。「如果這一切並沒有在這裡，這個家庭就會繼續擁有權力和人民仍然很可能會漠不關心，就像其他中亞國家那樣，」Jeffrey Lilley 說，他運行的國際共和研究所駐當地辦事處，一個美國資助的民運組織。

亞歷山大‧金，即刊登總統房子的照片的那家反對派報紙的總編輯，非常瞭解這個問題：1999 年，阿卡耶夫的女婿控制了金的第一份報紙，那是他和其他員工在十年前國家私有化早期的報紙。

　　他說女婿用欺詐手段，但他始終未能在法庭上證明。因此，金先生又開設了另一家報紙，它經過了好幾個階段，因為政府試圖阻止他出版。他一直得益於美國政府 70000 美元的津貼，主要是支付新聞紙。

　　但問題是找到印刷廠：它們都是由政府控制，拒絕印刷反對派報紙。然後麥克‧斯通，自由之家在吉爾吉斯斯坦的代表到來了。

　　「當自由之家開了它們的印刷廠，我們問題就這樣解決了，」金先生說。

　　直到今年 1 月，金先生已開始在全國發行報紙，稱為 MSN，即我的重要新聞。議會選舉中的反對派候選人購買了數卡車的報紙作為競選資料派發。

　　那些吉爾吉斯人，沒有讀過俄羅斯或獲得聽取 Azattyk 電臺吉爾吉斯語的文章摘要報紙的人，當地的美國政府資助了自由歐洲電臺／自由電臺。

　　其他獨立媒體播放反對黨的辯論。談話節目如「我們的時代」，部分利用美國政府補助生產，在全國為數不多的獨立電視臺播出，包括在南方的奧什電視臺，導致致阿卡耶夫下臺的抗議活動出現在那裡。奧什電視臺擴大了國務院支付的設備的使用率。

　　「結果是，社會變得政治化了，他們被喚醒了，」金先生說。「非政府組織和獨立媒體的作用在革命中是關鍵因素。」

隨著腐敗越來越嚴重，該國的非政府組織開始毫無保留地講出來，阿卡耶夫對他一直允許的外國支持民主的援助越來越謹慎。

公佈了他家的照片激怒了他。經營印刷場的人麥克・斯通先生，被傳喚到外交部並遭到斥責。

一個星期後，就在印刷廠開始印刷 20 萬本的 MSN 特刊，印刷廠停電了。自由電臺也停止播出，表面上是因為政府把它的頻道拍賣了。

阿卡耶夫開始暗示西方在陰謀破壞國家的穩定。一份不成熟的偽造文件，看起來像是由美國大使斯蒂芬・揚內部報告，開始在當地的新聞機構中傳播。它將美國資助民運活動塑造成美國陰謀的一部分。「我們的首要目標，」這份文件寫道：「是增加阿卡耶夫的壓力（原文如此），以使他提前辭職，在計畫的議會選舉之後。」

但阿卡耶夫，他作為一個民主的宣導者開始他的總統生涯，並沒有走得更遠。

在停電後的次日，美國大使館送給自由之家兩台發電機，使得印刷機印刷 20 萬份 MSN 的特刊中的一半。電力供應於 3 月 8 日恢復，金先生的報紙成為調動反對派的主要資訊源之一。

MSN 告知北部的人們南部的動亂。這家報紙還在傳播示威者聚集的時間和地點上發揮了關鍵作用。

「這裡有肥沃的土壤，西方社會種植一些種子，」一位西方官員說。「我希望過去一週這些事件將是您看到的一些勞動成果。」

華盛頓自由廣播電臺不遺餘力的解釋，吉爾吉斯斯坦抗議活動不是美國促使的行動，是一次真正的自發的草根活動。但是事

實卻截然不同。根據美國主流媒體記者的報導，包括紐約時報的克雷格・史密斯（Craig Smith）以及華爾街日報的菲力浦・希什金（Philip Shishkin），吉爾吉斯斯坦的抗議活動「從美國朋友那不僅僅得到一點點幫助」，從甲殼蟲樂隊的歌曲中可以得到解釋。根據美國國會自由支援行動（Freedom Support Act），2004年貧窮落後的吉爾吉斯斯坦獲得來自美國政府 1200 萬美元的資金，用來支援民主建設。在像吉爾吉斯斯坦這樣的經濟荒涼、被遺棄的土地上，1200 萬美元將「買到足夠的民主」。[2]

承認華盛頓的慷慨，艾德爾・白索洛夫（Edil Baisolov）對 2、3 月發生的反政府抗議活動發表評論時，自豪的說：「沒有美國政府的幫助這次事件是絕對不可能發生的。」根據紐約時報史密斯的報導，白索洛夫的組織，一個民主和公民權利聯盟，由國家民主研究多國際事務部（National Democratic Institute for International Affairs）和賴斯國務院（Condi Rice's State Department）輪流提供經費。而國家民主研究多國際事務部是總部設在華盛頓的一個非營利組織。Baisolov 告訴自由廣播電臺，他曾到過烏克蘭親眼目睹了橙色革命的謀劃策略，並從中獲得啟發。

但這還不是全部。所有民主人士都忙於在比什凱克市及周圍地區推動美國式的民主，並抵制華盛頓的自由之家（Freedom House）慷慨的資助了比什凱克一家印刷反對派報紙的獨立印刷機構。自由之家是一個有著好聽的名字和悠久歷史的組織，成立於 20 世紀 40 年代末期，支持北約的建立。自由之家的主席是詹姆斯・伍爾西（James Woolsey），中央情報局前負責人，宣導從

---

[2]　F. William Engdahl, Color Revolutions, Geopolitics and the Baku Pipeline, http://www.globalresearch.ca/index.php?context=viewArticle&code=ENG20 050625&articleId=518

巴格達到喀布爾最近發生的一系列政權變更活動，以及「第四次世界大戰」。其他董事會成員包括無所不在的茲比格涅夫‧布熱津斯基（Zbigniew Brzezinski）、前克林頓政府商務部長斯圖爾特‧艾森施塔特（Stuart Eizenstat）和國家安全顧問安東尼‧萊克（Anthony Lake）。自由之家的財政支持者名單上有美國國際開發署（USAID），美國新聞署（US Information Agency），索羅斯基金會（Soros Foundations）和全國民主基金會（National Endowment for Democracy）。

非政府組織在吉爾吉斯斯坦推動新民主的另一個活動是公民社會反腐活動（Civil Society Against Corruption），由全國民主基金會（NED）資助。全國民主基金會與自由之家，近幾年一直活躍在幾次重大顏色革命的中心地帶，在雷根執政時期作為一個實際存在的私有化中央情報局建立，私有化以便可以實施更加自由的行動，或者是中情局一貫喜歡的「似是而非的否認推諉」。NED 的董事長 Vin Weber，前共和黨國會議員與新保守派的比爾‧班尼特（Bill Bennett）開始走的很近。NED 自 1984 年以來的主席是卡爾‧格許曼（Carl Gershman），而他曾經是自由之家的學者。北約的衛斯理‧克拉克（Wesley Clark）將軍，主導了 1999 年美國在塞爾維亞的轟炸行動，他也是 NED 的董事會成員。說明起草 NED 立法的艾倫‧溫斯坦（Allen Weinstein），在 1991 年說：「我們今天所做的絕大多數事情都是 25 年前中情局秘密做的事情。」

在吉爾吉斯斯坦正在發生的鬱金香革命是喬治索羅斯的開放社會研究所的成果，該機構還向塞爾維亞、格魯吉亞和烏克蘭的顏色革命傾注了大量的資金。吉爾吉斯斯坦的開放社會反腐活動的頭目是 Tolekan Ismailova，他將愛因斯坦研究所（Albert

Einstein Institution）的吉恩・夏普（Gene Sharp）撰寫的革命手冊翻譯成塞爾維亞語、烏克蘭語和格魯吉亞語，並分發。夏普的這本書，是一本顏色革命操作指導手冊，標題為「從專制走向民主」。在書中提到了非暴力抵抗和溫和抵抗的秘訣，如「使用象徵性的色彩或旗幟」。

夏普的這本書是真正的顏色革命的聖經，是「政權變革的傻瓜讀本」。夏普 1983 年在哈佛大學的支持下成立了愛因斯坦研究所。資金來自美國國會的全國民主基金會和索羅斯基金會，將「非暴力作為一種戰爭形式」進行培訓和理論學習。夏普還與北約和中情局合作培訓緬甸，立陶宛，塞爾維亞，格魯吉亞，烏克蘭、臺灣，甚至委內瑞拉和伊拉克地區的執行者。

總之，在過去的 20 年中每一次由美國在背後支持的軟政變活動都與吉恩・夏普有著密切的關係，以及他的助理羅伯特・赫爾維上校（Col. Robert Helvey），一名退休美軍情報專家。蘭德（RAND）計畫稱之為「雲集（swarming）」，成群結隊的年輕人，主要通過短信和網路博客聯繫，接到命令便可推翻目標政權。

以下各年索羅斯基金及開放社會基金會在吉爾吉斯斯坦的投資專案及情況均來自摘自於開放社會研究所與索羅斯網站所公佈的各年度報告。各年度報告都涉及表格中所列舉的各個項目，並提出了一些當年開展工作的重點及原因，從中我們可以瞭解到開放社會基金會在吉爾吉斯斯坦的活動情況，分析它對吉爾吉斯斯坦社會、經濟、政治等多方面的影響。

索羅斯基金會及開放社會基金會對吉爾吉斯斯坦投資資料表

	1999	2000	2001	2002	2003	2004	2005	2006	2007	2008
				吉爾吉斯坦 (Kyrgyzstan)						
藝術與文化 (Arts & Culture)	268,000	210,000	133,000	195,000	134,000	50,000	180,000	135,000	190,000	
民權社會 (Civil society)	234,000	388,000	289,000	323,000	287,000	281,000	349,000	255,000	263,000	
會議與旅行 Conference &Travel)	81,000	97,000	136,000		77,000	97,000	100,000	68,000	56,000	
以東計畫 (East East)	80,000	172,000	165,000	104,000	70,000	58,000	130,000	74,000	86,000	
經濟改革 (Economic reform)	217,000	77,000	327,000	323,000	278,000	210,000	180,000	186,000	166,000	
教育 (Education)	1,121,000	740,000	442,000	478,000	532,000	497,000	373,000	398,000	537,000	
信息 (Information)	598,000	342,000	177,000	209,000	223,000	220,000	191,000	153,000	139,000	
法律與刑事司法 (Law &Criminal Justice)	271,000	341,000	480,000	442,000	458,000	460,000	336,000	373,000	493,000	
媒體 (Media)	290,000	184,000	220,000	164,000	210,000	212,000	236,000	231,000	203,000	
公共行政 (Public administration)	211,000	244,000	493,000	359,000	460,000	412,000	541,000	507,000	357,000	
公共衛生 (Public Health)	394,000	447,000	354,000	202,000	284,000	630,000	386,000	973,000	732,000	
婦女計畫 (Women's Programs)	52,000	84,000	116,000	154,000	158,000	176,000	158,000	158,000	72,000	
青年計畫 (Youth Programs)	545,000	400,000	193,000	118,000	174,000	464,000	501,000	432,000	115,000	
少數民族 (Ethnic Minorities)	45,000	109,000	86,000	87,000	89,000	106,000	104,000	130,000	71,000	
其他計畫 (Other Programs)	636,000	224,000	3,000	6,000	18,000	96,000	81,000	4,000		
執行 Administration	436,000	369,000	320,000	428,000	370,000	416,000	401,000	376,000	416,000	
總計 (TOTAL)	5,479,000	4,428,000	3,932,000	3,592,000	3,822,000	4,385,000	4,247,000	4,453,000	3,896,000	2,686,000

來源：開放社會研究所與索羅斯基金會網站（OPEN SOCIETY INSTITUTE & Soros Foundation Network）
http://www.soros.org/resources

索羅斯基金會1999對吉爾吉斯斯坦投資具體專案及情況

索羅斯基金會－吉爾吉斯斯坦分會（Soros Foundation-Kyrgyzstan）1999年繼續加強了其在法律改革、資訊獲取管道和擴張及當地政府機構建設領域的投資，並且仍舊將對教育、科學和文化方面的支持作為工作的重點。具體專案如下：

人文學科改革計畫（The Transformation of the Humanities Program）繼續支援學校教育系統的改革。

校際議會計畫（The Interschool Parliament Project）成功的將教師、學生及家長融於學校的教育過程。

在法制教育方面，基金會通過引進最新的教學方法加強改革的進程，為促進人權和憲法民主，公民教育（The Civic Education）和民主計畫（The Democracy Program）支持了多個研討會並搜集大量的教育學方法以幫助學校老師的工作，尤其是在預防犯罪方面。

經濟改革計畫（the Economic Reform Program）把經濟學教育作為工作重點，舉行經濟和管理建模比賽，開設經濟學教師的培訓講習班。

刊物出版計畫（The Publishing Program）為當地出版社的專家安排教育研討會，使之能夠出席國際研討會，並提供現代出版設備使用方面的諮詢服務。

高等教育支持計畫（The Higher Education Support Program）為學生、教授和索羅斯基金會的實習生組織研討會開設暑期學校。為大學提供教育文學資料，並舉辦了以介紹教育創新辦法為主要內容的大學教授講座競賽。

公共管理計畫（The Public Administration Program）與當地政府和公共服務改革倡議（Public Service Reform Initiative）合作，

繼續開發管理培訓系統，為共合體人事部門和地方行政當局的代表引入新的管理方法。

大眾媒介計畫（The Mass Media Program）支援各類研討會和實習，以及其他教育計畫，並與其他國際和大眾媒體組織存在聯繫。1999 年，此專案發起建立了與互聯網的新聞媒體中心連接的專業圖書館；還有一些在衛生和醫藥方面，為婦女和難民開設的基金會專案。

索羅斯基金會 2000 年對吉爾吉斯斯坦投資具體專案及情況

2000 年，索羅斯基金會－吉爾吉斯斯坦分會開始加強已初有成效的民主化進程，並通過支援公民倡議實現久的影響。本年度工作的重點是建立民權社會制度，促進法律改革，推動國家政策和地方治理，並鼓勵小企業發展。在過去的基礎上，基金會建立了一個更加系統化的教育計畫。為該國所有學校服務的方法資源中心（Methodology resource centers）繼續引進新的課程。基金會的下一步計畫是把工作重點放在教育政策上，以進一步加深在這方面去的成就。並將繼續加強維持吉爾吉斯斯坦第三部門（the third sector）的綜合發展。索羅斯基金會還增加了對法律諮詢中心的支援，為弱勢群體提供免費的法律服務。具體專案如下：

法律計畫（The Law Program），同憲法和法律政策研究所（Constitutional and Legal Policy Institute, COLPI）合作，繼續把工作重心放在法治和人權問題上。

華爾街法律計畫（The Street Law Program）制定了公民教科書，作為他們在學校課程裡繼續推行民主和公民教育的用書。

公共行政計畫（the Public Administration Program）、當地政府組織、公共服務改革計畫（Public Service Reform Initiative, LGI），開放社會研究所網路計畫（OSI network program），給予資金支持，促進社區建設。

吉爾吉斯斯坦分會同索羅斯基金會一起在中亞地區建立聯合計畫。2000 年，該基金會舉辦了來自吉爾吉斯斯坦、塔吉克斯坦和烏茲別克斯坦的老師和在校學生的夏令營，受到來自三個國家婦女非政府組織（women's NGOs）的支持。這個計畫的目的是建立不同國家人民之間的理解，證明差異不會阻礙合作。

公共行政計畫（the Public Administration Program）和經濟改革計畫（the Economic Reform Program）為當地政府和信用合作社組織聯合培訓，以促進更多更加連貫的地方經濟發展政策。

索羅斯基金會 2001 年對吉爾吉斯斯坦投資具體專案及情況

2001 年，索羅斯基金會－吉爾吉斯斯坦分會將國內工作重心放在保持和維護開放社會價值和實踐方面，旨在拉近公民社會同國家的關係。優先考慮的領域包括地方治理、公共管理、媒介自由、弱勢群體法律援助、教育、經濟發展和區域合作。

由非政府組織支援計畫（NGO Support Program）組織的專案和公共行政計畫（the Public Administration Program）將當地政府、社區和非政府組織聯繫在一起，共同解決重大社會問題。調動這些組織的發展計畫（Developing projects）對振興地方治理結構是至關重要的，並且使之適應當地選民。許多小額的補助金幫助偏遠地區的人們獲得參與公共政策制定的信心。這些計畫還為 2001 年當地政府的選舉中領導人能夠更順應社會的需求做出

努力。2001 年吉爾吉斯斯坦幾家獨立媒體的關閉嚴重影響了新聞自由和資訊獲取，基金會在吉爾吉斯斯坦首都和各省的媒體長期穩定，所以在這段特殊的時期中，為資訊的傳播和輿論的發佈做出了卓越的貢獻。

在法律改革領域，重點支持和發展了幾項幫助弱勢群體的計畫，並且通過資助律師事務所來進一步加強大學生的法律教育。華爾街法律計畫（The Street Law Program）已經獲得教育部的批准，制定了中學法律課本。

教育方面，基金會在 2001 年完成了第三年的學校議會計畫（school parliament project），這項計畫得到了學校和社區的認同，並引起了其他機構的注意。2001 年推出的新的經濟改革計畫為信用合作社的發展提供了培訓機構。這些小額的信貸機構通過幫助減弱貧困發展中產階級，加強了吉爾吉斯斯坦的民權社會意識。

另外，區域性的活動也是索羅斯基金會 2000 年的重點專案，五月份在奧什州（Osh）舉行的婦女論壇（The Women's Forum），繼續加強費加納山谷區（Ferghana Valley）婦女非政府組織之間的合作與聯繫，並減緩這個已發生衝突的地區的緊張氣氛。

索羅斯基金會 2002 年對吉爾吉斯斯坦投資具體專案及情況

全國範圍內的政治危機使 2002 年成為吉爾吉斯斯坦動盪的一年，該國日益增長的民權進程越來越多的受到政府和反對派之間的衝突的阻礙。三月份，在南部的阿克瑟鎮（Aksy）安全部隊與抗議對當地政治家審判結果的人權示威遊行者發生激烈的衝

突，導致數人死亡。反對派組織遊行以抗議阿克瑟事件以及長期存在的系統性問題，如貧困和無效政府。2002 年 8 月，基金會主辦的論壇將反對派團體、民間社會組織以及政府代表組織在一起，共同探討憲法改革對吉爾吉斯斯坦將來發展的必要性。基金會的非政府組織支援專案和法律計畫同非政府組織和國際律師協會共同組織了 40 個圓桌會議，幫助向公民發佈資訊，並讓他們參與修訂在八月論壇上提出的憲法改革方案。

為了促進非政府組織參與處理公共衛生、教育、社區發展等問題，基金會推出了新的體制安排來拉近非政府組織、企業和政府之間的距離。

非政府組織支援計畫（The NGO Support Program）舉辦補助競賽（grant competitions），為了讓偏遠地區的非政府組織尋求與當地政府的合作以滿足社區的需求。

而公共管理計畫（The Public Administration Program）仍舊致力於通過增加社區和企業政府的共同參與，使地方規劃過程更加透明化。教育改革計畫（The Education Reform）將學校和當地政府聯合制定權利下方的教育政策。該基金會在降低社會危害方面的努力包括支持三個城市和若干個監獄的針頭交換處（needle exchange③毒品注射者可將針頭以舊換新的場所），以及建立第一個在獨聯體國家（the Commonwealth of Independent States）的美沙酮項目（methadone project ）。對基金會健康計畫捐助的夥伴包括美國國際開發署（United States Agency for International Development, USAID）和預防愛滋病、結核病和瘧疾的聯合國全球基金（the UN Global Fund）。

2002 年，小額信貸在基金會的偏遠地區發展活動中發揮了關鍵的作用。在這一年中，經濟改革計畫（Economic Reform

Program）在偏遠地區建立信用社，建立現有信貸能力工會（the capacity of existing credit unions），並為其員工提供培訓，並促進修改法例，以進一步發展小額信貸政策。

索羅斯基金會 2003 年對吉爾吉斯斯坦投資具體專案及情況

2003 年發生的幾次重大事件影響了吉爾吉斯斯坦的社會和政治發展。一月份，一次關於憲法體制的公民投票結束了持續六個月的改革進程，通過重新調整總統與議會之間的權力分配，從而進一步加深了民主化。這些改革在很大程度上是政府與反對派之間的圓桌會議談判的結果，而談判是因為 2002 年在吉爾吉斯斯坦南部因抗議當地檢察機關的訴訟結果而導致的流血事件。伴隨著 2005 年總統和議會選舉的臨近，各種各樣的群體組成新的政治黨派，並且開始完善一些程序以確保選舉的透明性。

索羅斯基金會－吉爾吉斯斯坦分會，通過處理法律、政策發展、公共管理、媒體、教育、衛生等領域的關鍵政策問題來回應該國的政治經濟發展趨勢。

法律計畫（The Law Program）的工作重心是法制改革，尤其是吉爾吉斯斯坦的監獄系統。基金會與司法行政部（Ministry of Justice）合作，向服役煩人提供法律援助和藥物依賴治療。在監獄人口管理方面所做的努力包括支持培訓新的管理人員，採用新的和更加人性化的方式管理犯人，增加進入監獄的非政府組織，並提倡新的方式代替監禁。

衛生計畫（The Health Program）企圖通過完善監獄和公共衛生系統之間的鏈結來降低傳染病的傳播。

該基金會還支援資訊與通信技術的獲取、旅遊部門的發展和職業培訓部門的改革。並與企業、政府和捐贈者共同建立經濟政策研究所——比什凱克共識（Bishkek Consensus）。

　　經濟改革計畫（The Economic Reform Program）為一些項目提供資金，加強市場和業務部門的發展，其中一個專案制定了一份分析報告，被國家機構採納，用以改善旅遊業發展。公共行政計畫（The Public Administration Program），與開放社會研究所的當地政府（OSI's Local Government）和公共服務改革倡議（Public Service Reform Initiative）合作，通過提高 6 個小城鎮社區和幾十個當地政府的參與，推動了戰略規劃進程。

　　媒體支援計畫（The Media Support Program）為媒體和記者提供捐助和培訓計畫。電子媒體（Electronic Media）的新的無線電頻率許可程序（The new Radio Frequency Licensing Procedures），是與媒體協會（Media Association）的一個聯合專案，旨在促進更透明化更易操作的廣播頻率許可政策出臺。

　　非政府組織支援計畫（The NGO Support Program）主要幫助偏遠地區的非政府組織，其中包括一個在納倫（Naryn）中心的專門從事社會化和殘障兒童工作的組織。該方案還協助非政府組織合作專案的發展，以加強民權社會在推動人權、政府問責制和社會發展問題方面的作用。

　　提高初級教育教學品質是「參與、教育成就與知識加強」專案（Participation，Education Achievement and Knowledge Strengthening, PEAKS）的工作重點，而這個專案是由開放社會研究所（OSI）、索羅斯基金會－吉爾吉斯斯坦分會（Soros Foundation–Kyrgyzstan）、教育發展研究院（Academy for Educational Development）和其他合作夥伴專為美國國際開發署

（United States Agency for International Development, USAID）提供資金的一項計畫。2003 年，該專案繼續進行教師培訓計畫，其中涉及教育、學校發展和社會合作關係等方面，從最初的簡單的讀寫模式逐漸形成批判性思維培訓項目（Critical Thinking programs）。

新的降低毒品需求計畫（new Drug Demand Reduction Program，DDRP）補充了基金會持續進行的降低社會危害計畫（Harm Reduction Program），並與美國國際開發署（USAID）和幾個執行夥伴一起，希望建立一系列康復中心，並且提高針灸和心理治療在戒毒治療過程中的作用。

索羅斯基金會 2004 年對吉爾吉斯斯坦投資具體專案及情況

作為 2005 年初動亂的預警，吉爾吉斯斯坦也看到了發生在南部城市奧什騷亂，而當地試圖將這場騷亂與伊斯蘭教激進分子聯繫在一起。四分五裂的反對黨試圖在總統選舉之前團結起來，把這個計畫定在 2005 年底。但是，2005 年 1 月份進行的議會選舉被觀察出有舞弊行為，於是引發了激勵的民眾騷亂和示威遊行。反對派將這股洶湧的抗議力量推至一個月之後，最終導致了總統阿卡耶夫的辭職和吉爾吉斯斯坦政局的迅速調整。

索羅斯基金會 2005 年對吉爾吉斯斯坦投資具體專案及情況

2005 年在吉爾吉斯斯坦和烏茲別克斯坦發生的幾次重大事件，對索羅斯基金會在歐亞地區的發展帶來了特殊的挑戰。三月份，當反對派沖進總統府，吉爾吉斯斯坦阿卡耶夫政權垮臺，衝

突爆發。索羅斯吉爾吉斯斯坦基金會,幫助國內恢復秩序,並通過促進政府和公民社會組織的磋商來緩解緊張的局勢。

在暴力活動減少之後,基金會支持公民社會穩定計劃,目的是促進當地政府合法化。基金會召集數百名公眾共同討論民族關係、性別、教育、大眾媒介、地方治理方面的問題,促進關於結構重組的公共討論。基金會之車國家電視臺轉化為公共廣播公司,將國有報紙私有化,並確保總統選舉自由公正。

索羅斯基金會 2006 年對吉爾吉斯斯坦投資具體專案及情況

該基金會發起公務員的多樣性意識培訓,以幫助政府機構公平有效地回應吉爾吉斯斯坦的民族經濟文化團體。民間社會組織、當地政府代表和來自各民族社區的代表與基金會合作,共同為地方官員制定多元化管理手冊。該基金會還為 120 為公務員舉辦了 6 次研討會,並提供 12 名培訓人員就多元化管理實踐進行培訓。

這個基金會發起的一個論壇提出國家精神衛生保健政策,來取代激進的蘇維埃式實踐。吉爾吉斯斯坦有最少 5 萬人有精神殘疾,他們中的大部分僅受到簡單的治療,並被隔離在精神病醫院中。論壇的參與者建議政府鼓勵社區家庭基礎的預防和治療計畫,而不是指責精神病人。

索羅斯基金會 2007 年對吉爾吉斯斯坦投資具體專案及情況

索羅斯基金會－吉爾吉斯斯坦分會幫助組織公眾討論和專家會議,議題包括促進重組國家免費法律援助系統的議案,建立

民眾對警察的監察機制，發展該國保護勞動移民權利的計畫。隨後基金會提供了監察委員會的準則、公眾廣播標準，還提供了起草和推進新聞工作者道德標準的宣傳技術。

2007年五月，基金會在議會大樓前示威遊行，以反對一個將多配偶制合法化的議案，隨後議會沒有通過這個提議。一個旨在促進婦女參與社會政治的宣傳計畫，包括了一個有議會領袖、總統內閣代表、國際和國內選舉法律專家、國際發展組織代表出席的會議。各地區婦女組織從她們各自的地區向代理人發來資訊。在假期時間，代理人們前往那些地區，與婦女組織會面，贈與資訊傳單，並組織問答環節。基金會還幫助婦女組織在報紙和資訊機構網站發表關於婦女事務的文章。這些努力換來了修訂選舉法需要的所有政黨名單上婦女選舉人的特別條款。

CHAPTER 6
大顯身手的非政府組織

「非政府組織」，即 Non-Governmental Organizations，縮寫為 NGO。

此概念主要是指「處於政府與私營企業之間的那塊制度空間」。它是現代社會結構分化的產物，是一個社會政治制度與其他非政治制度不斷趨向分離的過程中，所衍生的社會自組織系統的重要組成部分。

「非政府組織」是英文 Non-Governmental Organizations 的意譯，英文縮寫為 NGO。非政府組織（NGO）這一概念主要是指「處於政府與私營企業之間的那塊制度空間」。它是現代社會結構分化的產物，是一個社會政治制度與其他非政治制度不斷趨向分離過程中所衍生的社會自組織系統的重要組成部分。

中國對於非政府組織存在很多認識不清楚的問題，其實，在西方國家有很多有能力的人，不願意在政府或者智庫裡工作，這樣能夠自由施展其才能的非政府組織就成為首選，很多在非政府組織內工作過的人員，後來也都是進入聯合國或者政府機構裡。比如中國學者就對於最大的非政府組織民主基金會的認識不清楚，其英文為：NED，意思是：國家為民主而捐款基金會的意思。其運作方式為：基金會的領導人負責籌資，等籌到資金後，再交到能夠把事情做得最好的非政府機構，這樣可以保證資金得到最好的效果。

非政府組織在全球大規模的興起是在 20 世紀 80 年代，它在全球的迅速崛起並在世界各國尤其是在西方國家的國際和國內事務中發揮越來越多的作用。被稱為「第三部門」的非政府組織具有民間性和自治性，這表明在體制上獨立於政府，它們不屬於政府建制的一部分，也不直接受制於政府權威，但是非政府組織為了自己所代表群體的利益，也成為影響政府決策、介入政治的一股勢力。而且由於其非營利性和志願性的特徵，使得大多數非政府組織的資金來源始終是一個大問題，因此來自政府方面的資金支持就成為了某些非政府組織必不可少的「救命錢」。正是因為這些特徵，西方國家和相關部門與非政府組織之間形成了一種微妙的關係，兩者相對獨立，但又保持或明或暗的利益聯繫。

據統計，截至 2005 年 8 月 15 日，全球總共有 2914 家非政府組織在中亞註冊。這些組織多大有美國背景，且受到美國國際發展局（USAID）等機構的資助或直接領導，以參與政治為目的。非政府組織成為實現美國全球戰略中的重要一環。即以民間性、獨立性等為幌子，以推進當地的民主、經濟為藉口，向當地輸出美式民主，擴大美國的全球影響力。顏色革命中，索羅斯基金會、愛因斯坦研究所、自由之家、美國國家民主基金會這些著名的國際非政府組織所發揮的作用是絕對不可小覷的。

1. 索羅斯和他的「開放社會」信仰

　　喬治・索羅斯是著名的貨幣投機家、股票投資者、慈善家和政治行動主義分子。索羅斯 1930 年出生於匈牙利布達佩斯，這位猶太人後裔畢業於倫敦經濟學院，之後在金融市場大顯身手，不負猶太人善於經商理財的美名。在倫敦經濟學院學習期間，索羅斯開始熟悉哲學家卡爾・波普爾的著作。波普爾的《開放社會及其敵人》一書為索羅斯向世界專制政權宣戰提供了合適的理論依據。1979 年，索羅斯在紐約建立了他的第一個基金會，就叫開放社會基金。現在他是索羅斯基金管理公司和開放社會研究所主席，是外交事務委員會董事會前成員。他以在格魯吉亞的玫瑰革命中扮演的角色而聞名世界，在美國以募集大量資金試圖阻止喬治・布希的再次當選總統而聞名。

　　索羅斯的夢想是令世界各地的人民也可以生活在公平、開放和自由的社會，享有基本公民權利和教育機會，社會由市場經濟推動，任何弱小群體也擁有發言權。為了實現理想，於 1984 起，

索羅斯先後在東歐、中歐及前蘇聯地區成立多個地區性的索羅斯基金會，去推動開放社會的成立。在 1993 年，他創立開放社會協會，以紐約為樞紐，協調世界各國索羅斯基金會的運作。現在，開放社會協會在全球超過 50 個國家設立索羅斯基金會，由歐亞大陸延伸至美國、東南亞、非洲、拉丁美洲、土耳其、中東、蒙古，形成一個廣闊的慈善網路。

開放社會研究所與索羅斯基金會是一個機構、兩塊招牌的關係，總部都在紐約。此外，索羅斯還設立了「西非開放社會倡議」和「南部非洲開放社會倡議」這兩個相關項目。開放社會研究所－索羅斯基金會在全球「推廣民主」、顛覆政權方面的目標與美國政府不謀而合，並經常與政府機構相互配合。

目前，索羅斯基金會在歐洲、亞洲、拉美和非洲都設有分會，但名號各有不同。這一基金會的活動已延伸到了 60 多個國家和地區。其運作模式通常都是由開放社會研究所提出計畫，然後由各地的索羅斯基金會負責實施。開放社會研究所－索羅斯基金會對外宣稱，其宗旨是「致力於建設和維持開放社會的基礎結構和公共設施」。但批評者指出，「開放社會」不過是一個招牌，援助和扶貧也不過是裝飾門面。索羅斯的真實意圖是向那些「不夠民主」的國家輸出美國的意識形態和價值觀念，掀起「民主浪潮」，通過國家政權更迭為自己的金融投機鳴鑼開道。因為根據他的理論，一個「封閉」的社會缺乏金融投資的機會，只有「開放」了，才能讓他發財。

1990 年，該基金會在烏克蘭創建國際復興基金會，大搞「民主滲透」。截至 2004 年，共投入經費 8200 萬美元，除了在首都基輔設立基金會總部外，還在 24 個地區開設了分支機構；2004 年底，烏克蘭爆發「橙色革命」。美國議員透露說，索羅斯基金

會下屬的烏克蘭開放社會研究所在發動「橙色革命」的過程中發揮了重要作用，後來當上總理的尤先科就是該研究所的董事會成員。2005 年，吉爾吉斯斯坦發生「黃色革命」。實際上，索羅斯基金會下屬的吉爾吉斯斯坦開放社會研究所早就為在吉推行「民主」做了大量工作。

2003 年，格魯吉亞發生「玫瑰革命」，格總統謝瓦爾德納澤被趕下臺，他在辭職後曾向媒體憤怒地表示：「有一位大使告訴我，索羅斯為發動『玫瑰革命』拿出了 250 萬到 300 萬美元的活動資金。」2004 年底，烏克蘭爆發「橙色革命」。美國國會眾議員保羅在眾議院國際關係委員會作證時透露，索羅斯基金會下屬的烏克蘭開放社會研究所在發動「橙色革命」的過程中發揮了重要作用，尤先科就是該研究所的董事會成員。1993 年，選中有「中亞民主島」之稱的吉爾吉斯斯坦，重點扶持該國的獨立媒體，並以衛生、文化、教育等領域為突破口迅速擴大影響；1994 年進軍格魯吉亞，正式躋身外高加索，目前，除在格魯吉亞首都第比利斯設有「國際索羅斯科教計畫」中心等 4 大機構外，還在 4 個地區設有分支機搆；2005 年 3 月，吉爾吉斯斯坦發生了令人震驚的「鬱金香革命」，總統阿卡耶夫被迫流亡國外。實際上，索羅斯基金會下屬的吉爾吉斯斯坦開放社會研究所早就為在吉推行「民主」做了大量工作。該機構在吉全國各地組建了許多「選民政治積極分子」組織，這些組織深入到全國各地從事反政府、反總統活動。該機構還在吉建立了許多獨立媒體和出版印刷機構，傳播阿卡耶夫及其家族腐敗的各種傳聞，在民眾中破壞阿卡耶夫的威信。

隨著索羅斯基金會在獨聯體各國的影響越來越大，其活動內容也日益廣泛，既包括培訓反對派、資助獨立媒體、監督司法體

系等政治內容，也包括完善醫療體系和教育體系、扶持中小企業等社會經濟內容。在多數獨聯體國家的首都，從官員、學者到記者都可能得到索羅斯基金會提供的免費培訓，一些社會精英則會受邀訪問西方的名城重鎮，並在那裡進行「知識更新」。在吉爾吉斯斯坦，索羅斯基金會將重點放在制定和推廣「公共政策」上，它通過舉辦國家學術會議，資助吉官員、學者和學生短期赴美留學等方式，向他們灌輸西方的民主價值觀。這些人在參與吉國家立法，制定經濟、社會生活的綱領性檔，甚至編制語言教材時都不同程度地體現了西方價值觀。

俄羅斯學者戈羅津向記者表示，近年來，索羅斯基金會與其他西方民間組織明顯從潛伏期進入了活躍期。它們在各國選舉前做年輕選民的思想工作，把本組織的工作人員從一個國家派到另外一個國家充當「革命導師」。這些組織還把現政權高層腐敗和強力部門犯罪作為攻擊點，煽動群眾對當局的敵對情緒。在此次吉爾吉斯斯坦議會選舉前，索羅斯基金會早早安排骨幹到各地觀選，特別是南部反對派勢力比較強大的地區，他們與美國駐吉使館配合得非常默契。

2. 自由之家與麥克斯通

自由之家（Freedom House）是一個國際性的非政府組織，總部位於美國華盛頓，致力於民主、政治自由以及人權的研究和支持，其最知名的是對各國民主自由程度的年度評估，該報告被用於政治科學的研究。溫德爾・威爾基和埃莉諾・羅斯福於 1941 年創立了改組織，自稱為「全球民主自由的清音」。該組

織的 80%預算來自美國政府，經費提供者是美國國際開發署
（USAID）、美國資訊署、索羅斯基金會和國家民主基金會。早
在冷戰時代，它就支持過蘇聯和波蘭的一些持不同政見者。如
今，它的觸角不僅普遍及獨聯體和東歐，還在中東、中亞和拉美
設立了據點。

　　自由之家聲明：「自由之家是一個獨立的組織，致力於在世
界範圍內推廣自由。自由只有在民主政治的環境下才有可能，包
括政府對其人民負責、實行法治、言論自由、結社自由、信仰自
由，以及保障少數民族以及婦女的權益。」「自由最終依靠勇敢
人士付諸行動。對於不自由或自由受威脅的社會，我們支持公民
的非暴力發軔，我們反對挑戰人們自由權的觀念和影響力。自由
之家通過分析、宣傳以及行動，來作為自由、民主以及法治的催
化劑。」

　　自由之家還稱，「我們的董事會一致認為，對於國際事務中
的人權與自由，美國的領導是必不可少的」。

　　自由之家的最高權力機構為理事會，成員包括前政府官
員、商人、工會代表、新聞記者等。前中情局局長伍斯利曾任理
事會主席。目前理事會成員中包括前美國國防部長拉姆斯菲爾
德和世界銀行前行長沃爾福威茨。2005 年「自由之家」的主席是
詹姆斯‧伍爾西，中央情報局前局長和新保守主義分子，就是他
提出了「美國 9‧11 事件」是「第四次世界大戰」的開始。

　　對於顛覆別國政權的使命，自由之家倒並不諱言。該組織在
一篇所謂研究報告中稱，「顛覆政權的催化劑在於廣泛和非暴力
的公民反抗，具體手段包括抵制商品、大規模抗議、封鎖、罷工
和違抗命令，從而削弱專制政權的合法性和他們的支持者，包括
軍隊的忠誠度。」麻省理工學院自由派教授喬姆斯基早在 1988

年就指出，自由之家與中情局、自由歐洲電臺等官方機構沆瀣一氣，長期為美國政府和國際右翼勢力扮演宣傳工具的角色。

自由之家活動的經典案例的發生地是在中亞山國吉爾吉斯斯坦。《我的重要新聞》是吉反對派主辦的一份報紙，吉爾吉斯斯坦局勢動盪之際，該報至少接受了美國政府 7 萬美元的資助，並由自由之家在吉分會下設的印刷廠出版。在阿卡耶夫下令掐斷自由之家分會電力服務的次日，美國駐吉使館便向自由之家緊急支持了兩台發電機，發電機上清楚地標注著「美國政府財產」的字樣。

在吉議會選舉前夕，《我的重要新聞》刊載了一座修建中的阿卡耶夫總統的「豪宅」的照片。亞歷山大・金即《我的重要新聞》的總編輯。此舉立即在吉全國引起了強烈反響，激起了民眾對阿卡耶夫政府的不滿。當時反對派領導人在自由之家資助下，成卡車地運送報紙在全國範圍內免費分發。

《我的重要新聞》中有一位名為麥克・斯通的美國人，他是自由之家在吉爾吉斯斯坦的代表。麥克・斯通是一名律師、商人和媒體專家，有超過 30 年的美國和國際企業的商業新聞，國際媒體援助項目多年的傳媒實踐經驗，和州法院和聯邦法院的實踐。他曾擔任自由之家在吉爾吉斯斯坦的出版專案主任。他還在白俄羅斯的專業媒體專案擔任主任，那是由美國國際開發署資助的 350 萬美元的專案。

麥克・斯通是布達佩斯商業雜誌的創始人——第一份英語的、美國式的中歐商業報紙——和墨西哥城商業雜誌，他作為編輯和出版商，為很多的美國和外國的出版物服務，包括在拉斯維加斯商業，洛杉磯的 Westword，奧蘭治縣商業雜誌，弗吉尼亞州律師週刊，越南河內的越南經濟新聞。斯通先生持有的聖母法學

院法學博士學位，曾就讀於密蘇里大學新聞學院學習新聞。斯通目前是一個天主教新聞社特約記者。就是這樣一位媒體人士在吉反對派的報紙中工作，幫助反對派攻擊吉爾吉斯斯坦當局。

3. 愛因斯坦研究所[1]

愛因斯坦研究所是一個總部位於麻塞諸塞州劍橋、以在全球策劃不流血「軟政變」著稱的機構。該研究所為全球各地持不同政見者提供培訓。塞爾維亞、辛巴威、委內瑞拉、緬甸、烏克蘭等國的持不同政見者都曾受過該機構的「教誨」，並在這些國家的政治風暴中加以運用。愛因斯坦研究所的經費來自於全國維護民主捐贈基金會，歸根到底也是出自政府撥款。在最近緬甸發生的所謂「藏紅色革命」當中，愛因斯坦研究所創始人夏普來到緬甸，成了一系列反政府活動的「總導演」。但他的陰謀沒有得逞。法國記者梅珊曾經寫過《愛因斯坦研究所——中情局製造的非暴力運動》一書，對該組織如何通過「非暴力反抗」進行「軟政變」進行了詳細披露。

據悉，該組織定期向美國國會和政府提出意識形態進攻的策略報告和計畫，然後由研究所下設的「人權基金會」、「民主價值基金會」及「宗教自由基金會」等多個子機構實施。在前蘇聯解體和東歐巨變以及近年來的「顏色革命」當中，都有該組織的影子。

---

[1]　http://baike.baidu.com/view/1323064.html?fromTaglist

4. 美國國家民主基金會[2]

國家民主基金會英文為：NED，意思為為民主而捐款基金會，因此中文和英文的解釋存在出入，這使得很多的中國學者其實並不知道民主基金會的英文名字，並且對於民主基金下設的國際對外機構的英文縮寫更是不熟悉，對於民主基金會的運作基本上也不甚清楚。如為何民主基金會號稱是美國上百萬個非政府組織中的「龍頭老大」，因為其結構是：基金會的領導人負責籌資，等籌到資金後，再交到能夠把事情做得最好的非政府機構，這樣可以保證資金得到最好的效果。

國家民主基金會連同「自由之家」，自 2000 年以來一直是歐亞大陸所有「顏色革命」的核心。國家民主基金會設立於雷根政府時期。它號稱美國上百萬個非政府組織中的「龍頭老大」，和美國國務院、國際開發署、中央情報局有密切的聯繫，被認為是中情局的「另一塊招牌」。它以私人機構面目出現的目的是為了使活動更方便。

國家民主基金會主席韋伯是共和黨前國會議員，與新保守主義分子比爾‧貝內特關係密切。自 1984 年以後，國家民主基金會的主席一直是卡爾，他曾是「自由之家」的學者。在 1999 年指揮了對塞爾維亞的空中轟炸的北約將軍衛斯理‧克拉克也是國家民主基金會的理事會成員。曾協助起草國家民主基金會章程的

---

[2] http://news.cnwest.com/content/2008-10/06/content_1458963.htm

艾倫‧溫斯坦在 1991 年的一次採訪中說：「我們現在做的大量事情，在 25 年前都由中情局秘密執行。」

在 NED 自身的網站上，對其創辦歷史欲言又止。網站自述文章說，「在二戰結束後，美國的決策者看到民主同盟面臨威脅，而且沒有任何機制來傳送政治援助，於是採取了包括提供顧問、設備、資助報紙和政黨等秘密手段。這些事實在上世紀 60 年代被披露，一些美國志願者組織被發現暗中接受中情局的秘密資金，在國際上引起了激烈爭論。詹森政府決定，這種資助方式必須停止，並建議成立一個『公私合作的機制』來公開推行海外活動。」

1982 年，時任美國總統雷根在一次重大外交政策演講中提出促進「民主基本建設」的計畫，在全球「推廣民主」。1983 年 11 月，美國國會通過《國務院授權法》，撥款 3130 萬美元成立美國國家民主基金會，並讓其享受美國稅法 501（C）3 條款免稅待遇。NED 主要資金源自美政府撥款。1983 年至 1994 年，其資金完全依靠美國務院撥款，其後開始接受少量社會捐款。

目前，美政府對 NED 的撥款主要包括三部分：最大來源是國會年度撥款。有統計顯示，2006 財年國會撥款為 7404 萬美元，2007 財年約為 5000 萬美元，2008 財年 NED 提出了 8000 萬美元的撥款申請。其次是國會對外民主專案資助，2006 財年國會通過民主基金給予 NED 額外撥款 1525 萬美元。三是美國務院人權民主基金撥款。此項撥款始於 1999 年，起初為 165 萬美元，以後逐年遞增，到 2005 年已近 800 萬美元。

NED 打著「加強其他國家的民主團體和機構的力量」的旗號，下屬四大機構，即共和黨的國際共和研究所、民主黨的全國民主研究所、美國商會國際私營企業中心及勞聯－產聯的國際勞

工團結美國中心。此外，還有許多所謂非政府組織受其資助，包括《民主雜誌》、世界民主運動、國際民主研究論壇、國際媒體援助中心等等。

NED 在全球 100 多個國家和地區開展援助活動。從上世紀 80 年代開始，NED 先後在中美洲的巴拿馬、尼加拉瓜等國的大選中做手腳。1990 年至 1992 年，NED 向反卡斯楚團體「古巴美國全國聯合會」資助了 2500 萬美元。在伊朗，10 多家團體接受 NED 的援助。在法國，NED 資助極右工會團體。在東歐，有批評家說 NED 在上世紀 90 年代為推行自由貿易和休克療法投入了幾百萬美元。

該基金會每年從政府預算中獲得撥款，被包括在國務院和國際開發署的預算當中。在 2004 財政年度，它的收入為 8010 萬美元，其中 7925 萬美元來自政府撥款，只有少數來自其他基金會捐贈。而向全國維護民主捐贈基金會捐錢的三個基金會，其實也是政府的合同商。因此，從經費來源上看，這一基金會是十足的政府機構。

全國維護民主捐贈基金會從性質上說是超黨派組織，它每年從國會獲得撥款一半分配給其下 4 個相關機構；另一半則撥給向其申請經費的境外組織。

5. 新聞自由與民主化

歷屆中亞媒體會議

民主是建立在自由的、競爭的和定期的選舉基礎上的一種政治制度。這個「選舉式的」民主為政治反對派的活動提供了空間，

使他們的黨派有機會代表大多數選民的選擇，他們的領導人有機會贏得選舉在政府中擔任重要職務（Schumpeter 1943）。「自由主義」（Diamond 1996））和「實質性」（Kaldor and Vejvoda 1999）的民主理念擴大了一系列的競爭因素，這些因素涉及到政治，公民權利（言論自由，結社自由，宗教自由等），法制觀念，以及公民義務和市民社會。實質性民主的理念不能輕易的被簡化為一套程序或制度，它應被描述為「一種調節權利關係的方式，而這種方式能夠使個人對他們生活環境的影響最大化，並能夠參與影響社會的關鍵決策的討論」（Kaldor & Vejvoda 1999：3-4）。民主不應該簡單的被認為是非此即彼的範疇，而是作為一種連續。不是單純的選擇民主或者不民主，而是選擇更大程度還是更小程度的民主，這也是常討論的「舊民主」與「新民主」（（Mayer 1989：72））。Linz 和 Stepan1996 年區分了「統一的民主」與「過渡的民主」：統一的民主只能在憲法、行為和態度各方面都無紛爭的情況下才能實現（1996：5-6）。

新聞自由是民主的基石。它是選舉式民主的基礎，而絕不是自由民主的「紅利」。為了能夠自覺自由的投票，市民需要瞭解選舉內容並獲取相關的所有資訊。提供這些方面的資訊正是新聞機構存在的理由。完成這一任務的先決條件就是將其與國家和政治機構分離，將新聞自由脫離對經濟、政治或其他附屬機構的依賴和約束。

歐安會組織與中亞的媒介自由代表舉行了多次中亞媒體會議[3]。

---

[3] http://www.osce.org/fom/documents.html?lsi=true&limit=10&grp=29

第十屆中歐媒體會議於 2008 年在哈薩克斯坦的阿拉木圖舉辦，該會議由阿斯塔納歐安會中心運作的媒介自由代表歐安會辦事處在中亞地區其他方面的協助下舉辦。

來自哈薩克斯坦，吉爾吉斯斯坦，塔吉克斯坦和烏茲別克斯坦的新聞工作人員和處理媒體事務的政府工作人員以及一些國際上和該地區的專家一起討論了該地區各國媒體最近發展的問題。

該次會議主要關注的問題有中亞公共服務廣播的未來，數位化的發展如何才能支援媒介的自由和媒介的多樣化。會議歡迎中亞四國代表參加此次會議，承認了公共服務廣播的價值。會議還鼓勵各國政府、立法機構以及該地區的記者，努力將國有廣播機構轉變成獨立的公共服務廣播機構。會議呼籲相關國際組織為這一過程提供援助。會議強調公共服務廣播是民主政體的重要工具之一，它們通過提供高品質的節目和客觀的新聞報導，成為加強選舉自由透明、反對仇恨言論和保護一個國家少數民族文化的不可缺少的工具。在建立公共服務廣播機構的時候，中亞各國應確保他們創造受法律保護的廣播設施，保證編輯自主權，並創建一個允許公共服務廣播獨立於政治和商業利益的融資制度。在對中亞第一個創建公共廣播服務的法律行動——吉爾吉斯廣播電臺和電視臺的法律——表示歡迎的同時，與會的許多參與者關注由總統提交理事會的修正案。修正案將把未來的公共服務廣播由政府附屬機構轉變成一個獨立的機構。與會的參與者還敦促吉爾吉斯政府遵守政府與公共服務廣播獨立的慣例，並為該地區做一個積極的榜樣。會議還強調要注意數位時代廣播電視的改變，各國政府應該把數位化與各種廣播平臺的銜接，作為加強媒體多樣化的契機。政府應該為所有願意廣播和所有願意接受廣播的人提供平等的機會，並建立一個獨立的特許機構。與會者還討論了公共

服務廣播的資金如何自動化的方式，以保證當眾多數位頻道要提供給公眾的時候，它能夠完成它獨特的使命。會議結束時還強調了中亞媒介領域未來潛在的活動。

2007 年 11 月，第九屆中歐媒體會議在塔吉克斯坦杜尚別舉辦，該會議由杜尚別歐安會中心運作的媒介自由代表歐安會辦事處舉辦。來自哈薩克斯坦，吉爾吉斯斯坦和塔吉克斯坦的記者，媒體從業人員和非政府組織以及一些國際和地區專家參與討論他們國家最近媒體形式的問題。該會議今年的主題是媒介的自律。

該屆中歐媒體會議公佈了媒介自律的杜尚別宣言，內容如下：

1、媒介自律的目標是建立獨立和負責的媒體。

2、編輯獨立是新聞道德和媒體責任的前提。

3、媒體自律在本質上來看是民主社會的進程。

4、在避免監管媒體內容的同時，公共權力能夠通過建立一個保護言論自由和媒體多樣化的合法的框架來支持媒體自律的發展。

此外，還有關於道德守則和關於媒體自律的機制。此次會議在媒介自律方面重點學習了烏克蘭的經驗，來自基普烏克蘭媒介法律機構的代表參加了這次會議並在會議上發表了關於媒介自律：烏克蘭經驗的重要的講話。

第六屆歐安會媒體會議於 2004 年 9 月 24 日召開。此次會議的重點是作為 21 世紀媒介面臨的新的挑戰的新聞自由法制與誹謗，會議圍繞這一問題進行廣泛的討論，並在誹謗罪和新聞自由方面達成一直意見。形成了資訊自由與誹謗的杜尚別宣言，內容主要有：

1、應限制政府官員和政治人員對媒體和記者的指控。

2、誹謗應該是非刑事的,應該被合適的狹義的民事誹謗取代,引進合理的出版法和上線賠償法。

3、如果在短時間內不能完成非刑事化,就要考慮暫停誹謗罪條款。

關於資訊自由,有如下幾點。

1、以國際標準為基礎的關於資訊自由的多種法律應該實行並用合適的措施加強。

2、對法律和法規觀察之上的多邊監察,應該加強,並由議會,議會委員會向公眾,公眾聽證委員會和獨立檢察員公開。

3、應該修正關於國家機密的法律,以將他們的權利限制在洩露危害國家安全和國家領土完整的資訊上。

4、關於資訊的規則應該被公開。

5、及時限制被列為秘密的資訊。

6、在關於公共利益的案件中,記者洩露國家機密的刑事犯罪應該受到限制。

2004 年 8 月 17 日,塔吉克政府關閉了 Jienkhon 出版社,結果幾家報紙也宣佈停止出版。同時,對 Sanadvora 出版社進行的審計,接著 Odamu Olam 報紙的執照也被吊銷。塔吉克政府宣稱報紙的關閉是由於經濟原因,否認了任何政治背景。但是有關分析證明,此次六家報紙的關閉是有政治原因的,特別是官方報紙沒有遭遇這種境況。知道情況之後,參加會議的人都密切關注半島同事的命運,並呼籲新聞團體和人權組織團結無

法出版的報紙的記者。同時呼籲塔吉克政府用他們所有的力量解決這些問題。

2003 年 9 月 25 日召開了第五屆歐安會媒體會議。此次會議的主題是媒介在多名族，多語言的社會。自從上次會議以後新聞自由在中亞各國越來越糟糕。在該地區的許多國家侵害新聞自由的事情經常發生。會議呼籲中亞各國政府關注新聞事業，重視新聞的價值，並能在對待新聞的態度方面發生重大改變。

第四次中亞媒體會議於 2002 年 9 月 26 到 27 日在烏茲別克斯坦首都塔什干舉行。此次會議的主題是腐敗是媒體自由的挑戰。會議還對宗教自由和言論自由的關係進行了討論。發表了塔什干關於媒介自由與腐敗的宣言。其中：

1、媒體應該發揮其的基本作用——反對腐敗的社會看門人，這對所有國家（不管是在東方還是在西方）都是非常嚴峻的障礙。

2、媒體在面對本國經濟、生態和軍事決策時，特別是關於腐敗調查的危險與日俱增時，可以自由的行使其功能。

3、來自中亞五國的記者繼續這一做法，在會議的框架下進行討論和合作，以期更好的維護他們的利益。記者團結是必不可少的。

4、國際社會應該密切的關注該地區媒體自由的形勢，支援記者的工作。

5、記者的工作應該受到保護，特別是面對一些如社會腐敗這樣的爭議話題。

6、國會議員要協助必要的關於腐敗的公共討論。

7、法院應該獨立以確保有關記者的法律可以充分和公眾的實行。

2001 年 12 月 10 日到 11 日，第三屆中亞媒體會議在哈薩克斯的阿拉木圖舉行。與前兩次會議討論的重點相同，此次會議也是圍繞媒體的發展問題展開。例如媒體法律框架問題，媒體歸屬權問題。媒體在民主社會的作用被特別的強調。在中亞國家特別嚴重的媒體反恐鬥爭，成為此次討論的主題。與會者指出，該問題在去年杜尚別宣言上被特別強調，現在這個問題依然受到極大關注。發表了阿拉木圖宣言：反恐衝突中的媒體的自由。

　　會議得出了如下幾點結論：

　　1、反恐聯盟政府不應該在發生衝突時，以國家安全為藉口，限制國內人權和減少其他地方的支持。

　　2、特別是中亞國家不應該將新的鬥爭形勢作為鎮壓反對派媒體的藉口，相反的，他們應該將這種形勢作為進一步創建自由媒體環境的契機。

　　3、媒體在面對他們國家經濟、生態和軍事決策——特別是衝突——的時候，應自由的發揮其功能，公開自由的討論是不可避免的。

　　4、媒體應該發揮其的基本作用——反對腐敗的社會看門人，這對所有正邁向民主的國家都是非常嚴峻的障礙。特別是在 911 之後，媒體應該讓公眾知道恐怖組織的活動與腐敗有經濟聯繫。

　　5、國際主流媒體應該或者必須積極的加入該地區之中，包括作為一個重要的資訊來源和味他們的同事做一個專業記者的榜樣。

　　6、在中亞國際形勢日益緊張，矛盾突出的條件下，記者應該更加團結，互相支持。

7、記者在報導衝突的時候，應該在客觀和仔細編輯方面付出更多的努力。記者在衝突時期更需要職業道德，更應加強自己的責任意識。

8、國際社會，政府和非政府組織必須做更多的工作保障新聞工作者在衝突地區的工作。國際主流媒體應該提供必要的培訓，保險和建立所謂的安全場。媒體基金要為這些場所提供經濟支援。為在衝突地區工作的專業新聞工作者建立有效的身份證明工作要加強。

2000 年 11 月 14 日到 15 日，來自哈薩克斯坦，吉爾吉斯斯坦，塔吉克斯坦和烏茲別克斯坦的 90 多名記者來到塔吉克斯坦的杜尚別參加國際會議。這次會議主要討論了誹謗立法，媒體法，新技術和媒體在民間主社會發展中的作用，討論中亞國家大眾媒體的現在和未來。發表了媒體自由的杜尚別宣言：

1、20 世紀傳播的所有進程表明民主並沒有正真實現，沒有關於自由和專業媒體的獨立法律。作為歐安會的成員國，中亞國家應致力於維護媒體自由。

2、集權主義時期的人類悲劇，文化，經濟和生態錯誤證明：在主要的政治和經濟決策過程中自由的新聞媒體應該發揮它的批判作用。如果可以進行公共討論，中亞地區的許多生態問題是可以避免的。

3、應該為想要擁有學習法規能力和獨立新聞傳統的地區提供條件。

4、新聞檢查和殺害記者的事情不應該在再中亞地區發生，意識到中亞國家的記者工作環境十分惡劣和艱難，會議應該做更多的工作保證他們的安全。

5、誹謗法不應該被誤用在阻止新聞記者對各級權利機關的批評上。

6. 中亞媒體支援工程[4]

　　除了多次的中亞媒體會議之外，西方還發起了中亞媒體支援工程。該工程主要是為中亞各國的媒體從業人員進行培訓，幫助各國媒體最大限度的爭取新聞自由，改變中亞國家的媒體現狀。

　　2005 的中亞媒體支援工程，報告中稱中亞依然是歐亞大陸最偏僻的地區，它的媒體言論自由方面需要技術的支援和新的更加寬鬆的政治環境。在第四和最後一個階段，通過培訓和支持，中亞媒體支持項目上升到有六個報紙支持的專業水準。CIMERA 也通過觀察記者獲取公共資訊的困難和組織圓桌會議幫助三個國家增強獲取資訊的能力。

　　合作者有烏茲別克斯坦國際在職訓練中心（IISTCJ）記者、吉爾吉斯坦媒介資源中心（OMRC）、塔吉克斯坦國家獨立大眾傳媒聯盟（NANSMIT）、Ferghana and Issyk Kul Tour 吉爾吉斯坦、Asia Plus and Varorud 塔吉克斯坦和 Darakji and Iqbol 烏茲別克斯坦。

　　2005 年的活動主要有：在費爾幹納報告基本功能，研究和佈局。教練為奧爾赫科茲曼（Conzelmann），德國記者，2005 年 3 月 7-18 日在賈拉拉巴德進行。在 Darakchi 進行為期 3 周的現場

---

[4]　http://www.swiss-cooperation.admin.ch/centralasia/en/Home/Regional_Activities/
Completed_projects/Mass_Media_Support

培訓。教練為埃琳詹森，莫斯科的瑞典記者，2005 年 4 月 28 日至 5 月 18 日在塔什干開展。而亞洲加的主題是新聞標準，導師是 Mamedshoev，地點在杜尚別，時間是 2005 年的 11 月。IISTJ 進行的是基本報告的過程。教練為 Mamedshoev，同樣在塔什干，時間則是 2005 年 10 月。IISTJ 另外一個主題是互聯網的發展戰略，導師為 Dolotshoev，時間是 2005 年 12 月，又一次在塔什干舉行。伊塞克湖旅遊區的專案是新聞節目。教練為伊戈舍斯塔科夫，卡拉科爾，2005 年 8 月；伊塞克湖旅遊：報紙管理，2005 年 11 月；Iqbol 為期兩週的實地培訓。教練為 Yokutkhon Mamatova，地點在安集延，時間是 2005 年 10 月。此外發表多份出版物。塔什干和比什凱克與吉爾吉斯斯坦記者協會的合作。

該專案的成就報刊，專案參與者包括網路媒體專業人員，報紙編輯，記者，記者組織代表等。記者和研究者研究了媒體和中亞社會現實發展的關係。支援三個記者非政府組織的活動，幫助他們成為該地區國際組織的主要活動者。該項工程的資金由 SDC 提供。

2003 年中亞媒體支持專案的合作者和專業團體有烏茲別克斯坦國際在職訓練中心（IISTCJ）記者、吉爾吉斯坦媒介資源中心（OMRC）、塔吉克斯坦國家獨立大眾傳媒聯盟（NANSMIT）。報紙媒體主要有吉爾吉斯坦 Ferghana in Jalal-Abad、塔吉克斯坦 Asia Plus in Dushanbe、塔吉克斯坦 Varorud in Khujand。新的夥伴關係協定在 2003 年專案開始前不久簽署。

通過支援專業媒體的活動提高資訊的公開度。為了中亞獲得更好的資訊公開的系統，CIMERA 加強與中亞三國專業媒體的合作，中期的目標是加強宣傳力度和他們在觀察和捍衛媒體和記者的權利方面的地位。

在達成這個目標的同時，該項活動的參與者還觀察了記者在獲取與公共有關的資訊方面有困難。2003 年 10 月，我們的媒體合作者出版了六個月的觀察結果：中亞資訊接近的主要問題。

2003 年 11 月，該組織的合作者組織了一系列的圓桌會議。參與者有政府官員，記者組織的代表，新聞部長秘書和記者。這次會議的主要目的是討論這次調查揭示的現象以加強目前的形勢。這次會議強調需要阻止隔離，開展大眾傳媒與政府之間的對話。

關於接近資訊的圓桌會議有 2003 年 11 月 20 塔吉克斯坦的杜尚別，2003 年 11 月 22 塔吉克斯坦 Khujand，2003 年 11 月 27 吉爾吉斯坦 Osh，2003 年 11 月 28 吉爾吉斯坦 Jalal-Abad，2003 年 11 月 28 烏茲別克斯坦塔什干。

加強合作報紙的出版標準、記者和編輯的培訓。2003 年 11 月 13 到 12 月 22 舉辦了對 Asia Plus 的記者培訓。2003 年 11 月 23 到 12 月 17 則是對 Varorud 報紙的培訓。該項工程的資金由 SDC 提供。

2002 年研究報告為吉爾吉斯的媒體形勢。三個地區性會議：在杜尚別（2002 年 4 月）關於伊斯蘭教和中亞，在阿拉木圖（2002 年 6 月）自然資源和中亞在杜尚別（2002 年 10 月）在中亞的轉型期。在烏茲別克斯坦報紙（2002 年 11 月）和塔吉克斯坦進行現場培訓。

關於中亞媒體的研究主要包括：CIMERA 和三個中亞國際組織的成功合作、中亞媒體在民主戰爭中的地位的研究、當前中亞媒體研究、媒體中的婦女研究。

2001 年研究報告為烏茲別克斯坦媒體形勢（2001 年 9 月）也舉辦了三個地區的記者培訓。三個區域會議分別是：在塔什干

（2001 年 4 月）關於中亞民族，文化和宗教少數群體的地位，在比什凱克（2001 年 6 月）關於區域一級的合作，一體化和解體，在中亞塔什干（2001 年 11 月）中亞 9 月 11 日的後果。在杜尚別開展六個月報紙媒體的網上培訓。

2000 年的研究報告針對的是塔吉克斯坦的媒體形勢，同樣進行了區域記者培訓和區域記者會議。

7. 中亞媒體現狀

古努拉托拉力娃（Gulnura Toralieva）在他的著作[5]中認為自由的鐘聲還沒有敲響，大眾媒介發展的形勢依舊嚴峻。中亞記者面臨著越來越嚴峻的壓力，迫害和暴力。獨立媒體的聲音越來越弱，特別是在網路上，新聞檢查和自我新聞檢查的程度進一步上升。

2008 年由巴黎無國界國際記者組織評定 173 個國家出版自由的言論自由指數，烏茲別克斯坦和土庫曼斯坦分別排名第 163 和 171。哈薩克斯坦（第 125）和吉爾吉斯斯坦（第 111）。吉爾吉斯斯坦已開始緩慢地失去了它在中亞地區資訊最透明的地位。這與聳人聽聞的殺害獨立的烏茲別克語報紙 Syosat 的編輯 Alisher Saipov 有關，該記者強烈的批評總統的政策——根據非官方的消息，這就是它被謀殺的原因。根據無國界記者組織的報導，今年吉爾吉斯坦的排名下降是因為該國媒介形勢的急劇惡

5　Gulnura Toralieva，The EU's approach to the development of mass media in Central Asia，EU Neighbourhood Policy EUCAM Policy Brief 23 July 2009

化。為了迫害記者，中亞政府頻繁的對他們加以誹謗罪──一個作為新聞檢查與自我檢查工具的手段。

在這之中最嚴重的問題是烏茲別克斯坦和土庫曼斯坦對網上言論自由完全的控制，哈薩克斯坦，吉爾吉斯斯坦和塔吉克斯坦當局也試圖調節公共網路的內容。

對於烏茲別克斯坦和土庫曼斯坦，古努拉托拉力娃提到，國際媒體和人權組織多次提到烏茲別克斯坦和土庫曼斯作為世界上壓迫的政府，給以大眾媒體最少的自由和公開度。

兩個國家都逮捕了大量的為外國獨立媒體工作的記者，這些中亞國家自己沒有獨立的媒體，人們只能接近政府和前政府的資訊來源。土庫曼總統 Gurbanguly Berdymukhammedov（2007 年 2 月掌權）將要把國家的形勢從高壓政權轉變的言論被證明是沒有根據的。

2008 年 9 月，由歐盟代表和中亞政府出席的安全會議中，無國界記者提出的聲明表明國際社會的行動並沒有提高烏茲別克斯坦和土庫曼斯坦的言論和資訊自由的程度。

在這些國家所有試圖獨立，批判的關於權威的報導都以逮捕，暴力和騷擾記者和他們的結果告終。

在土庫曼斯坦，根據國際人權組織的報告，歐洲自由之音的記者，Sazak Durdymuradov，在 2008 年 6 月被捕並遭到殘害。其他記者繼續面對前所未有的壓力，但是在土庫曼被害記者的數量依舊未知。

2008 年 10 月烏茲別克斯坦記者 Solidzhon Abdurakhmanov 因為擁有和使用毒品背叛 10 年有期徒刑，儘管他堅持該事實是捏造的。該判決發生在歐盟放鬆對烏茲別克斯坦限制的三天之後，這充分說明該國政府繼續從前的高壓政策。

開放網路促進會（The OpenNet Initiative）再 2007 年表明，在 CIS 國家中控制網路和新聞檢查最為嚴格的國家，可能只有北朝鮮，緬甸和中國較為嚴格的控制著外來網路資訊的流入。無國界記者組織已經將這些國家列入到「網路敵人（Enemies of the Internet）」的名單上。

網上資訊內容被政府機關控制，在烏茲別克斯坦 44 家網路的提供者，在限制之下只有一家是合法的。2004 年在遭到一系列的恐怖襲擊之後，烏茲別克斯坦對外部資訊的控制更為嚴格。政府指責伊斯蘭武裝份子的襲擊，但是他們正真的目標目前依然未知。2005 年政府向和平示威者開槍之後，情況變得更加嚴重。在這些事件之後，政府幾乎驅逐了所有獨立外國媒體的記者。

烏茲別克斯坦和土庫曼斯坦都特別關心外國網站資訊的過濾，安全部門有一整套的策略，包括關閉不友好新聞的網站，審查有可能為國外敵對媒體寫稿的記者的身份。

吉爾吉斯和塔吉克斯坦的情況是，2008 年，吉爾吉斯政權繼續對記者和報紙編輯進行騷擾和迫害，手段包括用武力壓迫後、或者利用刑事司法手段迫害所謂的「不友好記者」。但是他們試圖建立身體迫害的證據依然沒有成立。同時，在法院下達了一些罰款款項後，兩個著名的反對派報紙 Alibi 和 defacto 被迫關閉，在這種情況下就連歐洲一些最成功的報紙也是捉襟見肘的支付。這其中的一家報紙報導了一起撞車事件，事件最後涉及到總統侄子的死亡。法院判定該文發佈虛假資訊並以誹謗罪將該報紙告上法庭，該報其中一個編輯入獄，其他人為了避開政治迫害逃亡他國。

從 2008 年 10 月到 12 月，在吉爾吉斯 RFE-RL 和 BBC 被中斷，從 2009 年 1 月開始，政府試圖減少公眾接受外來的資訊。

根據國家電臺和廣播公司（就是該組織中斷了 BBC RFEEL 在吉爾吉斯的傳播）的意思中斷的原因是對合同義務的誤解，儘管國家廣播和電視公司之前宣佈了關於歐洲自由電臺的報告。

在吉爾吉斯政府還對網站進行更加嚴格的控制。立法機構宣佈了一個法律草案將網站等同於普通的媒介組織，強制它們在運作之前要註冊。

關於網站要向政府註冊的法律在吉爾吉斯 2001 年就已經實行，當時最近幾年這項要求更加嚴格。

非政府媒體組織 Adil Soz 表明網站對哈薩克斯坦政府的批評很快就會被關閉，公眾很難看到這些資訊。在一些情況下，用戶會被引入一個看似合法的網頁，實際上該網頁的資訊已經被篡改。

但是值得注意的是在哈薩克斯坦和吉爾吉斯，政府已經試圖改變法律控制大眾傳媒功能的現狀。2008 年兩個國家已經通過了修正案，但是這些改變帶來的也只有失望，在哈薩克斯坦記者繼續面對涉嫌誹謗的風險，然而新的法令至少減輕了對記者涉嫌誹謗罪的懲罰，然而直到最近這個法令只用於官僚指控各種不法行為。

在吉爾吉斯新的法令在 2008 年被總統簽署，計畫將國家廣播電視公司變成獨立公共廣播公司。根據一些批評，這項行動已經將國家變成先前總統有更多工具控制媒體的形勢。這種情況將使網路媒體的形勢更加惡化。新的法律要求網路媒介不少與百分之五十的內容的新聞由內部製作，一半以上必須是官方語言。一旦網路媒介組織陷入嚴峻的經濟狀況和人員缺乏的情形，他們不得不簡單的轉載俄羅斯或哈薩克斯坦電臺和電視臺傳播的資訊或者集體關閉。

在塔吉克斯坦，關於政府官員的 8 項起訴在過去的三年結案。2008 年 8 月，發生一起針對一個來自北塔吉克斯坦的記者 Tursunali Aliev 的誹謗罪起訴，該記者寫了一篇批評當地政府的文章。根據塔吉克斯坦國家獨立媒體 NANSMIT 組織的說法，這是一起當地政府官員迫害記者的案件並作為一種恐嚇其他記者的方式。

2008 年 10 月發表的一份報告[6]總結了哈薩克斯坦與吉爾吉斯媒體工業的主要特點。報告中寫到，蘇維埃共和國給中亞國家和它以前領土上的其他的獨立國家在媒體工業方面留下了混合的遺產。一方面，大眾傳媒是是社會上層建築意識的一部分，被看成是政治指導和控制的最重要的工具。另一方面，蘇維埃對媒體的支持意味著報紙，書籍和電子產品非常的廉價，可以得到更廣泛的傳播，有利於掃盲和教育的普及。隨著蘇聯解體和獨立國家的到來，後蘇聯時代的獨立的大眾媒體的數量劇增，這個時期被稱為短暫的黃金時代。只要新的後共產主義政權還沒有鞏固自己的政權，他們對大眾媒體的控制依舊疲軟。同時，因為對出版自有特別關注的西方民主組織的出現，使得政府在猶豫中加強對記者的壓力。

西方對外廣播繼續實施對前蘇維埃國家的傳播項目的同時，俄羅斯正在轉變的的媒體在專業性和受眾覆蓋面方面達到一定的高度。儘管克林姆宮加大了對俄羅斯媒體的控制，現在俄羅斯資訊的數量和多樣化程度仍然蘇維埃時期要好的得多。在相互媒體報導的品質和數量上，俄羅斯仍然是後年蘇聯國家最重要的

6　The examples of Kazakhstan and Kyrgyzstan:Political extremism, terrorism, and media in Central Asia, http://www.ijnet.org/ijnet/training_materials/report__political_extremism__terrorism_and_media_in_central_asia

政治和經濟夥伴。俄羅斯依然最能理解後蘇維埃國家,所以來自俄羅斯的媒體內容特別是關於娛樂方面的內容在該地區占主導地位。更何況,相當數量的勞工從中亞移民經濟發展人口下降的俄羅斯。然而,今天許多來自外國的其他心形式的節目正向俄羅斯傳播,儘管關於政治的節目不多,但是無所不在的廉價的例如美國的娛樂節目,拉丁美洲的肥皂劇,土耳其,中國和韓國的電視節目進入了該地區的媒體市場,同時當地媒體節目不多,品質低。哈薩克研究者的報告表明「哈薩克媒體產品缺乏創意,越來越常規。」

哈薩克斯坦和吉爾吉斯的研究經常批評外國控制的媒體很少注意到當地的發展和利益。然而,由於他們的節目,特別是娛樂節目品質更高,使得他們吸引了相當部分的觀眾。吉爾吉斯的報告總結出大部人通過莫斯科的眼睛看世界。另一方面,它提到本地記者缺乏提供足夠的新聞、時事報導、文化和娛樂節目的專業技能,以及必要的經濟和技術資源。

中亞大部分國家都有媒體法律和法規,但是就如吉爾吉斯的編輯說的,每一個媒體法規反過來都對每個國家的媒體自由具有潛在的威脅。新聞自由正由短暫的黃金時期邁向冰川時期。變得比後蘇聯初期更自信的中亞政府,正在穩步的縮小記者自由的範圍。他們的目的是限制反對派的觀點;直到現在,他們遭到國際組織的批評,如歐安會對中亞政府的擔心。他們越來越鞏固的權利使得他們減少對外來貶低的關注。當面臨維護權利,特別是臨近選舉的時候,當地政府更傾向於鎮壓媒體。

私有媒體通常非常謹慎,以避免與政府產生摩擦。他們依靠廣告和贊助獲得資金。他們小心的避免影響他們吸引市場份額的政治衝突。因此,新聞和時事報導特別是關於政治敏感問題

（如政治極端主義，宗教原旨主義和恐怖主義）不被私有媒體優先報導。對記者的政治和經濟壓力通常伴隨著威脅和人身攻擊。「Censorship by killing」（一個由歐安會媒體自由代表弗雷米迪夫創造短語）依然盛行，在吉爾吉斯和哈薩克斯坦的報導中經常會有記者失蹤和被殺的細節。

哈薩克斯坦和吉爾吉斯研究報告的作者們堅信增加對互聯網的是他們國家和地區媒體自由的決定性時刻。他們承認只有富有的和年青的群體利用互聯網進行政治交流，他們依然相信有擴大自由言論範圍的新的可能。儘管哈薩克斯政府已經關閉了一些網站，經驗證明政府很難組織新聞和資訊通過互聯網傳播到他們國家，中國的例子表明政府不能完全阻止未經審查的互聯網資訊。

一些參加在比什凱克和阿拉木圖舉辦的關於最初研究報告的公共討論指出互聯網業有利於激進意識的傳播。但是除了高技術的資訊傳播工具（如移動電話，互聯網，跨國界電視）激進分子也用一些傳統的方法傳播它們的世界觀，如傳單，廉價出版物，錄音和錄影帶，電腦光碟，在宗教佈道場所講話。這樣的低技術的，廉價的大眾傳播工具比互聯網或大眾傳媒更難阻止。

吉爾吉斯坦調查的主要結果

在處理政治極端問題和恐怖主義問題的時候，吉爾吉斯媒體表現謹慎。到目前為止中立的態度非常盛行，在調查中仍然有小部分媒體表現出積極的偏見。209 多個被檢查的出版材料在面對這些組織時，161 個表現中立，38 個消極和 10 個積極。例如，許多媒體報導事實顯示他們認同伊斯蘭政黨伊斯蘭黨基地組織成功的在其所在的國家傳播。十分之九對該組織的積極觀點出現

在南方媒體的報導上，南方媒體比北方媒體更多的報導政治團體活動。觀察者認為記者在報導這些問題的時候缺乏經驗，對事實也瞭解不多，記者只是簡單的再現他們接收到的資訊，缺乏深入的思考。吉爾吉斯的調查者認為目前為止大多數關於政治極端主義和恐怖主義報導都包含事實資料。大多數媒體都詳細的報導了基地組織和其他組織的經營的出版物的數量和其支持者被捕的數量。在極少情況下，關於政治極端主義和恐怖主義的主題的評論和報導被出版。209 個出版材料只有 8 個是分析文件。由 7 個採訪，7 個專欄，37 個長篇報導和 150 個新聞。

在吉爾吉斯的調查者總結到如果不出現意外和其他情況，大眾傳媒關於政治極端主義和恐怖主義的報導都是表面的。同時，這個主題不在媒體的議程之內。如果公眾想要瞭解這個主題的深層資訊，就必須從該地區俄羅斯，英國和美國媒體的報導中瞭解，或者在互聯網上瞭解。主要原因是記者對這些問題缺乏專業瞭解，此外，關於這些問題的報導對記者通常是困難和危險的，記者需要經驗和權威來源的合作以保證產生一個平衡和誠實的報導。

也有其他的原因，深度報導的旅行和通訊成本使得其接近互聯網的機會有限並對如何獲取網上相關資訊的缺乏瞭解。最後，關於政治極端主義和恐怖主義的報導可能危及記者安全，報導這一問題的記者需要獲得相關知識和技能方面的培訓。

中亞：媒介看門人說媒介自由還很遠

無國界記者歐洲辦事處的負責人 Pascale Bonnamour 說，中亞的媒介環境在過去的幾年裡變得越來越惡劣，主要原因是烏克蘭的橙色革命以及吉爾吉斯坦的在三月份的革命。她還說了由於

政治地緣的因素，這種形勢會更加惡劣，2004 年底，前蘇維埃共和國遭受巨大的危機，新聞自由是非常不穩定，許多反對派記者被逮捕，一些記者遭到毆打，獨立媒體殘酷鎮壓。

Bonnamour 還強調說腐敗獨裁的中亞政府將吉爾吉斯革命視為更加殘酷的鎮壓媒體的信號，她描述了該地區最為殘酷的國家土庫曼斯坦的情形。她認為土庫曼斯坦面臨著更嚴重的形勢，因為它與吉爾吉斯相鄰。她說土庫曼斯坦的記者遭遇嚴重的鎮壓，記者在獄中受害是很常見的事，恐怖主義成為當權者將記者送入監獄的主要手段。

Bonnamour 說，在哈薩克斯坦，不過，這種情況是相當消極的。如反對派主要報紙的編輯被哈薩克官方的俄羅斯警察逮捕。去年發生了兩起記者被殺的事件，也不排除是因為其他原因被殺的可能性，但是可以肯定的是，這兩起事件都是由於新聞報導活動引起的。

吉爾吉斯是唯一一個新聞自由狀況比較好的國家。革命之後的新的領導人強調增加媒體自由和國有媒體的私有化。

吉爾吉斯 Res Publica 日報的主編 Zamira Sydykova 說，政府控制的媒體正在審查之中，特別是這些報刊都與總統的家庭有關。這些報刊面臨困境，因為它們不能減少對政府觀點和總統觀點的報導，同時也遭到反對派的指責。現在它們沒法得到平衡的觀點因為許多反對派、專家、政治分析家、政客都不願意和這些媒體合作。

無國界記者組織強調吉爾吉斯事件對中亞產生了巨大的影響。Bonnamour 談到：「我並不確定者是否將要發生記者革命事件，但是如果出現嚴重的傷害言論自由，如記者被害事件，我想將要發生反應強烈的大規模記者遊行。」

CHAPTER 7

顏色革命與俄羅斯

俄羅斯，在顏色革命中冬眠的北極熊。當顏色革命在各國爆發，烏克蘭、格魯吉亞、吉爾吉斯斯坦相繼變色之時，俄羅斯一再表示嚴重關切，但卻往往由於實力不濟，以及以美國為首的西方勢力的重大壓力，而轉變態度；眼睜睜看著自己的勢力範圍一步步縮小。俄羅斯以「北極熊」的龐大身姿出現在顏色革命之中，卻沒能改變獨聯體國家和中亞地區愈演愈烈的變色之勢，它的命運，是否會反過來受到顏色革命的影響呢？

自蘇聯解體後，俄羅斯經過劇烈的社會變遷，不成功的「休克療法」使得俄羅斯經濟陷入谷底，至今未能全面恢復往日的榮光。普京時代，俄羅斯重現些許大國風範。但是「顏色革命」氾濫之時，俄羅斯也只能無奈地看著曾經的勢力範圍陸續變色，而無法有效遏制「後院」變色之勢。基於俄羅斯的傳統安全觀，俄羅斯對於「顏色革命」國家的事情絕對不會袖手旁觀。

2010 年 3 月 13 日，格魯吉亞某電視臺播放了一條俄羅斯入侵格魯吉亞的假新聞，引起全國恐慌。時隔橙色革命 6 年之後，烏克蘭又一次舉行大選，「橙色革命」中下臺親俄領導人亞努科維奇重新登上權力寶座，而季莫申科則黯然下臺。另一個變色的國家吉爾吉斯斯坦則陷入大規模的騷亂，政局仍未平穩。顏色革命爆發時，當時的各國反對派都一致希望能夠削弱與俄羅斯的聯繫，擺脫俄羅斯的影響，而向美國、歐洲等西方國家靠近，但世事輪迴，如宿命般，俄羅斯與這些國家的命運總是具有如此多的重合。

1. 顏色革命中：冬眠的「北極熊」

當烏克蘭、格魯吉亞、吉爾吉斯斯坦相繼變色之時，俄羅斯猶如一頭冬眠中的「北極熊」。俄羅斯以「北極熊」的龐大身姿出現在顏色革命之中，但是卻沒能改變獨聯體國家和中亞地區愈演愈烈的變色之勢。顏色革命在各國爆發之時，俄羅斯一再表示嚴重關切，但往往由於實力不濟，以及以美國為首的西方勢力的重大壓力，而轉變態度，眼看著自己的勢力範圍一步步地縮小。

在烏克蘭的「橙色革命」中，俄羅斯臨陣退縮。本來俄羅斯積極支持亞努科維奇競選總統，因為亞努科維奇承諾放棄加入北約、給俄語以第二官方語言地位、實行烏俄雙重國籍等。除了在大選前，普京總統先後兩次訪問烏克蘭，為亞努科維奇製造輿論聲勢外。在 2004 年 3 月 23 日，即第二輪選舉結果出爐，亞努科維奇獲勝的當日，普京就表示，他不能接受一些國際觀察員對烏大選持懷疑態度，烏克蘭有完善的權力機構，不需要別人指手畫腳，大選最終結果只能由烏克蘭總統選舉委員會來定奪。兩天後，普京還向亞努科維奇發出賀電，稱烏克蘭人民作出了有利於穩定、有利於鞏固國家體制和進一步發展經濟改革的選擇。但是最後俄羅斯又試圖顯示出「誰勝都一樣」的姿態，拋棄了親俄的候選人亞努科維奇。

2005 年吉爾吉斯斯坦舉行議會選舉，儘管連歐安組織都承認選舉本身沒有出現大規模舞弊行為，但是在反對派的倡議下，顏色革命依然在吉爾吉斯斯坦爆發，而且爆發了騷亂。早在 2005 年 1 月，阿卡耶夫就曾到莫斯科求援，以避免該國發生顏色革命。但俄羅斯卻認為吉爾吉斯斯坦的反對派與阿卡耶夫政府的矛盾只是權力之爭。而且由於俄羅斯在吉爾吉斯斯坦有軍事存在，因此俄羅斯認為無論誰上臺都不會損害俄羅斯的利益。之後，阿卡耶夫政府被迅速推翻。顯然，俄羅斯又一次打錯了算盤。

發生在烏克蘭、格魯吉亞（較小程度上）和吉爾吉斯斯坦的「顏色革命」，在前蘇聯的解體過程中扮演了重要的角色。這些範圍廣泛的公民反抗活動，導致了新的統治精英的出現，以及國家政治方向的改變，並有可能被認為是「反前蘇聯本質」的活動；換句話說，那些所謂的顏色革命是為了清除殘餘的蘇維埃主義統治制度。顏色革命導致了格魯吉亞和烏克蘭減少了與莫斯科的聯

繫，最終導致格魯吉亞與俄羅斯關係的決裂，以及兩國在地緣政治學方面對西方的重新定位。[1]

2005 年 6 月 3 日，在格魯吉亞首都第比利斯舉行了一次重要的獨聯體國家首腦會議。這次會議室在獨聯體一些國家先後發生「顏色革命」的背景下召開的。在此次會議上，「古阿姆」成員國在宣導獨聯體改革方面扮演了非常惹眼的角色。格魯吉亞總理諾蓋傑利認為，格魯吉亞、烏克蘭、吉爾吉斯斯坦等國發生政局變化後，其國內狀況發生了很大變化，獨聯體應隨之做出相應調整。

兩個月後的 8 月 21 日，格魯吉亞總統薩卡什維利和烏克蘭總統尤先科簽署宣言，呼籲波羅的海、黑海、裡海地區的「民主國家」結尾聯盟，成立「民主國家聯合體」。這些事件都表明顏色革命後的烏克蘭、格魯吉亞等國與俄羅斯漸行漸遠。

在歐盟採取更廣泛的歐洲鄰國政策和 2004 年發生在烏克蘭和格魯吉亞的顏色革命之後，西方對蘇聯解體的態度發生了重大的改變。自蘇聯解體到最近五年，新近獨立的國家（Newly Independent States，NIS），包括波羅的海國家，被默認為是「俄羅斯殘餘勢力的影響範圍」，而且無論是歐盟還是北約都沒有打算在不諮詢莫斯科的情況下就開展重大專案。到 20 世紀中期，歐盟和北約，就像獨立的國家比如美國、英國和中國，針對中亞、莫爾達瓦和高加索地區制定了自己的戰略。幾個新近獨立國家通過正式或非正式的方式表達了希望看到「區域外參與解決領土衝突」。例如，格魯吉亞向北約和歐盟都遞交了申請，希望用自己

---

[1]　Alexander Nikitin, Chatham House,《The End of the "Post-Soviet Space" The Changing Geopolitical Orientations of the Newly Independent States》, RUSSIA AND EURASIA BRIEFING PAPER REP BP 07/01

的維和部隊取代俄羅斯在阿布哈茲（Abkhazia）和南奧賽梯（South Ossetia）的維和部隊。亞塞拜然歡迎美國和土耳其軍隊的幫助以及歐盟在納卡地區的潛在政治和外交作用。莫爾達瓦同意在該國和烏克蘭邊界上的歐盟邊界檢測行動。前蘇聯地緣政治戰略的調整正在進行。舊的一體化模式，例如：獨聯體（CIS）、古阿姆集團（GUAM）、中亞合作組織（Organization for Central Asian Cooperation，OCAC），已經在逐漸減少或者解體。新的模式，如上海合作組織（SCO）、疾病控制中心（CDC），以及烏克蘭和格魯吉亞的倡議與北約合作，都已超過了前蘇聯的活動範圍。[2]

在普京的第二個任期內，普京的外交政策受一個信念的強烈影響──西方的敵對可以幫助俄羅斯反對改變現行的制度，就如西方在烏克蘭和格魯吉亞所做的那樣。[3]

2. 俄美角力影響獨聯體[4]

俄羅斯對於獨聯體的政策基本上是盡量不使用軍隊，除非美國希望發動一場小規模戰爭，這樣俄羅斯和美國交互影響獨聯體國家將會成為常態。美國對於獨聯體國家具體政策的影響會加強，而俄羅斯會側重於加強對於政權領導人的影響。

---

[2] Alexander Nikitin, Chatham House,《The End of the "Post-Soviet Space" The Changing Geopolitical Orientations of the Newly Independent States》, RUSSIA AND EURASIA BRIEFING PAPER REP BP 07/01

[3] 《Perceptions of foreign threats to the regime: From Lenin to Putin》, Vladimir Shlapentokh，http://www.sciencedirect.com/science?_ob=ArticleURL &_udi=B6VGF-4WW16PR-1&_user

[4] 吳非、胡逢瑛，〈俄美角力影響獨聯體〉，《大公報》2010 年 2 月 26 日。

2 月 10 日，烏克蘭總統選舉中，親俄反對派領袖亞努科維奇以 48.95%得票率，險勝得票率 45.47%的現任女總理季莫申科。亞努科維奇隨即發表勝利演說，呼籲季莫申科辭去總理職位，避免國家面臨另一場危機。季莫申科副手兼副總理圖爾奇諾夫隨後發表聲明，指選舉存在系統性舞弊，「嚴重影響結果」。應該講，如果亞努科維奇政治操作手法細膩的話，烏克蘭會平穩過度，民眾會拭目以待看新政府親俄羅斯政策的結果。在這個回合中，俄美兩個超級大國在烏克蘭的角力，以俄羅斯暫勝告一段落。

俄羅斯「等待政策」奏效

在烏克蘭、格魯吉亞和吉爾吉斯發生顏色革命之後，普京周邊的智囊在總結經驗時，最集中的意見就是，此時俄羅斯絕對不能夠出兵這些國家以改變選舉或者顏色革命後的結果，俄羅斯需要在一定程度上尊重西方國家滲透的結果。俄羅斯需要採取的措施，首先是防止西方國家在俄羅斯內部的滲透，如果俄羅斯一些知名記者掌握一些官員或者領導人的行為劣跡，俄羅斯需要掌握這些非政府組織和記者們的行動和擴張的細節。俄羅斯一位知名女記者之死據說可能與其本人掌握車臣戰爭細節有關係，這裡可能存在一種「不是你死就是我下臺」的關係。

普京周邊的智囊核心多數是在七十年代末八十年代初對抗西方的冷戰專家，這與總統梅德韋傑夫周邊的智囊有非常大的區別。梅德韋傑夫周邊歐洲派比較多，國際對抗的經驗較少。普京的一些智囊認為，在俄羅斯歷史上，彼得大帝是施行西方式的政治改革，葉卡捷琳娜則在沒有觸及西歐利益的前提下，將沙俄向東方、南方擴張，而真正向西歐擴張的沙皇是亞歷山大。當亞歷山大打敗拿破崙後，沙俄的軍隊進入巴黎。俄羅斯有一派的智庫

就認為，把拿破崙的軍隊趕出沙俄或者只進入普魯士就好，進入巴黎使得西歐直到現在為止，都對俄羅斯抱持敵意。另外，史達林在二次世界大戰取得勝利之後，在東歐的快速擴張，同樣引起西歐國家的不安，特別是蘇聯在匈牙利、捷克和東德的擴張，使得美國有長期存在於歐洲的理由。同樣，1917年十月革命和1945年後芬蘭脫離蘇聯也是當時政策的失誤。

蘇聯不應當在西歐國家的地緣政治地盤擴張，是俄羅斯智庫的一個共識，同樣俄羅斯需要盡全力阻止西方國家在獨聯體國家擴張。儘管有一些獨聯體國家的經濟實力並不強，如格魯吉亞和吉爾吉斯，但這些國家地理位置重要。這其中需要讓這些國家適當釋放當初對於蘇聯政策的不滿情緒，比如八十年代在烏克蘭發生切爾諾貝利核電站洩露事件，直到現在為止，住在周邊的居民仍然受到核輻射的危害。烏克蘭對於俄羅斯的怨氣是可想而之的。

現在非政府組織和美國的利益集團已經深化其在獨聯體國家的利益。2006年，索羅斯基金及開放社基金會需要哈薩克斯坦對石油、天然氣和礦業公司審查和銷售透明化，為此基金會建立名為「石油利潤－公眾監管」的機構，該機構是索羅斯基金會發起的非政府組織聯盟，旨在監督哈薩克斯坦執行開採工業透明倡議的情況。該聯盟的分析促進了政府頒佈關於透明性的政令。其中最重要的政令是規定所有的石油、天然氣和礦業開採公司，在哈薩克斯坦參與新項目投標之前，必須簽署採掘業透明度行動計畫（EITI）。

顏色革命是權力重整

獨聯體國家對於選舉中出現的問題，慣常採取的態度就是讓軍警直接鎮壓，此時媒體則開始大量宣傳選舉中的弊端，在非政

府組織和年輕學生的組織下，加上原本國民對於生活的不滿，街頭運動成為顏色革命主要的表現形式。俄羅斯社會活動家伯里斯‧卡加利茨基就認為，在獨聯體國家發生的顏色革命，是政府內部不同意見者在無法取得一致意見之後，借助非政府組織、媒體發動街頭運動，將現政府推翻。最後這些國家實行的政策儘管親西方，但獨立傳媒則消失了。尤其在格魯吉亞對南奧塞梯動武之前，沒有任何的媒體發出不同的聲音來提醒薩卡什維利這一冒險行動。在格魯吉亞、烏克蘭、吉爾吉斯發生的變革，時間、地點和原因不同，但基本上這些所謂的革命並不是自下而上或者自上而下的革命，它應該是權力的重組。此時，非政府組織發揮了重要的作用，媒體的第四權和媒體監督政府的思想得到強化。

自蘇聯解體之後，獨聯體國家主要的媒體與政權是合作的關係，除了白俄羅斯基本上在與俄羅斯保持表面的交往外，其他都選擇與西方國家進行深層次的接觸。比如在格魯吉亞、烏克蘭和吉爾吉斯幾乎每個月都有政府官員與美國的參議員或者歐洲議會的成員進行視訊會議。在視訊會議上，美國的議員經常會對前獨聯體國家進行政策性的指導並袒護美國公民在獨聯體國家的行為。

交替影響將成常態化

美國政府本身並不希望在獨聯體國家的政治運作中扮演任何角色，這主要是因為按照俄羅斯人的地緣政治思維，獨聯體國家是俄羅斯的政治涵蓋範圍，但美國希望獨聯體國家轉變其根本制度，而獨聯體國家的領導人對此認識並不十分清楚。直到現今為止，格魯吉亞前總統謝瓦爾德納澤還對媒體表示，自己並不知道為何會得罪美國，而導致美國全力支持反對派薩卡什維利的政治力量。

格魯吉亞的問題在於 1999 年俄羅斯打擊車臣恐怖主義時，謝瓦爾德納澤沒有支持俄羅斯的行動，而且放任車臣恐怖分子在兩國邊境活動。同時謝瓦爾德納澤在國家沒有資源情況下，發展親西方模式，錯誤認為這樣就可以獲得好處。烏克蘭反對派的主要基地是該國西部和中部地區，而當時政府候選人支持者在烏克蘭東部和南部。在吉爾吉斯發生的鬱金香革命，首先是在南方發生，然後迅速向首都擴散。

　　俄羅斯對於獨聯體的政策基本上是儘量不使用軍隊，除非美國希望發動一場小規模戰爭，這樣俄羅斯和美國交互影響獨聯體國家將會成為常態。美國對於獨聯體國家具體政策的影響會加強，而俄羅斯會側重於加強對於政權領導人的影響。

3. 俄羅斯嚴防「顏色革命」

　　據索羅斯基金會 2005 年 4 月 2 日至 3 日所作的社會調查顯示，對於俄羅斯是否會發生「顏色革命」的問題，回答「是」的占 38%，回答「否」的占 41%。儘管兩者相當，但這充分說明了問題的嚴重性。面對接二連三的顏色革命，俄羅斯疲於應付之際，在國內也採取多種措施，以防顏色革命在本國發生。

立法限制非政府組織在俄羅斯的活動[5]

　　2005 年，美國國會決定投入四百萬美元發展俄羅斯政黨。俄政府認為這類資金將透過非政府組織進入境內，支援反對黨從事

---

[5]　胡逢瑛、吳非：〈俄慎防爆發顏色革命〉，《大公報》2006 年 11 月 9 日。

選舉競選活動及政治抗議活動，因此俄羅斯非政府組織法案明顯對美國此舉提出反制。

俄羅斯的英文報紙《莫斯科時報》2006 年曾以頭條新聞刊登了題為「七十七家非政府組織在俄羅斯被迫停止活動」的消息，俄羅斯是否限制公民活動與新聞自由再度成為話題。10 月 27 日將是在俄羅斯活動的非政府組織向俄司法部門提出申請的最後期限，一旦過了這一天，所有沒有註冊登記的非政府組織將會被視為非法活動，有可能面臨必須被勒令停止在俄羅斯的所有活動，或是組織資金被凍結的尷尬境地，這對於在俄羅斯從事非政府組織活動者或是西方國家而言，不能說不是一項巨大的壓力與打擊。因為媒體與非政府組織是西方影響俄政治運作的兩個關鍵管道，自從普京執行媒體國家化行動與今年初非政府組織管理辦法正式出臺後，俄羅斯與西方國家之間的信任關係又進入了另一個低潮，這個矛盾將隨著決定後普京時代的俄羅斯總統大選的迫近而逐漸進入白熱化階段。

反制美國政治操控

西方國家與國際性的人權組織對於普京政府的舉措都感到相當的不滿，因為從全球化與人權無國界的角度來看，非政府組織與商業媒體可以說是西方國家最有效快速地向俄羅斯輸入資金與人才的最關鍵的兩個管道，一旦管道受堵，俄羅斯又將變得不可捉摸和難以親近的國家，世界又將從美國主導的單極走向兩極甚至美俄歐中的多極化發展，屆時西方將更加恐懼這個超級軍事和能源大國。2006 年 1 月 10 日，俄羅斯總統普京簽署了國家杜馬提交的管理非政府組織法案。贊成法案的議員認為這將有利於俄羅斯對抗恐怖活動，避免恐怖組織利用非政府組織輸入資金

在俄境內從事恐怖活動。許多觀察家相信這是繼格魯吉亞、烏克蘭和吉爾吉斯發生顏色革命之後，俄政府的一個防治舉措。根據人權與民主發展中心的資料顯示，在俄羅斯大約有超過四十萬個非政府組織進行活動。去年 11 月 18 日俄羅斯杜馬通過一千七百萬美元發展俄羅斯的公民組織，一般認為這是針對去年美國國會決定投入四百萬美元發展俄羅斯政黨的反制舉措。俄政府認為，這類資金流向將會是透過非政府組織進入俄羅斯境內，進行支持反對黨從事選舉競選活動及政治抗議活動，因此俄羅斯非政府組織法案明顯是對美國此舉提出反制的作法。

俄美缺乏共同語言

西方非政府組織的資金在俄羅斯進行政治運作經常有幾種走向：一是資金部分流向反對派政黨或政治人物的手中，支持他們進入國會與執政黨相抗衡；另一種取向就是支持俄羅斯學者的研究計畫，研究成果將成為西方國家制定對俄政策的重要參考依據；另外資金還會提供俄羅斯新聞記者到西方國家進行培訓，西方國家藉著培養政治經濟或是媒體精英影響俄羅斯的政策決定，這些人才或是精英與記者返國之後一般都是比較親近西方國家，彼此之間有共同語言。俄羅斯管理非政府組織法案主要是防範第一種類型的活動，這樣一來，普京將能控制下屆總統大選的成敗，避免顏色革命在選舉時爆發。總體而言，關懷少數族群、性別歧視、疾病醫療等議題是促進美國移民社會和諧的長久議題；而關注多數福祉、國家整體國力與社會安全則是俄羅斯的重要議題，如何關注少數與多數兩者之間的意識形態分歧，並從中找到共同語言與平衡基點，恐怕是美俄彼此的共同課題。

寡頭媒體控制輿論

　　俄羅斯反對派政治人物的意見與親西方的精英、學者、記者的意見一般透過親西方的商業媒體成為公共意見的主流，擁有西方資金背景的商業電視臺透過新聞節目議程設置與框架建構功能，形成輿論，從而影響俄羅斯民眾的思維。商業電視臺在上世紀九十年代由於議題新鮮聳動，曾經有最高的收視率，由於當時俄羅斯民眾對於政治議題普遍關心，但在民主轉型的初期，他們普遍缺乏對新聞內容的免疫與識別能力，很容易受到影響而改變自己的政治取向，再加上民眾對自己的生活普遍感到不滿，很容易與反對派勢力結合，成為推翻政府的力量。在葉利欽執政時代，即使民眾對他在九十年代初期經濟改革失敗感到不滿，但是西方國家由於自己存有瓦解俄國和害怕俄共勢力重新掌權的私心，在 1991 年政變後和 1996 年俄羅斯總統選舉時支援了葉利欽，通過有西方資金背景的獨立電視臺全力支援葉利欽連任總統，與此同時，葉利欽的私有化政策回饋寡頭的方式，就是讓寡頭控制了俄羅斯能源與媒體等重要營利領域。俄羅斯寡頭的媒體控制了輿論，私有化的能源企業則滿足了西方國家發展工業所需的能源供應與能源價格。葉利欽選擇普京作為接班人對俄羅斯振興國力有利，但對於西方國家控制俄羅斯政治經濟、支持西方國家經濟發展、削弱俄羅斯對西方國家的軍事威脅完全不利，最後葉利欽還是選擇了復興俄羅斯這條道路，普京可以說是葉利欽政治決定的結果，普京執政之後的任何的政治決定都與俄羅斯的國家利益有著密切的關聯性。這種疏離性對西方國家而言，不得不承認是一項巨大的威脅。

組織「青年禁衛軍」，防範「明星效應」，奪取輿論陣地

　　青年學生大規模的參加到顏色革命中，成為推翻政府的積極力量。為避免如此局面，俄羅斯成立了名為「我們」和「歐亞青年聯盟」等親政府青年組織，將俄羅斯青年組織起來。據俄羅斯媒體稱，「我們」這個組織受到了普京總統的支援，按照克里姆林宮的計畫，將主要以 18 到 22 歲的年輕人作為發展對象，重點是大學生等知識份子。在「橙色革命」中，烏克蘭的流行音樂家在鼓舞示威者士氣上發揮了重要作用。俄羅斯方面也注意到了這個問題。普京的親信與俄羅斯的搖滾明星們見面，希望他們能在俄羅斯發生類似的反抗運動時待在家裡，至少要保持中立。

　　對於青年學生和搖滾明星的關注，只是俄羅斯爭奪輿論主導權的一小步。更重要的是對於大眾媒體的控制。儘管普京總統從 2000 年起，就開始出手媒體寡頭。通過經濟和法律手段，使得古辛斯基的「橋」媒體集團和」獨立」電視臺以及別列佐夫斯基控股的公共電視臺都進入了國家管理的軌道。普京當局基本上奪取了輿論導向的主導權，財團控制的媒體不敢像以前一樣肆意妄為。2004 年的別斯蘭人質事件，普京當局整治了與當局報導方針相左的《消息報》。這一事件更是確立了俄羅斯媒體在新聞報導中要堅持愛國主義的原則。

4. 提出政改方案、「主權民主」和「可控民主」

初提「主權民主」與「可控民主」

　　普京利用 2004 年 9 月發生的別斯蘭人質事件的機會，及時啟動了醞釀已久的政治體制改革，以增強重要的掌控能力。這不僅是對顏色革命的預防之策，更是對俄羅斯未來發展有重要作用的重大舉措。改革後的俄羅斯政治體制是「超強總統體制」。普京政府的政治改革既有歷史原因，也有現實需要，目的是加強國家的統一，避免重蹈蘇聯的覆轍，不使俄羅斯再度分裂。

　　對於俄羅斯的政治體制改革，美國國務卿賴斯 2005 年 4 月 19 日在前往莫斯科訪問的飛機上表達了她對俄政改的意見。她說，普京通過削弱國家杜馬和司法部門來加強重要集權，這另華盛頓不安；美國隊普京取消直接選舉州長感到不解。她還認為俄羅斯的「顏色革命」前景光明。

　　面對美方的非議，普京政府也大談民主，不過這個民主是「主權民主」和「可控民主」。從俄羅斯的歷史現實出發，獨立選擇發展民主的道路。並強調美國不應該借民主問題干涉俄羅斯內政，以及俄羅斯的強大和發展重於民主自由。畢竟，戈巴契夫的新思維民主搞垮了蘇聯，葉利欽的寡頭民主搞亂了俄羅斯。普京政府提出的俄式民主不同於美國的民主模式，它增強了國家政權對於民主的可控性。

　　此外，國內政策方面，俄羅斯政府還開展「為了誠實選舉」的活動，對俄聯邦安全局加強改革和培訓等。而在外交方面，俄羅斯重新調整了政策重心。一方面強化俄白聯盟，鞏固俄反對北

約束擴的最後一道屏障。此外，對於烏克蘭、格魯吉亞等變色的獨聯體國家採取又打又拉的戰術，一方面大打經濟牌，尤其是利用能源牌來使得變色的獨聯體國家不得不與俄羅斯保持密切聯繫。近幾年，俄羅斯與烏克蘭之間不斷的因為能源問題討價還價，就是最明顯的例子。另一方面，對於日益渙散的獨聯體，加強獨聯體的內部建設。以獨聯體為平臺，加強與顏色革命國家的聯繫，實現對話和交流。

西方逐漸接受俄式民主[6]

西方國家和俄羅斯和解的跡象，就在於對俄式民主的認同，這有別於中國和西方世界在市場經濟運作的認同。俄羅斯改革重點在於，考慮如何分配能源收益和保持公民機會面前的平等。其對外說明和推銷已經開始，讓西方開始逐漸接受俄式民主成為俄羅斯外交重點。

據俄羅斯《生意人報》報導，俄羅斯常駐北約代表羅戈津2009年12月7日宣佈，2010年俄美將舉行聯合軍事演習，地點尚未確定。早在2009年11月25日羅戈津在布魯塞爾宣佈，俄與北約已徹底結束自去年以來的對抗，準備在軍事領域展開密切合作。2009年12月4日，在俄與北約理事會外長級會議上，雙方宣佈因南奧塞梯戰爭而凍結的雙邊軍事合作正式解凍，同時將簽署一項允許俄專家維護在北約成員國和阿富汗使用的蘇制軍事裝備的協定。面對西方世界和俄羅斯的一連串動作，使得相關分析人士不由得懷疑，自冷戰之後西方國家和俄羅斯的隔閡已經解開。從現在的動作看，西方國家和俄羅斯和解的跡象，就在於對

---

[6] 吳非、胡逢瑛，《西方逐漸接受俄式民主》，2009年12月13日。

俄式民主的認同，這有別於中國和西方世界在市場經濟運作的認同。中國的認同方式符合自身特點，但不夠長遠，常容易出現糾紛，中國也應該完整論述中國式民主模式的框架。

俄與西方隔閡解開

　　臺灣中研院特聘研究員、臺灣大學政治系吳玉山教授，最近發表專文表示：為什麼俄羅斯的民主表現出現了「一般俄國民眾的主觀評價」和「西方學術機構的客觀評價」之間巨大的差距？一個可能的原因，是普京政府對於大眾傳播媒體的控制，影響了民眾對於周遭環境的認知，因而沒有察覺到自由的限縮和民主的倒退。另外一個更大的可能是，西方學術機構對於各國民主表現的評價方式，由於考慮到跨國比較的方便，並沒有針對各地的國情進行設計，因此無法反映俄羅斯的實況。事實上，對於俄國民主表現的瞭解，沒有參酌俄國人民的實際觀感，是大有疑問的。

　　俄羅斯在落實民主框架時，注意了一個問題，就是內外有別。對外俄羅斯比較強調主權完整下的民主進程。自蘇聯解體以來，俄羅斯聯邦不但面臨來自獨聯體國家、東歐國家和西方社會的壓力，而且俄羅斯內部也存在分裂的危機。首先是高加索地區的車臣及其周邊地區，然後是遠東地區，最後還有一塊飛地，與俄羅斯不連接在波蘭和德國之間的加里寧格勒地區。對於車臣及其周邊地區，俄羅斯主要採取軍事鎮壓和懷柔的策略，直接定位遠東地區為軍事發展地區，避免過度商業化後的遠東地區被中國同化的危險。

　　當初在蘇聯解體前，蘇聯內的俄羅斯聯邦民眾認為自己的經濟實體最強，反對聯邦向其他加盟共和國提供資金和資源。但當蘇聯解體之後，俄羅斯聯邦民眾才發現適當的資金和資源支援對

獨聯體國家是合算的。對於俄羅斯的國家安全而言，穩定的獨聯
體國家是俄羅斯對外政治擴張的保障，如果獨聯體國家陷入混亂
和內戰，俄羅斯國內的安全首先就受到威脅，尤其是恐怖事件頻
發，毒品氾濫，是最近俄羅斯國內主要的問題。俄羅斯如果不能
穩定獨聯體國家的話，俄羅斯在世界能源價格的定價權也受到威
脅，比如烏克蘭會影響能源輸出的管道，中亞國家會把自己的資
源亂賣，高加索地區則直接把能源產地販賣給西方。

主權民主成為首選

「主權民主」的討論，便是以蘇爾可夫為首的克里姆林宮理
論家們，希望能夠擺脫西方的壓力，以俄羅斯本身的國情來搭建
出適合本身的民主體制，也可以說是民主制度和民族主義的糅
合，或是「具有俄羅斯特色的民主」。那是一種對於葉利欽時期
以西方的民主模式馬首是瞻的反動，也是對於烏克蘭與喬治亞顏
色革命的抗衡和俄羅斯施展軟權力的表徵。

主權民主應該是俄羅斯高層智庫用來對外解釋俄羅斯民主
發展的方向。如果俄羅斯不保留主權的話，不但不能首先享受民
主帶來的好處，而且馬上會面臨國家的分裂，對此民主政策沒有
任何的好處，而且地方選舉制度還會促進主權的分裂。

西方國家必須承認民主在俄羅斯的起點非常低，而且在蘇聯
強權下為國民帶來榮耀之後，民眾其實只希望吸收西方民主中的
自由成分，而對於經濟、政治體制、政黨形態、立法方式等各方
面的接受，思想準備不足是現實主要情況。而且西方國家在蘇聯
和東歐國家推行民主的人士，很多抱持冷戰思維，在很大程度
上，這些人的思維是以要消滅蘇聯政權為首位，民主為手段或者
思想武器，宣傳民主中的事例，多為金錢下的特殊示範，這些事

例並不具備普遍性。這樣的特殊人士宣傳的西方民主具有兩面欺騙性，表現形式是蘇聯民眾以為實行民主後就進入金錢和自由的天堂，西方國家也認為民主是自己的主要優勢，而馬克思所提出的西方社會主要優勢機會平等則被忽視。

平等應是改革重點

現在包括俄羅斯和中國在內，內部改革的重點在於公民是否可以機會平等的享受發展帶來的好處。實行民主最大的問題，就在於民主無法解決經濟增長的問題。在經濟增長下逐步落實民主精神，這是中國現在施政的主要方向。民主不光是選舉，在每個方面都應該體現，在西方國家和俄羅斯和解的跡象，就在於對俄式民主的認同，這有別於中國和西方世界在市場經濟運作的認同。俄羅斯改革重點在於，考慮如何分配能源收益和保持公民機會面前的平等。其對外說明和推銷已經開始，「讓西方開始逐漸接受俄式民主」成為俄羅斯的外交重點。

5. 俄羅斯的民主歷史

後蘇聯時期的俄羅斯走過了怎樣的民主歷程，呈現怎樣的民主生態，俄羅斯的政黨又是如何運作？〈後蘇聯時期俄羅斯的力量和政黨〉[7]一文回答了其中的部分問題。

---

[7] Vladimir Shveitser, Power and Parties in Post-Soviet Russia, "*Russia in Global Affairs*". № 2, April – June 2009

該文作者是弗拉基米爾・施維斯特（Vladimir Shveitser），他是俄羅斯的多黨政治系統俄羅斯科學院歐洲研究所的首席研究員，也是 21 世紀政黨和政治科學理事會的副主席。他在〈後蘇聯時期俄羅斯的力量和政黨〉中寫到，從一黨到多黨的制的轉變反映了在蘇維埃存在的最後時期不同的觀點開始在公共領域表達。這說明政治看門人蘇聯共產黨不能處理當時國家存在的主要問題。蘇維埃社會的各種危機突然揭開了它表面的繁榮，摧毀了人們關於共產黨的信仰，迫使黨重新調節自己的位置。三個秘書長的調換與當時共產黨的領導地位的三個基本趨勢驚人的一致：安全機構改革的趨勢，保守主義的趨勢，和民主改革的趨勢。

葉利欽在政治舞臺上的出現只能看成是一個孤獨的英雄的誕生。事實上，在面對政治保守派時他個人的勇氣反映了許多共產黨中低層次的人對各種被稱為「停滯現象」的不滿，這種不滿一直延續到改革派獲得權利之後。另一方面，由蓋達爾利加喬夫和伊凡波洛茲科夫領導的保守派的存在不僅僅反映了省官僚的個人野心，同時也表現了對戈巴契夫的反對。

隨著蘇共的減少，出現了新興的政治活動階層。非蘇共成員——首先是一些積極的知識份子和研究人員——越來越的活躍在俄羅斯大型工業中心，在非正式的公共討論會中趨於集中。正是這些活躍份子首先提出建立西方式政治組織的問題。1989 年到 1991 年是蘇聯政治活動的動盪期。新的選舉制度的引進使得可以提名非共產黨的候選人，甚至是對蘇共持批評態度的人。蘇維埃人民代表大會的其他區域性代表團體和俄羅斯民主組織出現在最高蘇維埃的選舉中，這其中還包括許多非官方團體的成員，這些可以成為一股強大政治力量的原型，這股政治力量可以成為在力量鬥爭中，俄羅斯共產黨的對手、甚至是整個蘇

維埃聯盟的對手。在上述立法活動中，民主意識的活躍促進了多黨制的合法化。

蘇聯存在的最後一年，那些標版民主的人沒有團結起來建立一個政黨。1989年12月，新生力量的精神領袖安德列‧薩哈羅夫（Andrei Sakharov）的死亡和葉利欽事實上拒絕領導俄羅斯民主黨，使得它後來成為一個由野心勃勃的政治家領導的多個小團體的奇怪混合體。葉利欽堅信他是作為國家領導人掌握國家權力的，而不是作為反對共產黨的廣大公共民主力量的代表上臺的。

在1991年8月蘇共的政變企圖失敗後，葉利欽終止了蘇共的活動並在後來用法律訴訟反對這種行為明顯的沒有加強俄羅斯的多黨制的政治系統。相反，他為抵制任何政治反對力量採取相關行動提供了先例。對於那些在1989年到1991年急於參加政治浪潮的人，就要改變一下思想並考慮自身的安全。另一方面，俄羅斯總統和他的雜牌兵迅速成為新的形勢下國家的精英。這種轉變不需要在選舉中的政治勝利，也不需要來自親葉利欽官員領導的政黨的努力。

他還提到20世紀90年代混沌的多黨制。1992年到1993年的俄羅斯政治經濟動盪為政黨活動開了一個頭。一方面，俄羅斯聯邦最高蘇維埃的許多代表利用自己的官方身份各自選區的支持，他們建立一些政黨，這些政黨的名字裡包括這樣一些字眼：民主，社會主義，人民，並且始終存在俄羅斯這個詞。但是很快就證明這些政黨就像紙房子，禁不起政治鬥爭的考驗。本質上，這些所謂的政黨由議會代表的助手運行；這些助手希望在可以預測的未來裡得到一個合法的有利的位置，目的是在權力行使部門實現自己職業生涯的戰略目標。

而 21 世紀早期權利金字塔的參與者，弗拉基米爾・施維斯特在文中稱，乍一看，普京在職八年似乎戲劇性的改變了俄羅斯的政治政黨系統。但是，事實上，他只是給了已經形成的趨勢以推動作用，這種趨勢在他的前任時期就已經開始形成。20 世紀 90 年代末國內政治和社會經濟的不穩定和暫時的，波動的外交政策已經在一定程度上影響了俄羅斯政黨的發展。普京時代經濟發展的穩定使提高了富人的社會經濟地位，使中產階級的生活更加容易，降低了低收入者的生存門檻──這些和其他因素促使當局在沒有各種反對派主要阻力的情況下改革政治系統。

　　權力的金字塔在葉利欽時代形成，總統在最高層，並由總統的行政部門組成框架。後者在政府層面上實施並有國家杜馬同意（儘管經常遭遇挫折）。整個權利垂直在普京時期保持其最佳的形狀。在宗派，個人友好關係和專業合作的基礎上小心的選擇行政職業人員，再加上寡頭的資本，有助於形成一個現代化的垂直權利。

　　在普京的第一任期間黨的組成部分，首先是國家杜馬，不能成為一個阻礙，在第二任期時漸漸變成行政部門的支持力量（儘管不是主要的）。普京的八年總統生涯最終以無條件的霸權絕對的支持制度和忠實反對者的輕微反對告終。

　　21 世紀第一個十年俄羅斯政黨數量部分人工和部分天然的減少有必要限制政治領導人和國家官員的互相融合。2008 年的政治選舉為俄羅斯的政治層面帶來了兩個同樣強大的人物：普京和梅德韋傑夫。這個因素在一定程度上放鬆了總統共和制嚴格的結構，這個結構早在葉利欽時代就已經被建立。儘管來自統一俄羅斯的正式邀請，總統依然保持他的中立的聲望，普京已經知道了自己的如何去做──他同意成為統一俄羅斯的主席，但是沒有成

為它的正式成員。這種情形在歐洲政治實踐中前所未有，為重新回到國家高層獲得政治支持的欲望和對正在鑒定的政黨——它們的功能主要是，在區域和本土層面可能漸漸捲入高層腐敗醜聞——的恐懼可以解釋這種行為。

上述議論的結論是，俄羅斯當局需要這些偽政黨保持一個尊重民主的假象。當局不希望使自己完全遠離政黨系統，並希望忠誠的政黨能夠在社會經濟急劇惡化的條件下成為一種「安全墊」。然後政黨可以將自發的集群活動轉變到溫和的議會活動中。當局認為這個策略可以在 20 世紀九十年代政治活動發展的中心行使。在地區的政黨保障具有同樣的重要性，又有政黨力量的本地領導人必須向民眾答覆。它們的作用就好像避雷針——他們必須轉移自發的公共抗議。為了創造政黨參與組建地方政府的假象，地方選舉的贏家現在可以提出省長的候選人。

在經濟危機的敏感時期，重新審視政黨力量對自發的集群行為的可能的反映，我們不排除當局可能還沒有預見的統一俄羅斯可能的分裂或只是俄羅斯變成更小的政黨。寡頭的三駕馬車——州政府，商人（包括私人的或公共領域的）和安全機構不能夠完全協調他們在危機時期的位置。在經濟危機的轉折時期，這三架馬車中的個別成員可能偏離原來的軌道並建議人們用他們自己的方式戰勝危機，新的領導人政黨構成範圍十分狹隘。但是這種發展與由權威階層努力建立的整個權力系統的崩潰只有一步之遙。因此想接近克林姆宮的權利精英要試圖——當然如果時間足夠的話——找到一個折中的解決方式去改革這種垂直權力並防止它被拆除。

謝爾蓋・卡拉加諾夫（Sergei Karaganov）從另外一個有趣的角度解讀了網路上 20 世紀的民主歷史。他身兼多職，還是歷史

學的博士。他將 9 視為魔幻數字[8]。他寫到本文在這一章節列舉了 1919、1929、1939、1949、1959、1969、1979、1989、1999 在國際上發生的大事。這些事件都具有很強的歷史意義。

當俄羅斯自願放棄帝國,俄羅斯人希望迎來「歐洲一家親」的新時代並產生一個「一個統一和自由的歐洲」。這不僅僅是在自我欺騙,每個人都在預測到那個時候歐洲將會是什麼樣子。這就是為什麼克林姆宮認為歐洲體制不擴張的書面保證是沒有必要的,只要美國和德國領導人的口頭允諾就已經足夠了。

俄羅斯不僅更多的承受了共產主義的專政,而且為了結束專政俄羅斯比別的國家做得更多。這就是為什麼冷戰結束之後,俄羅斯並沒有感到被戰敗和預測到光榮的和平。然而,在經歷開始幾年的猶豫之後,西方開始以勝利者的姿態審視從蘇維埃共和國遺留下來的恐怖主義。北約的擴展從 1994 年到 1995 年開始,擴張的前兩個階段沒有意識形態的痕跡,但是有一個願望就是利用俄羅斯的混亂和脆弱鞏固戰利品。

一開始,只要符合一定的標準就可以成為北約的成員。後來即使是條件最好的地方也被放棄了。在北約成立 60 周年的會議上 2009 年 5 月,阿爾巴尼亞——可能是歐洲最落後的國家但佔有十分有利的位置——允許進入先進的民主國家行列。冷戰時期歐洲的劃分主要基於意識形態和軍事對抗。大陸的地緣政治分工從沒被提及。但是,當意識形態和軍事威脅沒有了之後,曾經被隱藏在背後的舊的地緣政治又回到前列。

---

[8] Sergei Karaganov, The Magic Numbers of 2009, "Russia in Global Affairs". № 2, April – June 2009.

關於接納俄羅斯加入北約的想法不會成為現實——莫斯科並沒有為此準備好，或許是因為俄羅斯的加入會使北約面目全非。這種說法是相當有根據的。如果俄羅斯加入北約，美國對北約的控制就會減小，該聯盟就會變成一個泛歐洲安全的組織，而不再是一個西方軍事和政治地緣的集團。

俄羅斯反對北約的抗議被忽視了。虛弱的俄羅斯在 1997 年與北約簽署的相互關係，合作與安全條約是錯誤的。這份文件使集團的擴張獲得了政治上的合法化。作為交換，俄羅斯只得到了現在還無用的俄羅斯北約理事會和一大堆無意義的或已經破裂的承諾。例如，華盛頓計畫在波蘭和捷克共和國建立導彈防禦系統屬於戰略力量，這些是違背文件的基本精神的。

北約成員在該地區不再佈置核武器的承諾只是一個愉快的安慰而已，沒有誰計畫佈置這些。至於不再這些國家佈置大規模的常規武器，他們根本不會執行。他們計畫建立大量的軍事基地並且已經完成了一些。從另一方面講，文件並沒有限定「大規模」力量的範圍。

北約對俄羅斯邊境的擴張和被納入北約的國家（這些國家因為前幾個世紀的挫折和失敗對俄羅斯有著複雜的歷史情結）在聯盟中反俄情緒會越來越高漲。隨著這些國家數量的增多，讓聯盟回到遏制莫斯科的原始任務上來的壓力會增大。

儘管北約努力的改變自己形象，但是與前二十年相比俄羅斯隊對北約的態度更加敵對。我不認為北約威脅或者可以威脅到俄羅斯。北約在過去不能，更不用說現在了，它在阿富汗的行動就清楚的表明了這一點。

政治上，北約的擴張已經成為歐洲安全的主要威脅。因為它的擴張，以前的對抗（「舊東方」和「舊西方」）將被新的對抗（一

邊是俄羅斯，一邊是美國和「新歐洲」）。舊歐洲是基礎並不會走太遠。這種新的對抗出現在新的背景下和越來越不穩定危險的世界裡。

冷戰沒有在政治階層（包括俄羅斯的政治階層）的意識裡消除，也沒有在體制上和組織上消除。冷戰機構，包括北約和歐安會──以服務冷戰為基礎建立起來的──仍在一次又一次的創造對抗。

在 2005 年左右，美國一次有一次的推動北約擴張，這次是烏克蘭。要在中歐佈置導彈防禦系統的計畫使世界分化的危險越來越大。俄羅斯給予強烈的反對──是因為他已經意識到阻止歐洲恢復新領域的對抗機制的必要。

我希望，從歷史角度來看，格魯吉亞襲擊南奧梯賽和俄羅斯的反應是一件富有成果的事件。南奧梯賽人、俄羅斯人、格魯吉亞人，不管他們誰死在戰場上，他們的犧牲都不是白費的。俄羅斯軍隊強烈的回絕了北約的擴張，如果不回絕，者必然導致更大範圍的鬥爭──不是在格魯吉亞，而是在歐洲的中心，烏克蘭周圍。

如果美國和歐洲繼續試圖擴展北約，俄羅斯將別無選擇，只有在核導彈防禦處於高度戒備的條件下尋求庇護並做最壞的打算給對方以最大的打擊。然後人們將不得不忘記用合作的方式解決全球問題。

在核對抗層面上任何重大的削減都是不可能的。（當然，在不確定和有恢復對抗風險的條件下，在核武器方面的一些削減是可能的和可取的，但是這些只是為了擺脫過時和不必要的系統以加強整個核武器潛力的成效。）

作為一個擁有豐富石油的國家，我不認為俄羅斯會在其行動上表現任何程度的軟弱。相反，他準備著採取更加強硬的措施──特別是他們將有藉口解釋國內的問題受外來威脅的時候。俄羅斯將不得不忘記政治和經濟現代化。因此，新的對抗對歐洲來說是一場戲劇，對世界是又一個問題，而對俄羅斯人民將是一場悲劇。

謝爾蓋·卡拉加諾夫認為，大歐洲（包括美國和俄羅斯）迫切的需要一個新的和平條約和一個新的框架，框架的界限不僅在冷戰時期下，而且在開始於七十年前的第二次世界大戰下──2009年這個數字再次富有意義。雅爾達條約和波茨坦公告並不是和平條約，只是歐洲分裂的臨時協定。

冷戰和第二次世界大戰的未完全清除給了危險產生的空間。如果北約堅持擴張，那麼俄羅斯將從一個修正主義的狀態轉變到復仇的狀態。歐洲人由於他們的復仇和貪婪已經在第一次世界大戰之後（他們強加給德國不平等的凡爾賽條約）犯了一個相似的錯誤。我們絕不允許這樣的悲劇性錯誤再次發生。

俄羅斯已經提出簽訂一個關於泛歐洲安全的條約來克服目前的情況。俄羅斯總統梅德韋傑夫在去年夏天首先表達了這一想法。擬議的條約或者是系統協定必須在世界大戰和冷戰下畫一條界限。如果不這樣做，歷史就會重演，那些關於共同抵抗危險和挑戰的努力都是不現實的。

現在在極度不信任的時期（「新時代」和經濟危機惡化）談論理想結構是不容易的。但是我們必須在歐洲和大西洋地區考慮一個最佳的關係框架。同時，計畫創造一個新的管理全球經濟和關係的體系是沒有用的。

歐安會將轉變成一個歐洲集體安全和合作組織（OCSCE）並擁有新的功能，這個新的組織不再有冷戰的基因。但是，未來的條約必須重申赫爾辛基法案（the Helsinki Final Act）關於不侵犯邊界的規定，以防止進一步的國家分裂或利用武力是國家統一。科索沃、南奧賽梯和阿布哈茲必須成為被武力打破的最後國家。潘朵拉的盒子必須關閉，至少在歐洲。

如果事情能夠發展到戰勝從 20 世紀就遺留下來的對抗問題，我們就可以談論美國和俄羅斯大幅度的削減核武器，甚至是在軍事政治領域他們政策的合作。同樣也包括危機狀況下的合作，就像在阿富汗。

這是歐洲大西洋擬議制度的一部分，它必須也必然包括美國。

在歐洲，一個集體安全條約必須輔之以建立一個歐洲聯盟的條約——以共同的經濟空間，擁有跨國公司生產，運輸和分配能源的共同的能源部門，共同的免簽證區域以及在國際舞臺上俄羅斯和歐盟協調的基礎上的俄羅斯和歐盟的聯盟。

當然，俄羅斯與歐盟的關係有政治地緣的因素和競爭的因素，甚至有時競爭的因素會更加強烈。但是與北約不同的是，歐盟的產生沒有對抗的因素，這就是為什麼歐盟與俄羅斯有更大的合作潛力。

在解決世界最重要的問題時，泛歐洲的結構可以與中國、俄羅斯、美國的三角互動關係相互補充。上海合作組織在涉及美國和歐盟的工作上必須擴大，至少作為觀察國。

特別要注意考慮建立一個管理全球經濟和金融的新的系統，如果以前的對抗問題沒有解決的話，這個系統的創造會更加困難。

德米特里・弗曼（Dmitry Furman）教授是俄羅斯科學學院歐洲研究所的高級研究員。他是一個歷史學博士。2009 年 6 月份的《俄羅斯全球事務》上刊載了他的文章〈新自由主義：一個變化的情景〉[9]，分析了梅德韋傑夫總統治下的俄羅斯可能產生的民主轉變。

　　德米特裡・弗曼認為民主的轉變取決於社會，而不是政府。他說，毫無疑問俄羅斯的總統梅德韋傑夫希望俄羅斯變成一個法治的自由國家。一個天真的憤世嫉俗者（憤世嫉俗者必然天真）將會認為人們肯定會說「自由總比不自由好」，而實際是在想聰明的我不是在欺騙這些傻瓜嗎？

　　人們總是有許多不同的希望；他們的意願可能與每個其他人相反，自由可能離他們之間最強大的人很遠。但是，讓我們想像一下總統確實是想讓我們的國家步入更加民主的道路。這就更容易想像，這更是因為他的親民主性，可能與他的自然願望相對照的與合法性相關的願望，例如獨立的行動，真正的而不是正式的個人權力，尊重和受歡迎度。

　　這是一個理想的，自由的情形，所以讓我們更加仔細的分析一下。

　　整個故事一個特定的階段開始（現在已經開始被談論），標誌性的姿態是現任總統梅德韋傑夫已經與前任總統普京產生了一定的距離。經濟危機日益加重，梅德韋傑夫輕度地批評了政府的官僚作派和在極端條件下處理問題不力（這種想像已經發生）。民意調查顯示了對總理疲軟的信任。梅德韋傑夫作了一系

---

[9]　Dmitry Furman, The New Liberalism: A Scenario with Variations, "Russia in Global Affairs". № 2, April – June 2009

列的講話，說到批評源自於從前的錯誤。但是每個人都明白誰是正真的意味著我們。總統的支援率開始高於總理，總理突然要支付危機管理費（這雖然沒有發生，但是好像快了）。

這並不是事情重要性的全部，但是卻有一個象徵性的意義。每個人都在等待事情的高潮。作為一個好人，總統明白他欠總理很多，但是他也明白政府的缺陷，他個人對社會的責任以及國家的利益，這些高於他的個人情感。隨著時間的推移，普京作為總理的信譽會下降（他下一步要做什麼將是俄羅斯的痛，但是我們可以思想到一些東西）。接下來發生什麼，人們不會太關心，這是最高官僚渴望看到的，民主依舊被擱置。西方同樣會感到滿意，他們希望分歧會得到緩和。與梅德韋傑夫會見之後，美國總統奧巴馬說他觀察俄羅斯總統的眼睛並意識到梅德韋傑夫是一個正真的民主勇士，將把他偉大的國家帶進全面的現代化。而對於阿布哈茲和南奧塞梯，我們會用一些方式處理。

接下來是最討厭的離職事件和傳聞人物的離開時代（普京的蔬菜），一些高層職位將由擁有最新思想和最完善的經濟頭腦的人擔任。如果有任何國家將從危機中恢復過來的跡象（因為任何危機遲早會結束），公共輿論將會自然的把這些跡象和普京的離任，新的任命聯繫起來。俄羅斯電視臺（該電視臺的高層可能已經被調換或者離開）已經開始播出諷刺最近制度的電視節目。電視臺可能要播出最著名的諷刺節目 Kukly（Puppets），包括最臭名昭著的將普京描述成 Little Zaches 的場景，普京摧毀了舊的 NTV 電視臺。根據弗拉基米爾索羅金 Vladimir Sorokin 的小說改編的電影《The Day of the Oprichnik》獲得了巨大的成功。2012年梅德韋傑夫會壓倒多數再次當選。就像一般人說的那樣，「感

謝上帝我們將離開普京時代」或者「我們知道的並不多，是嗎？」或者「我們從來沒有支持過普京」。

這種景象會變成現實嗎？毫無疑問將這變為現實需要努力工作和遇到一系列心理和政治上的困難，但是我認為這是有可能的。兩個故事線索是掛鉤的，這些也非常平常——他們已經在歷史上上演了許多次。第一個故事暗示了統治者放棄了將他推向寶座的人，這個人認為統治者應該感激和聽話。例如，皇后安娜立即擺脫了她的第一支持者。蘇俄埃所有的領導人都用同樣的方式這樣做了。普京在早前也擺脫了 Boris Berezovsky。

第二個故事線索描述了自由在統治者（他的或剛性或柔性使人們最終厭倦）退出之後來臨——就像亞歷山大一世在保羅一世後登上王位，亞歷山大二世在尼古拉斯一世後登上王位。這個故事最終會合並成一個。這兩個故事線索將合併成一個。統治者將拋棄將他推向王位的人並且會通過引進民主的措施是自己越來越受歡迎。

當你設計一個腳本，很容易給一個結局，寫上「完」並讓故事有一個令人滿意的結局——民主的力量戰勝了反對的聲音。但是在實際歷史中，結果沒有完結，故事逐漸發展或者慢慢變成許多不一樣的東西。所以讓我們看看故事將如何發展。

最初，自由會在總統受歡迎度和個人權利方面得到增長，但是之後就可能出現一些不可避免的問題因為任何自由都不可能保持在一個完全無害的水準上。用你的手堵住你自由的嘴巴，他將開始咬你的胳臂。

自由並不是唯一一個社會力量，社會還有許多可以描述的元素。還有韃靼人，車臣人和 Ingushes，共產黨人，愛國者，甚至國家布爾什維克者。一些人最終發現「普京時代會更加有秩序」。

總統將對他們說：「你們不想回到過去，是嗎？」然後對其他人說：「你們確定不想回到 1990s，是嗎？」如果你認為 2008 年是在遙遠的逼近。總統有不可估量的機會。他可以停止搗亂，再看看 2018 年他能找到一個他完全信任的人當選為總統。（此外，他甚至可以修改憲法和獨立連任數次。）但是為了使這個變為可能，他將不得不再次加緊對社會的控制並稍微對其解凍。他將通過人的本性和政治本性來推動這一切。這樣的事情經常發生，理想的考慮將完全配合這些這些行動——他們不會讓「不負責任的言論決定政治，或者進一步控制國家。

但是這將意味著國家不會發生改變；我們將繼續生活在專制的國家——和沙皇時代，蘇維埃時代一樣。19 世紀諷刺作家米哈伊爾薩爾特科夫，謝德林就出色的描述了這所有的一切。

通過民主擊破最高權力是解決社會民主轉型問題的第一步，這個步驟是不充分但非常必要的。但是，你不能要求總統準備了他自己被擊敗。最好的期待的是渴望民主和法制的總統在與反對派的鬥爭中不會逾越特定的屏障；例如，他不會偽造表決結果，不會切斷反對派媒體，不會在一些人有反對跡象的時候指控他們偷稅。

例如戈巴契夫——一個不願意被打敗的普通人。他一直戰鬥在最後並盡力抓住任何可能的勝利。但是在他面對失去權利和國家衰落的時候，他並沒有按照他的本性和通常意識去做事，違背了他自己的目標或她自己為自己所定的標準。這是一個很少發生的事情，通過戈巴契夫自身經歷和後戈巴契夫時代發展的經歷顯示，我們還沒有為一個成功的民主社會轉型準備充足。

這整個故事不在於在 2012，2018，或 2024 年會選舉某個不在權力中心的人或某個國家掌舵人精心挑選的人。問題的關鍵是

勝利者不應該加強他在權力方面的權利,如葉利欽和普京所做的。我們應該為權利打開一條在統一標準下的公平競爭的道路,確保勝利者和失敗者能夠在同一方向改變位置,我們必須保證這一進程不會被立即封鎖。這樣的事情在白俄羅斯發生,盧卡申科通過民主選舉走上權利巔峰。但是,他立即決定他不會讓這樣的事情再次發生。為了阻止這一切,勝利者必須至少在民主和法律價值第一位方面做出承諾,在承諾無法兌現時,有一個強勁的反對黨能夠阻止他非法篡奪權力。最好的情況是沒有人能夠取得壓倒性勝利,並且為新的政權服務舊的權力的支持者不會馬上消失。同時,正是由於這種原因,很難想像在俄羅斯發生像葉利欽之類的勝利。

這些事並不是很難理解,但是當你靜靜的坐在辦公室裡理解這一切是一回事,當你正處在在政治漩渦之中理解這一切又是另一回事。即使在失敗已經卡住了他的脖子的時候,讓掌權者在與敵人鬥爭時不逾越法律屏障都是困難的。

這就是我們為什麼要清楚的意識到自由的場景相當現實,但是這並不能幫俄羅斯解決今天的主要問題──民主轉型。甚至可以說,自由的場景與民主轉型沒有關係。民主轉型不可能是政府的主要工作,它是社會的主要工作,並且只能通過危機(是深入的政治危機,而不是經濟危機)和社會跳躍來解決。總統的自由願望和行動只能促進該問題在將來的解決,他能做的僅僅只有這些。最好不要立即試圖去解決這個問題。我們已經這樣做了兩次,每次都無濟於事。第三次嘗試將在以後發生,他應該會成功,這樣我們就可以避免再一次士氣受挫。但是我們現在必須理解這一問題的重要性,理解他的本質和他帶來的巨大困難。

6. 俄地緣政治擴張

2008 俄格之戰[10]

俄羅斯外交、軍事、安全系統等各部門開始回歸地緣政治的思維，這對於中國來講，需要持續觀察，看看這種地緣政治會不會對中國構成衝擊。

格魯吉亞與俄羅斯2008年8月13日就停火協定原則達成一致，但雙方「口水戰」絲毫沒有「停火」跡象。不僅格、俄互相指責，非當事方的美國和北大西洋公約組織也相繼捲入。現今的停火協議包含「將所有軍隊撤回駐紮地」內容，但格魯吉亞方面13日稱，一支俄羅斯部隊當天進入格方戰略要地哥里。哥里距格魯吉亞首都第比利斯不足100公里。這次，俄羅斯的軍事行動可以說是卡住了這八年美國在高加索地區和中亞地區擴張的咽喉。

外交戰略初勝

對此，臺灣政治大學俄羅斯研究所所長王定士教授認為，格魯吉亞發生的戰爭是普京外交戰略的暫時勝利，但隨著局勢的發展，是否普京所代表的以國家利益為中心思想的外交戰略取得最終的勝利，還有待觀察。這次兩國的局部戰爭基本上是建立在地緣政治的理論基礎之上。在 1992 年蘇聯解體之後，俄羅斯所擅長的地緣政治嚴重落後，最後被美國網路科技為代表的全球化所

---

[10] 吳非、胡逢瑛，〈俄地緣政治擴張〉，《大公報》2008 年 8 月 23 日，http://www.takungpao.com/news/08/08/23/LTB-950886.htm

覆蓋，但這並不表明俄羅斯的地緣政治已經無用，畢竟直到現今，儘管蘇聯已經解體，但在國土面積上俄羅斯仍然是世界上的第一大國。

對於格魯吉亞問題，王定士教授一針見血地指出，在「911」事件之後，美國利用一切的可能，在阿富汗、中亞等國家、高加索國家、波羅的海國家和伊拉克，發動全面的外交攻勢，這對於正在修養生息的俄羅斯來講，幾乎沒有任何的緩和餘地，最後在無可奈何的情況下，俄羅斯歡迎美軍進入中亞，佔領阿富汗，讓波羅的海三國加入北約，讓高加索國家發生顏色革命。在這八年的時間內，美國攻城掠地，幾乎把阿拉伯國家和裡海國家的能源都涵蓋在自己的勢力範圍。

格魯吉亞是這兩個地區的連接點，如果這次俄羅斯成功佔領半個格魯吉亞或者讓格魯吉亞的三個省獨立，這樣美國這八年的軍事、外交努力就付諸一炬了。這其中俄羅斯就鑽了美國國家個性上的空子。格魯吉亞本身是山地國家，本身資源不十分豐富，但只是地理位置重要，這樣使得美國對於格魯吉亞的經濟、政治投入都十分有限。俄羅斯在地緣政治的驅使之下，對於任何的貧瘠土地都不會嫌棄，這其中的標誌就是「之字形外交」，就是在國力比較弱時，採取隱忍，但當國力雄厚時，再向下深耕。

尤其在領土問題上，任何國家都不要去招惹俄羅斯，在俄羅斯的歷史上，俄羅斯向來是只要吃進去，就不會吐出來，在外交上的緩和，一定不要以領土為標誌，一定不要和俄羅斯談任何領土問題。在領土問題上，可以形容俄羅斯為一個吝嗇貪婪的土財主，這包括日本的北方四島問題，也包括現在的格魯吉亞問題，除非俄羅斯再次解體，俄羅斯最擅長的就是領土擴張。

軍事外交轉型

俄羅斯外交轉型正在形成,其主要標誌就是「以戰求穩」。所謂「以戰求穩」就是當新任領導人上臺之後,不論是獨聯體國家還是其他西方國家,對於俄羅斯新領導人都不十分尊重,這樣俄羅斯領導人非常需要一場戰爭來證明自己的能力和實力,這包括兩次車臣戰爭,也包括這一次。

對於俄羅斯的外交轉型,上海華東師範大學國際關係與地區研究院院長馮紹雷教授就曾指出,擅長於縱橫捭闔之術的俄羅斯經常以一物降一物的方式,利用周邊地區利益格局的分殊,在各大力量之間兵來將擋,水來土掩,多年來也成就了一番大國氣派。尤其是在普京執政時期,不光借助於國內經濟的逐漸走向復甦,而且他敏銳地捕捉住俄羅斯國內人心思定,民族情緒正在重新聚斂的歷史機遇,利用俄羅斯國民對於車臣危機以及恐怖主義侵害的極端痛恨,大刀闊斧地重整國內政治與經濟格局,並且以此作為依據。同時也充分運用其得天獨厚的能源為武器,以實用主義路線引領外交,積極主動地盤活外交資源,以其獨特的風格和精明的謀算活躍於國際平臺,獲得了世人的高度關注。

一位俄羅斯友人這樣來總結普京的外交:從客觀上說,俄羅斯可資利用的外交資源要遠甚於國內的政治經濟資源,但普京的果斷謀略與其大國情懷,使他經常能夠在外交逆境中扭轉潮流。

錯誤的戰爭

對此,著名國際問題評論員何亮亮先生就直接在〈格魯吉亞總統賭輸了〉文章中點出,格魯吉亞總統薩卡什維利在奧運會開幕之時突然派兵進入南奧塞梯,如意算盤是,乘俄總理普京到北

京之際，強行攻入南奧塞梯，造成格魯吉亞收復該地區的既成事實。如果俄強硬對付，可以獲得美國為首的西方國家支援，甚至可以拖北約下水，讓北約與俄羅斯對抗；在國內則可以轉移民眾對他的不滿，為自己搖搖欲墜的執政地位打一劑強心針。

另外還有專家認為，這次的格魯吉亞戰爭現在還有很多的疑點。首先是為何在戰爭開始階段，俄羅斯可以馬上調動兩萬人的精銳部隊到戰場；其次是格魯吉亞的軍事挑釁的程度到底如何，直到現在還沒有具體數位顯示；最後雙方在開始階段，各自射殺的平民的數字也沒有，有的是口水和雙方認定的種族屠殺。

可以肯定的是，這次俄羅斯外交、軍事、安全系統等各部門開始回歸地緣政治的思維，這對於中國來講，可以說是一個訊號，畢竟中國和俄羅斯有著最大的地緣政治的接觸。儘管有俄羅斯外交官私下表示，此時，俄羅斯最需要來自中國的外交支持。但此時，對於俄羅斯的軍事外交攻勢，中國需要持續觀察，看看這種地緣政治會不會對中國構成衝擊。

7. 俄將武力擴張地緣政治[11]

俄羅斯武力擴張地緣政治的可能性是存在的。現在仍然存在俄羅斯被西方激怒的可能性，發生武力擴張和局部戰爭的可能性也仍然存在，但表現形式會很多樣。這個議題的熱炒，也從側面證明俄羅斯地緣政治運用的成功。

---

[11] 吳非、胡逢瑛，〈俄將武力擴張地緣政治〉，《大公報》2009 年 3 月 17 日，http://www.takungpao.com.hk/news/09/03/17/LTB-1050136.htm

2009 年，金融寡頭索羅斯連續發表三篇文章分析世界石油價格下跌後地緣政治走向，索羅斯預測石油價格暴跌有可能讓俄羅斯採取「新軍事侵略行動」。對此，臺灣政治大學前俄羅斯所所長、現任亞太和平基金會董事長趙春山教授提出，俄羅斯未來兩年存在「武力擴張地緣政治版圖」和「保護能源經濟成果」的可能性仍然需要探討，索羅斯的判斷過於聳動，盡顯寡頭個性。

　　筆者認為俄羅斯武力擴張地緣政治的可能性是存在的，但問題在於前提，如果是美國、歐盟或者其他小國持續挑釁俄羅斯，那麼反擊應該就是俄羅斯武力擴張的模式。西方媒體普遍報導，去年 8 月 8 日俄羅斯痛擊格魯吉亞後，普京的民望降低。事實上，俄外交部所屬的國際關係學院的多數教授都認為，這次痛擊做得非常出色，而歐盟在格魯吉亞的運作中失去角色，讓美國胡作非為。俄媒體的街頭調查，都顯示出民眾不完全贊成戰爭手段，但卻都支持俄羅斯國家行為。民眾的支持在表達上都不願意牽扯普京個人，這也方便了西方媒體的片面炒作。

　　英國《每日電訊報》專門派出記者來到遠東地區進行實地考察，得出俄當局出現了權力之爭的結論。梅德韋傑夫上任大半年來與普京關係不錯，但現在情況發生變化。似乎是在夫人斯韋特蘭娜的鼓動下，梅德韋傑夫開始變得很自信，並敢於批評政府經濟救助計畫效果不理想，不過他沒有把矛頭指向普京。同時，梅德韋傑夫開始小心翼翼在克里姆林宮內建立自己的政治圈。傳說普京的親信、俄總統辦公廳第一副主任蘇爾科夫也倒向了梅德韋傑夫。對於這些來自英國的新聞，俄羅斯一家名為 NEWSLAND 的小網站進行翻譯和轉載，但這種報導都不在俄主流媒體報導範圍裡。

現在西方媒體熱炒梅德韋傑夫和普京之間是否存在矛盾，以及兩人是否在政治運作上存在主次之分。問題在於，如果梅德韋傑夫和普京之間存在矛盾，那麼兩人的矛盾點在哪個方面？另外，俄羅斯武力擴張的可能形式是哪一種呢？

對於這個議題，首先是媒體人最感興趣，其次是金融家。2009年3月5日，俄羅斯報紙網進行調查，題目為：對於俄羅斯而言現在是否存在戰爭的威脅？子問題為：俄羅斯明天是否會發生戰爭？結果50%網友認為存在，45%認為不存在，5%認為很難講。而在2003年這項調查也曾進行過一次，當時47%認為存在，40%認為不存在，8%認為很難講。調查細項顯示，俄羅斯右派民主人士認為俄羅斯這八年經濟充分發展，但在人權方面則存在重大問題，此時俄羅斯不可能發生戰爭，如果發生打代理人的戰爭最好。

俄民眾有危機感

2009年1月31日，統一俄羅斯黨組織了一場遊行，遊行隊伍的口號就是：我們相信梅德韋傑夫和普京！梅德韋傑夫比較重視俄羅斯國內的發展，但這一主導權是在總理府。普京在經濟危機發生初期確實存在輕視和注重外交的問題。外交應該不是2009年俄羅斯的重點，在這一點上，很多俄羅斯智囊都普遍有共識。俄羅斯杜馬老議員、普京的老朋友盧金就在《俄羅斯報》發表文章，認為俄羅斯人權和國內經濟建設還存在巨大發展空間。2000年後俄民主在政治體制內得到保障，但人權發展卻存在嚴重的問題。另外，重新塑造消費市場，應該是普京的主要任務，風光的事就讓總統梅德韋傑夫去幹吧！

最近，隸屬於俄天然氣工業集團公司的《專家》雜誌發表〈俄羅斯是否準備好和烏克蘭來一場天然氣戰爭〉一文。文章指出，

俄羅斯必須充分牽制烏克蘭總統選舉，扭轉顏色革命後的敗局。烏克蘭存在分裂危機。

俄國際關係學院國際新聞系首席教授阿爾秋莫夫認為，讓亞努科維奇領導的地區黨在總統大選中盯住季莫申科聯盟和尤先科的「我們的烏克蘭——人民自衛」聯盟，然後再全力支援函式庫奇馬，接受分裂的烏克蘭，也是可能的選項之一。

從俄羅斯整體戰略而言，如果在北朝鮮發生戰爭，也是成本最小，影響力最大的。對此，《生意人報》在調查中發現，幾乎所有的俄羅斯人，尤其是歐洲部分的俄羅斯人，都不願意為可能發生在亞洲的這場戰爭而戰，並且無論是普京還是梅德韋傑夫周邊的智囊，朝鮮問題專家很少。國際關係學院的校長達爾顧諾夫其實就是南朝鮮問題專家，但他屬於葉利欽時代的人物，其意見未必能夠為普京所接受。

儘管普京周邊這樣的智囊很少或者是沒有，但並不表示這種可能性是不存在的。

梅、普磨合期已過

2008 年當普京和梅德韋傑夫各自站好自己的戰鬥崗位後，尤其是在 2008 年 8 月 8 日俄羅斯對於格魯吉亞進行軍事反制後，西方國家的媒體開始全面展開對俄羅斯領導人的雙核體制提出質疑。其實在最初階段，可能普京和梅德韋傑夫都存在角色調整的問題，就是普京在俄羅斯對外關係中儘量減少角色，而梅德韋傑夫的工作，則主要是配合和支持普京的內政和外交政策。從今年 1 月份開始，俄羅斯媒體對於普京的報導已經轉到俄羅斯的國內建設。

西方國家的媒體在面對一個已經在地緣政治上崛起的俄羅斯時，採用的手段就是見縫插針和離間。對此，俄羅斯基本對策是置之不理，讓梅、普的雙核體制逐漸成熟。現在仍然存在俄羅斯被西方激怒的可能性，發生武力擴張和局部戰爭的可能性仍然存在，但表現形式會很多樣，不一定會出兵，也可能出兵維持穩定。這個議題的熱炒，也從側面證明俄羅斯地緣政治運用的成功。

8. 俄羅斯與上海合作組織

亞歷山大・盧金（Alexander Lukin）是莫斯科國立關係學院東亞和上海合作組織研究中心的所長。2009 年，他在一篇文章[12]中稱危機之後俄羅斯外交事務的首要事項是加強在中亞的力量。他寫到，考慮到美國和中國可能的友好關係，俄羅斯必須在兩個方面同時採取行動：積極尋求與華盛頓的相互理解，不僅如此，俄羅斯還要在雙邊和多邊的基礎上發展與中國的合作關係。俄羅斯還要加強與非西方世界的雙邊和多變關係。俄羅斯與東亞國家，甚至是美國盟國（日本和韓國）有著穩定的政治和經濟關係，還和印度，中國建立了雙邊交流體系，同時還加強了與拉美國家的關係。在這種情況下，俄羅斯應該著眼於提高它在一些國際組織中的地位，如上海合作組織，RIT（俄羅斯・印度・中國），BRIC（巴西・俄羅斯・印度・中國），東盟地區論壇（ARF），亞

---

[12] AlexanderLukin, Russia to Reinforce the Asian Vector, "Russia in Global Affairs". № 2, April – June 2009

洲太平洋經濟合作組織，朝鮮核問題六方會談（特別是其中關於東北亞安全的問題）。這些組和團體必然成為世界多極化的一個不可缺少的元素。

在這樣的形勢下，亞歷山大・盧金認為上海合作組織和金磚四國——替代性上升。上海合作組織對俄羅斯的重要性在於它是在西方國家不參與的國際組織的框架下，協調俄羅斯和中國利益，特別是在中亞的利益的首要平臺。這個平臺作為加強與其他非西方國家的合作的基礎顯得非常重要，何況印度在該組織擁有觀察員的地位。與 RIC，BRIC 不同，上海合作組織是一個成熟的國際組織，這符合俄羅斯不讓它變成另一個論壇的利益。為此，上海合作組織，特別是秘書處，應該積極的得到發展並擁有更多的權力，這種體制才能讓它們更加主動。

發展上海合作組織的另一個方法是開展開展成員國之間的真正的經濟合作，現在這種合作還沒有展開。這樣的合作可以為該組織的穩定運作和建立一個關於中亞的外部武裝力量提供基礎。上海合作組織的能源俱樂部可以在協調世界上最大的能源生產國，國境國和消費國利益方面發揮特殊的作用。該俱樂部已經宣告成立兩年多了，但是直到現在還沒有運作。

金磚四國是理想變為現實的典型。這個詞是由經濟學家吉姆奧利爾提出的，四個國家指的是經濟發展最快的巴西，俄羅斯，印度和中國。四國迅速發展的經濟可能立刻超過西方。金磚四國的經濟互補性特別好：中國和印度擁有強大的輕工業，而俄羅斯和巴西可以成為他們主要的原料供應商。但是，所有這些考慮只是純理論上的。

作為多極化世界中協調非西方利益的中心，金磚四國有可能成為國際團體中最有影響力的組織。將金磚四國的結構轉變成可

以代替八國集團的組織符合俄羅斯的利益（同時也符合印度，中國和非西方大國的利益）。

首先，這個計畫有別於八國集團可能擴大為 20 國集團，它將是討論全球發展問題的一個有影響力的平臺。他它的成員國能夠參與建立新的獨立的國際組織的規則。這將表現出真正的多極化，同時也限制西方中心的影響，20 國集團已經成立，它能幫助成員國在新的條款下加入。

第二，俄羅斯——同時是 8 國集團和金磚四國的成員——將會在多極化世界協調西方和非西方關係中找到特殊的有利地位。

金磚四國作為新的國際結構運作需要科學和專家的支援，要發展金磚四國的貿易交流。在這以背景下建立一個金磚四國的公共論壇。這個論壇可以借用上海合作組織的經驗。

因此，東盟和東亞共同體成為下一個目標。東亞和中亞國家參加上海合作組織是俄羅斯在多極化運動的框架下加強與非西方國家關係的第一步。東盟是下一個目標，俄羅斯在 20 年前就發展了與東盟國家的關係，但是都沒有深入。莫斯科的消極態度是與東盟一些成員國對俄羅斯在東盟運作中地位表示擔憂聯繫在一起的。一些東盟成員國也相信俄羅斯不屬於他們的區域，但是卻是反對美國的一個重要力量。不涉及超級大國的區域合作發展原則不需要俄羅斯或美國過於活躍。如果不直接這樣說，東盟將俄羅斯在區域中不充足的經濟地位作為檢驗與俄羅斯建立夥伴關係的藉口。最近這些年俄羅斯方面做了更多的活動。俄羅斯與東盟關係沒有深入主要原因是東盟本身態度的消極。可能，這種消極態度源於上述對俄羅斯的態度和害怕與俄的關係水準高於與美國的關係水準，與美國的關係現在已經惡化（例如，東盟與美國的峰會從來都沒有開展過）。對俄羅斯在該

區域地位的懷疑來自與華盛頓關係最近的國家——新加坡，印尼。有趣的事，沒有人反對俄羅斯在東亞地區論壇中發揮積極作用，該論壇也牽涉到美國，但是俄羅斯參與東亞共同體的問題（該共同體不包括美國），依然前途未卜——儘管俄羅斯一再重申對東亞共同體有興趣並且儘管當時總統普京作為客人參與了第一次東亞峰會。

下列這些因素可以為俄羅斯更加積極的與東盟合作創造有力的條件。冷戰已經結束，蘇維埃共和國已經世界地圖上消失，它的繼任者俄羅斯不會對任何人產生威脅。俄羅斯的資源和野心比蘇維埃共和國少，並且不會尋求世界霸主；同時，沒有理由將它和美國和在一起。與此同時，俄羅斯的遠東是東亞的一部分。與美國不同，俄羅斯擁有區域力量，這使它已經有合法的理由參與在那裡發生的事情的過程。美國和俄羅斯在該地區的地位是不同的：所以，它們在該地區參與事務的水準也是不一樣的。

該地區的合作者可能會對一些政治地緣問題有興趣。俄羅斯，東盟國家積極的為維持共建，發展友好關係並加強與中國的關係。俄羅斯和東盟政治經濟紐帶的鞏固能夠防止與中國的合作過於片面。一些國家，如日本和南韓已經開始理解這一點。

身為俄羅斯科學院東北亞和上海合作組織研究中心主任，遠東研究所副所長的謝爾蓋·魯茲亞寧（Sergei Luzyanin）也撰文提到了上海合作組織的發展問題。這篇文章[13]著重講了下面 7 個問題：

---

[13] Sergei Luzyanin, SCO-2009: Development Problems, "Russia in Global Affairs". № 2, April – June 2009

（1）上海合作組織的空間概念。上海合作組織的的中亞方面非常的特殊：該地區的四個國家與中國，俄羅斯的關係是他們經濟和安全政策的主體，同時也是俄羅斯倡議的對象。同時，上海合作組織正在針對更廣闊的地域（歐亞）背景塑造一個新的層面。它在現有的機構上形成的——及觀察國系統（印度，巴基斯坦，伊朗和蒙古）。歐亞層面包括主要的長期計畫和未來可能擴大成員國和觀察國。歐亞層面可以由三個相互作用的系統組成。這些包括（Caspian vector）——上海合作組織與土庫曼斯坦，伊朗和亞塞拜然（可能）積極的開展能源與運輸方面的合作。這個計畫的主要特點是與西方能源計畫有高度的競爭力。因此，上海合作組織和土庫曼斯坦在這個計畫上有巨大的機會。另一個計畫是南亞（阿富汗－巴基斯坦－印度），這個計畫是在與 RIC 已建立的良好的三方合作政治模式基礎之上的。第三個計畫是東亞－俄羅斯，中國，蒙古，朝鮮半島（朝鮮和韓國），日本和東盟。這個計畫包括能源互動，投資和技術交換，貿易等領域。

（2）經濟危機對該組織的影響和應對經濟危機的措施。經濟危機使經濟安全和監管問題成為上海合作組織的主要問題。應對經濟危機的主要計畫包括：緊縮政策，支持銀行和金融部門，創造國內就業機會，刺激國內需求以及組織社區服務組織減少社會的緊張。

（3）上海合作組織的安全議程。上海合作組織認為來自內部（中亞）和外部（阿富汗－巴基斯坦）的挑戰會越來越複雜和有區別。特別是所謂的非傳統威脅領域越來越大，包括跨國犯罪和販毒，自然災害，水源和能源問題，環境和食品安全。上海合作組織有該區域反恐中心的經驗和在 2002 年

到 2008 年以各種形式成功舉辦反恐軍事演習的經驗。這些經驗表明(A)上海合作組織要提升軍事和反恐力量，並保持它的主要特色——不包括集團型和軍事和政治組合（如北約或 CSTO）；(B)該組織最為一個戰略組織的普遍屬性將保留。(C)在上海合作組織的幫助下在中亞建立一個分開的安全系統，在這個系統中應該賦予集體安全條約組織主要的作用，特別要考慮最近建立一個快速反應部隊。上海合作組織沒有一個長期的集中軍事力量。除了上海合作組織和集團安全條約組織。該區域還有北約組織的計畫和歐安會的特殊計畫。產生這種情形的主要因素是：(I)上海合作組織和集團安全條約組織在該地區的計畫與北約計畫競爭。(II)所有的計畫都與阿富汗安全問題有關。(III)多邊組織（上海合作組織和集團安全條約組織）不妨礙，相反，與阿富汗相鄰的國家建立雙邊關係。

（4）阿富汗問題和它對地區安全的影響。上海合作組織嚴格遵守不干涉阿富汗政治和軍事事務的戰略政策。但是，考慮到莫斯科會議的結果和其他進展，將在戰略上做一些改變，一方面，要拓寬上海合作組織與集團安全條約組織的合作領域，另一方面，加強和北約及西方其他安全計畫的合作。

（5）中亞國家的經濟。

（6）能源俱樂部新的概念。能源俱樂部的概念包括四個層面：(A)全球(B)區域｜歐亞（俄羅斯，中國，和四個中亞國家）(C)附屬區域｜中亞（哈斯克斯坦，塔吉克斯坦，烏茲別克斯坦和吉爾吉斯坦）(D)國家（上海合作組織六個成員國的國家能源發展模式）現在優先發展區域｜歐亞層面。能源俱樂部將幫助其成員國在歐亞空間內建立一個自給自足的

能源框架（生產－供給－客戶），這將豐富上海合作組織的發展戰略，這將引進對傳統安全領域，經濟，人道主義合作產生影響的新的資源。俱樂部積極的宣導廣泛和透明的合作，這種合作不僅在成員國之間，還在他們與觀察國之間，同時也大量的與一些非國家組織開展合作（私人能源公司等）。上海合作組織的能源空間有以下幾個特點和潛力：(I)能源運輸路線沒有第三國參與(II)能源生產國｜出口國（俄羅斯、哈斯克斯坦和烏茲別克斯坦）和消費國｜進口國（中國、吉爾吉斯坦、塔吉克斯坦）有機的地域經濟結合。(III)能源計畫與一體化計畫（上海合作組織自由貿易區）相互補充。但是，由於參與國在其中有更多的共同利益，能源互動的進程會比一體化進程快。(IV)能源俱樂部可以有效地調節中亞能源衝突。有一些客觀的因素也會阻礙能源計畫的開展，主要來源於上海合作組織成員國不同的經濟規模和能源生產國與消費國的利益衝突。在兩個集團（生產國和消費國）中都存在競爭，如俄羅斯，哈斯克斯坦和伊朗為石油和天然氣市場或中國和印度為資源，路線和主要的能源供應。但是這些在能源俱樂部的框架下都可以解決。特別是中國的巨大市場可以吸收俄羅斯，哈斯克斯坦和伊朗提供的天然氣和石油數量。

9. 金融危機後的俄羅斯

金融危機對俄羅斯的經濟產生了深刻影響，而且對俄羅斯的政治、民主也帶來許多影響。俄羅斯聯邦法院的主席瓦列里·佐

金（Valery Zorkin）就曾撰文〈全球危機、法律和人權——戰勝普遍的不信任的途徑〉[14]，他指出了經濟危機所帶來的相關威脅，如何從法律上來維持社會的穩定。他認為經濟危機條件下最重要的是為公民提供社會和經濟權利。

他文中提到，許多專家有理由相信世界財政和經濟危機將給人類帶來機遇和挑戰。他們預測歐洲來自非洲的非法移民潮會迅速增加。這場危機將會使面向饑民的關於食品和藥物的援助的人道主義計畫終止，是地域衝突的受害者增加。

非法移民的增長通常會伴隨著人口販賣的增長。

同時，在食物和水源缺乏的地方，危機還會是恐怖襲擊，民族和宗教衝突加劇。

歐盟國家、獨立聯合體國家、美國不斷增加的犯罪率已是不可避免。

這個問題是全球性的。我們需要在政治、經濟和法律上實施一些新的措施。這就是俄羅斯要建議修改全球金融結構，改正現有國際機構角色，創造一個新的的原因。這需要金融市場的參與者在統一的國際系統和國際活動標準的基礎上建立充足的法律監管。

對金融機構的重組將需要新的法律解決方案，其中許多可能不受民眾歡迎。我們將保護人權的角度來看許多慣有的法律和經濟條款。

經濟學家認為經濟危機產生的根本原因是經濟法律的缺乏。同時這有表現了調節經濟方面的法規在法律原則上的扭曲和

---

[14] Valery Zorkin, The Global Crisis, Law and Human Rights, Russia in Global Affairs, № 2, April – June 2009

金融、經濟領域法律措施的執行不力。顯然，執法者在經濟危機時沒有提出一個有效的提前法案。政客、經濟學家，和律師在預見和防止經濟危機的時候表現的並不專業。

從法律角度上來看，一個真正使金融和經濟危機擴散的原因是在特定國家和全球層面上在經濟中對法律最高原則的偏離。這些偏離包括無效的管理條例，政府、官員和公司非專業和不合法的行動。當經濟機構、國家和國際金融機構的權利和義務扭曲的時候，所有這些都導致合法的原則不能合適的用於經濟和金融的調整。

特別要關心的事為公民提供社會和經濟權利。在危機條件下，政府的社會和經濟決策不可能令每一個社會團體滿意，政府將要在處理危機和保持經濟和金融穩定方面，保持合理的平衡和比例。

而莫斯科國立大學社會系統機構的副所長、俄羅斯公共會議廳的成員德米特里‧巴德沃斯基（Dmitry Badovsky）就看到了經濟危機將如何改變俄羅斯政治藍圖，給俄羅斯帶來政治重組的機會。他同樣在《俄羅斯全球事務》上發表文章[15]，詳細闡述了他的觀點。他認為，要增加最高杜馬和總統任期的局部憲法改革並沒有改變原有的議程：相反，它只是最後的倒數計時更加熱鬧。經濟危機的發生引進了一個新的環境和 2012 年的投入問題，這些已經影響到主要團體和政治領導人的行為戰略。

經濟危機最重要的政治影響就是在 2012 年選舉中使危機這成為不可避免的和關鍵的問題，問題的中心是誰戰勝了危機？以

---

[15] Dmitry Badovsky, Chances for a Reset in Russian Politics, Russia in Global Affairs，№ 2, April – June 2009

前，這個環境還沒有被作為主要因素考慮的時候，總統競選人會談論「穩定」，進一步穩定發展，更高的生活水準，加強在世界中的地位等問題，——簡而言之，競選人的政治目標和承諾會從此越來越貶值。

戰勝危機的政治獎賞十分誘人，他已經不僅僅影響到領導人的行為邏輯，還影響到他們的行為心理。已經開始的「關於經濟危機規模」和「如何戰勝」的討論清楚地表明了即將展開的鬥爭。認為現在的危機只是純粹經濟方面的，不從根本上影響社會政治系統的觀點突出了俄羅斯政府和總理的反危機政策和俄羅斯將戰勝危機的經濟指標。從經濟結構重組，社會現代化和政治改革的角度來看經濟危機，人們的注意力就會轉向總統的權力和梅德韋傑夫反腐敗，加強司法公正和發展民主社會機構等方面的政策。

在 2012 年總統競選中取得勝利的人同時也會被譽為「經濟危機的戰勝者」。這個觀點非常重要，因為第二次新的重要的經濟投入將在客觀上成為未來幾年改變經濟力量格局，重新劃分財產，重組政治精英的關鍵環節。民族資本的正常化和其戰略資產重新資本化將還需要花一段時間，在危機宣佈結束之前的三年的時間可以方便的匹配。然後，國家將擺脫經濟危機並在六年的總統任期內，產生一個新的議程，包括新的私有化，在經濟中形成一個新的持久的財產結構和它的新形象。

毫無疑問的是這一過程將大量的捲入政治和政治精英的重組。例如，區域的俄羅斯精英將會在危急中損失最大，除了公司和傑出的商業領導人。

危機將可能使到達一定階段的區域精英和聯邦中心的區域政策終止。從 1990 年代初，這個就一直在拖。再次，經濟危機和隨之而來的資金短缺改變了這一局勢。

簡單的說，在領導人中誰戰勝了危機誰就擁有重新安排政治和經濟設置的資源。

隨著新的政治模式的發揮作用，普京還沒確定會不會尋求新的總統任期，為了使這一選擇明朗，普京成為總理和俄羅斯聯合黨的領導人。在總統任期內，普京會對這一情況進行更深入的瞭解，促使可能出現三種情況。

第一種是作為梅德韋傑夫的保護傘和安全機制。2012 年梅德韋傑夫可能連任，普京可能辭去總理職位，但是依然保持黨的領導人地位。

第二種情形是在接下來的幾年內，情況可能惡化，這種形勢表明在外部挑戰和社會經濟威脅變大的時候，過弱的控制系統的風險就會表現出來。在這種情況下，前總理的職位將成為普京以總統職位複出的跳板，在應急情況下，他還可能提前回歸。

第三種情況是高度集中的系統被撤銷，梅德韋傑夫和普京分享權力是有效的，在精英和公眾之間達成一個共識新的俄羅斯政府形式需要一個法律基礎。這並不意味著二頭政治的結束或者是向民主議會制的轉變，，而是一個成熟的制度化的平衡力量的法國模式，建立在議會和政黨基礎上的總統和政黨之間的權利和責任的平衡。

在現在情況看來任何情況都可能發生。

10. 俄羅斯需要改變嗎？

倫敦經濟和政治科學學院國際關係系的卡門阿・蓋索（Carmen A. Gayoso）在他的文章〈俄羅斯的霸權：歷史快照、地區安全在

後蘇聯區域俄羅斯地位的改變〉[16]中得出了結論。這個結論就是多霸權。卡門阿‧蓋索如此分析俄羅斯的霸權。

在普京的時代，很難做出有助於俄羅斯帝國主義的判斷。普京的更加現實和務實意味者著歐亞大陸重新整合的視角將面臨挑戰。俄羅斯成為國際系統中一個日漸強大的角色，但是他沒有再次稱霸的野心（就如冷戰時期那樣），儘管全球主義的願望在2006年再次回升。同時，普京開展務實的政策並將俄羅斯的主權利益作為外交政策的優先選擇。俄羅斯對格魯吉亞的參與事件就表明莫斯科繼續對衝突感興趣以至於有一天會導致擴展自己以外的領土。俄羅斯的 passports 的規定暗示莫斯科打算支持鄰國的分裂主義運動。莫斯科在語言上保持向西方開放但在戰略上繼續敵對西方。在普京時代俄羅斯的政策更多的可以理解為一個工具而不是帝國主義。

後蘇聯時代，俄羅斯處理衝突和整個系統品質的改變與調整，表明「多重霸權主義的觀點」作為俄羅斯與區域關係的特點進行解釋分析時可能是有用並有效的。俄羅斯在後蘇聯地區的霸主地位受到兩個方面的挑戰。對外方面，俄羅斯受到歐盟、北約、土耳其、伊朗和美國的挑戰。第二，該地區的個別國家可以通過使自己遠離俄羅斯的國際政策來尋求獲得相對的影響力。格魯吉亞和摩洛哥就是一個例子。

---

[16] Carmen A. Gayoso, Russian hegemonies: historical snapshots, regional security and changing forms of Russia's role in the post-Soviet region, http://www.sciencedirect.com/science?_ob=ArticleURL&_udi=B6VGF-4W9 S2PR-2&_user=2316052&_coverDate=06%2F30%2F2009&_alid=1137717 044&_rdoc=1&_fmt=high&_orig=search&_cdi=6037&_sort=r&_st=4&_doc anchor=&_ct=13&_acct=C000056874&_version=1&_urlVersion=0&_userid =2316052&md5=7e931abb40f0cbfc71c22bdbdd679856

俄羅斯與後蘇聯國家的關係可能有時會限制他們外交政策的選擇和更加廣闊的政治意願。但是，俄羅斯可以通過軍事介入來加強對這些國家國內形勢的影響，特別是考慮到生活在國外的俄羅斯族人的情況。俄羅斯的介入確定了衝突的結構，然後嚴重影響了這些國家國內以定政治決策的基本框架。

阿德里安答‧巴索拉（Adrian A. Basora）曾是美國駐捷克斯洛伐克的大使，後為美國外交政策研究學會民主轉型計畫的主任。他曾撰文論述過後共產主義時期的歐洲和歐亞民主是否會繼續倒退的問題。在他的作品[17]中，許多被視為新的民主過渡動力的民主化模式已經在許多前共產主義國家停滯不前或者已經消失。摩洛哥在 20 世紀 90 年代的承諾在這些年來已經大部分倒退。烏克蘭，格魯吉亞和其他一些國家在 2004 年給予的進一步民主化的承諾也已經倒退。即使在一些走在前列的中歐和東歐國家，經濟和民主的自由化同樣遭遇挫折。

對於莫斯科，在烏克蘭發生的橙色革命是一個強大的衝擊。普京和克林姆宮的政治家們將在烏克蘭和格魯吉亞發生的事件看成是外來力量顛覆的結果（主要是美國）。從那以後俄羅斯開始限制西方勢力對俄羅斯及其鄰國民主的支持，如美國對其內部政治的干涉及由西方支援的非政府組織對其推動民主進程的插手。俄羅斯已不再弱勢，2004 年，俄羅斯已經擺脫了它以前的政

---

[17] Adrian A. Basora, Must Democracy Continue to Retreat in Postcommunist Europe and Eurasia? http://www.sciencedirect.com/science?_ob=ArticleURL &_udi=B6W5V-4R70W5G-3&_user=2316052&_coverDate=12%2F31%2F2 008&_alid=1137722101&_rdoc=1&_fmt=high&_orig=search&_cdi=6580& _sort=r&_st=4&_docanchor=&_ct=880&_acct=C000056874&_version=1& _urlVersion=0&_userid=2316052&md5=a4ec8e8e8e2c9b36d490518406c71f f7

治和經濟危機，並且普京已經鞏固了力量。在能源價格的強大支撐下，俄羅斯已經進入了一個穩定的快速繁榮階段。克林姆宮的作法顯示俄羅斯已經回歸，並將利用它所有的力量來減少西方對其鄰國的影響。

從意識形態和內部組織化水準來講，普京已經開發出專制政府的替代模式。這種新的俄羅斯模式強調總統力量的高度集中、拒接任何潛在的政治反對派的聲音、壓制媒體、增加國有經濟的比例、關閉檢測、嚴格控制並優勢騷擾非政府組織和其他西方團體在俄羅斯的活動。普京的體制表明他要完全避免烏克蘭式的政治改革在俄羅斯或其他前蘇聯共和國國家上演。

這種新型的俄羅斯專制主義，嚴格的控制政治，並由強大的國家掌控財富來源。這種模式為具有獨裁意識的蘇聯繼承國的領導人提供了典範。普京的這種專制穩定模式被證明在俄羅斯及其他前蘇聯共和國非常受歡迎。這一部分要感謝俄羅斯的石油和天然氣。再加上，在經歷葉利欽時代的混亂後，許多俄羅斯人民渴望穩定安全的生活。結果普京在俄羅斯非常受歡迎。

日益加強的對話系統和其他合作也加強了這種趨勢。不僅包括雙邊反民主戰略的努力還包括多邊。上海合作組織就是一個鮮明的例子，這個新的組織通過合併中國和俄羅斯的力量來吸引其他區域的獨裁者。

伊拉克戰爭以後，美國作為該區域民主改革的宣導者和代理人，遭遇了巨大的信譽損失。

這場戰爭的另一個消極因素是華盛頓在伊拉克，阿富汗和中東緊張的財力和人力使得政府大量的轉移歐洲和歐亞的資源。大多數美國的私人基金也會紛紛效仿。直接的後果是在教育和領導交流的減弱，由美國非政府組織參與的該區域的民間社會組織的

資助會減少，在冷戰時期就已經被證明有價值的其他的長期的計畫將被擱淺。

20 世紀 90 年代末，俄羅斯軍隊從前蘇維埃共和國的同盟國撤回，北約完成了第一輪擴張，這次擴張使莫斯科的經濟和軍事力量減弱。在這一點上，北約的地位就像一個民主推動器，歐盟成為該地區鼓勵，支援和指導民主和市場經濟轉變的最重要的外部力量。

保加利亞和羅馬利亞被允許加入歐盟（2007 年 2 月），歐盟的入會談判還通過了推動兩國必要的政治經濟改革的方案。但是，在這件事情上，許多觀察家認為入會的籌備過程過於倉促，改革方案還不能充分的嵌入保加利亞和羅馬利亞的政治機構和文化之中。許多人認為獲准加入為時過早。目前還不能確定這些方案能否使這兩個國家的許多未完成的改革能充分完成。與 10 個新歐盟國家相比，其他十八個後蘇國家與布魯塞爾的未來關係面臨著更多的不確定性。

隨著歐盟擴張的停止，布魯塞爾失去了它作為改革槓桿的部分潛力，歐盟領導人有更少的時間和資本投入到對後共產主義國家的挑戰中去。新的歐洲憲法的無限期的擱置使歐盟停止精簡自己臃腫的行政結構的嘗試。歐盟領導人不得不花更多的精力處理自己的內部問題。歐盟現行的機制已不能完成歐盟現在的任務。

在前蘇維埃共和國中歐盟擴張的的腳步停止，歐盟成員國在任何可以預見的角度看來都是相當嚴峻的。儘管烏克蘭、摩洛哥、格魯吉亞和其他的國家都對加入歐盟有強烈的興趣，但是這些國家到現在還沒有被給與任何的鼓勵。相反，他們被給予了加入歐洲睦鄰政策 ENP 的前景。睦鄰政策的概念是建立一個朋友

圈和一個安全、繁榮和穩定的區域，歐盟為鄰國政治的鞏固和經濟的發展提供援助。從一開始，歐盟成員國就要明白歐洲睦鄰政策不同於擴張。ENP 的覆蓋面不僅包括東歐，還包括北非和遠東國家。

　　毫不奇怪，像烏克蘭這樣的國家都對歐洲睦鄰政策反應冷淡。例如，在 2005 年 2 月歐洲議會的講話中，烏克蘭總統尤先科指出 ENP 並不是歐盟與烏克蘭關係的合適基礎。他強調烏克蘭語歐盟最合適的是雙邊關係而不是成為 ENP 的成員。畢竟，烏克蘭和大多數後蘇維埃國家一樣經濟依然與俄羅斯有高度的聯繫，在此期間，可能增加俄羅斯經濟發展，增加能源出口和跨邊界投資的戰略。

　　米哈伊爾·阿法納謝夫（Mikhail Afanasiev），俄羅斯政治諮詢中心戰略與分析主任，則提出了俄羅斯需要現代化的疑問。他曾發表一篇文章[18]，文章稱俄羅斯政治體制的缺陷是國家運作機制和政治組織都難以改變。關鍵是，決定，形式和調節公共行為的既定程序已經到了一個相當的程度。所以當我們談論現在在俄羅斯精英之間盛行的觀點和他們的改革意願時，我們必須要有相當的保留。

　　一方面，大部分的俄羅斯精英分享著總統梅德韋傑夫的計畫論斷——自由比不自由好，並把它作為鞏固國家的思想基礎來接受。這是一個非常重要的社會事實，因為它為開始變化和可能的成功提供了必要的條件。

　　另一方面，俄羅斯精英團體不準備讓自己做出改變，因為他們缺乏行動，他們沒有集中行動和決定國家政策的能力。現代的

---

[18] Mikhail Afanasiev，〈俄羅斯需要現代化？〉

俄羅斯，成功的人大多數都實行他們個人的生存戰略，他們會比公共活動並經常傾向於社會批評。

這不僅讓當局擔心，傾向個人消費主義的人們——只關心他們自己的生存，適應和他們之間的競爭——會相互不信任。精英團體之間的橫向不信任是非常強大的並可以與官員之間的不信任相比。人們之間的嫉妒不信任是破壞這些最精英的人公共合作和對政府集體影響力的能力的主要因素。

然而，消費者適應的個人主義和精英之間的相互不信任，連同具體的「主權民主」是通過在執政黨之內建立有效地政黨和派別將危機政治恢復到正常政治的主要障礙。但是，這種障礙是可以克服的。相對開明的俄羅斯精英和官僚資本主義建立的寡頭系統之間的差別還能持續多久？據推測，這還要持續很長時間，這已經不再重要，因為 2008 年秋天發生的經濟危機已經讓政府的政策有所改變，一些在過去被認為是一廂情願的想法，現在成為需要選擇的重要問題。

21 世紀初，俄羅斯發展的關鍵問題是現代化充足的資源（自然、技術、科學和人力）和導致上述資源利用率低的國家辦事效率低之間的矛盾。俄羅斯的公共輿論已經開始指向政府的品質問題，並將其放在國家發展議程的最重要地方。這個社會需求是不能夠被忽視的——特別是在資訊、經濟和人口交流全球化的條件下。

CHAPTER 8

顏色革命與美國

美國總是自詡為自由世界的領導者,而顏色革命中的反對派恰恰
以自由、民主為口號,美國怎能在這樣一場爭取民主、自由的鬥
爭中缺席呢?無論是塞爾維亞、格魯吉亞、烏克蘭、吉爾吉斯斯
坦,還是世界的其他地方,美國都以不同的方式宣揚美式民主,
以實現美國的全球戰略。美國究竟在顏色革命中,扮演著什麼樣
的角色?

美國總是自詡為自由世界的領導者，艾森豪威爾總統就職演說中的一番講話最能說明美國的「世界警察」心態：「我們懂得，強大並擁有巨大生產力的美國才能有助於維護世界和平，所以我們把我國的力量和安全看作是世界各地自由人民的希望所託。」

顏色革命中的反對派恰恰以自由、民主為口號，美國怎能在這樣一場爭取民主、自由的鬥爭中缺席呢？在塞爾維亞、格魯吉亞、烏克蘭、吉爾吉斯斯坦，在世界的其他地方，美國都在以不同的方式宣揚並傳播美式民主，以實現美國的全球戰略。

2012 年 11 月，筆者有幸在華盛頓國會旁聆聽美國民主基金會年度會議，其中對於美國民主做了最好的解釋，該基金會認為：民主首先是美國的內部的問題，試想如果美國內部缺乏民主，那麼在美國來自一百多個國家的移民就會感覺有所隔閡，美國社會就會馬上產生動盪，尤其美國是自由持槍的國家，可以想像屆時美國幾乎每天都會有人因為不滿而發生槍戰。美國民主首先是要做好自己的事情，讓資訊儘量公開化，競爭儘量公平。美國民主和戰略的結合應該純屬智庫思維。美國民主基金會年告誡自己的員工和合作夥伴：美國民主始終是美國內部的問題，然後才是輸出價值觀的問題。美國民主是自己的責任，輸出價值觀是附帶產品。美國民主基金會就開玩笑指出為何美國總統被暗殺的少，不是保衛得多嚴密，而是民眾有抒發情緒的管道，不用找總統算帳，總統只要國家政策不出問題就好了。

1. 顏色革命與「蜂擁」戰術

打開世界地圖，沿著歐洲巴爾幹半島到中東的以色列與巴勒斯坦，然後到阿拉伯半島和波斯灣，再至伊朗、阿富汗，隨後折向西北，經裡海沿岸獨聯體諸國，經黑海，直到橫跨亞歐大陸的土耳其，畫一個大圈，這就是今天國際大博弈的一個重要戰場。恰好，塞爾維亞、格魯吉亞、烏克蘭、吉爾吉斯斯坦都在這個範圍內。在顏色革命中的政治博弈中，美國作為當今唯一的超級大國，怎能袖手旁觀？

美國在阿富汗、伊拉克泥足深陷，不僅讓美國付出巨大金錢和人員傷亡代價，而且以武力方式迫使他國政權更迭的方式，使得美國的國家形象受到不小的損害。2009 年，上任不久的美國總統奧巴馬獲得了諾貝爾和平獎，一時輿論譁然。奧巴馬在發表獲獎感言時也坦言：「可能我得獎卻引發爭議的原因，就是我領導的國家正處於兩場戰爭之中。」顏色革命，作為美國全球戰略的一部分，成為美國成功輸出美國民主的樣板。

2009 年 8 月 10 日，《霸權背後：美國全方位主導戰略》一書座談會在北京舉行。該書作者、美國著名經濟學家、地緣政治學家威廉・恩道爾教授出席了座談會並作主旨演講。威廉・恩道爾長期旅居德國，從事國際政治、經濟、世界新秩序研究逾 30 年。在《霸權背後：美國全方位主導戰略》的第二章中，威廉・恩道爾講述了顏色革命與蜂擁運動。他引用了倫敦《衛報》2004 年11 月 26 日艾恩・特里納的一句話：「通過投票箱和公民抗議來製造民主是如此有效，這已經成為一種贏得他國選舉的成熟模

式。」從威廉‧恩道爾的敘述中，我們可以得知美國是如何用「蜂擁運動」來成功推動顏色革命。

1968 年 5 月法國爆發學生運動，最終使美國的敵人、法國總統戴高樂下臺。美國蘭德公司的軍事戰略學家將這種手法稱為「蜂擁」，即像一群發起進攻的蜜蜂一樣採取行動。2000 年，在前南斯拉夫塞爾維亞共和國的貝爾格萊德爆發了一場運動，其來勢之猛猶如晴天霹靂。隨後「蜂擁」戰術在格魯吉亞、烏克蘭、吉爾吉斯斯坦接連取得明顯效果，似乎「蜂擁」戰術所向披靡。面對五角大樓的蜂擁新戰爭方式和蘭德公司的顏色革命技巧，任何一個政權都可能是脆弱的。

首先，威廉‧恩道爾提到了塔維斯托克研究所和弗雷德‧埃米尼博士。塔維斯托克研究所是英軍一戰後建立的心理戰研究機構。二戰後，洛克菲勒基金會撥出經費，與陷入財政困境的塔維斯托克研究所進行合作，研究美國運用得越來越多的心理戰活動。而弗雷德‧埃米尼博士則是塔維斯托克研究所的前所長。他是一位研究人際關係的專家，1967 年他提出當時出現的「年輕人群體」新現象（類似在搖滾音樂會上出現的那種情形）可以有效地重新被加以認識和利用。他深信可以此來推翻敵對或不合作的政府。埃米尼在塔維斯托克研究所期刊《人際關係》發表了一篇名為〈今後 30 年：概念、方法和預期〉的論文，該論文討論了這種現象的潛力，將它與「造反性的歇斯底里」這個概念聯繫起來，這就是後來蘭德公司提出的「蜂擁」戰術。

其次，「蜂擁」戰術若要順利實施，必不可少的因素就是非政府組織。美國左翼新聞工作者威廉‧布魯姆在《誰是無賴國家》一書中，最早將非政府組織稱為特洛伊木馬和美國外交政策的工

具。美國國內的非政府組織有 200 萬個，其中被政府用作對外政策工具的約有數萬個。

國家民主基金會（NED）和它的兩個分支——國際共和黨研究所（IRI）和國家民主研究所（NDI）就是最好的例子。威廉・恩道爾寫道：儘管美國花費 4100 萬美元在塞爾維亞構建民主這個事件的大致輪廓已經眾所周知，但對美國內外數十個關鍵參與者的採訪表明，這個事件要比以前報導的更複雜、涉及面也更廣。國際共和黨研究所為大約 20 個反對派領導者參加在布達佩斯希爾頓飯店舉行的非暴力抵抗會議提供了經費。在這個會議上塞爾維亞學生接受了怎樣組織罷工，怎樣用記號進行通信，怎樣克服恐懼，怎樣動搖獨裁政權的權威等方面的訓練。Bokeria 先生 1996 年參與創建了非政府組織「自由協會，以捍衛新聞自由。2003 年，在訪問塞爾維亞學習和平革命技術後，Bokeria 促成將塞爾維亞的積極分子去到格魯吉亞給學生們培訓這些相同的技術。這導致了青年運動「Kmara」的建立，它在 2003 年 11 月的玫瑰革命中起到了主導作用。

冷戰結束後，為進一步鞏固冷戰成果，打消俄羅斯的「帝國野心」，美國等西方國家在推動蘇聯「政權變革」後，對獨聯體各國展開了新一輪的「體制改造」。美國借助非政府組織對這些國家進行改造的最大特點是「自下而上」。在利用這些國家獨立之初的經濟困難和政治混亂打開缺口後，非政府組織就不斷從下往上「拱」，從培養基層親西方的民主氛圍開始，直至完成最高政權的更迭。其活動有以下幾個特點：第一，注重從經濟制度層面徹底消除蘇聯體制殘餘，以土地私有化和扶持中小企業發展等手段在社會基層營造「市場經濟」氛圍；第二，積極推動政治體制從總統制向議會制轉變，從中央集權向地方分權轉變；第三，

通過提供培訓、諮詢和直接的資金支援等多種方式，培養基層民眾的親西方情結。經過長期不懈的對獨聯體國家政治、經濟、社會和文化方面的滲透，美國對這些國家的體制改造已基本完成。我們所看到的「顏色革命」，不過是改造完成後帶有「總結」性質的一個標誌性事件而已。也就是說，在發生形形色色的「顏色革命」前，美國對這些國家的基層改造早已完成。如今，美國總統布希在第二任期明確將「推行民主」作為其外交政策的首要目標。非政府組織還將在美國全球推行民主的過程中發揮更大的作用。中亞、東亞、中東和非洲等地區，都將成為美國重點關注的對象。[1]

艾德爾‧揚‧卡拉特米奇領導著一家非政府組織，其總部設在紐約。這個組織的使命是專門為獨聯體國家的青年運動和「街頭政治」活動提供培訓和資金援助。在其接見東歐國家青年運動領導人的一次談話中，面對世界地圖，他這樣描繪了他們的戰略計畫：「綠色表示的是今天被稱作民主國家的地區。烏克蘭、格魯吉亞還是黃色。烏克蘭的『橙色革命』2004 年爆發，在民主化進程中，他們目前還只是處於基礎階段，而格魯吉亞的改革則遠遠不夠，制度改革還未展開，所以這裡還只是黃色。這些藍色是以後我們工作的重點，推行改革的難度比較大。實際上我們給烏克蘭每人資助了 3 萬美元，數百名年輕人受邀參與實習，對他們進行訓練，教他們如何關注社會動態、關注人心向背，以及隨著選舉的臨近如何引導民意的走向，等等。」

第三，先進的傳播、通訊工具在顏色革命中廣泛應用。在塞爾維亞，特工人員使用從 Google 地球下載的全球定位系統（GPS）

---

[1] http://en.wikipedia.org/wiki/Open_Society_Institute

圖像，指導經過挑選和訓練的領導者，後者再通過手機短信來指導看似自發的「打一槍換一個地方」的抗議活動，從而使軍警防不勝防。美國有線電視新聞網（CNN）則總能提前準備好攝像位置，向世界播放經過精心攝製的赤手空拳的年輕和平示威者的形象。

在吉爾吉斯斯坦的「鬱金香革命」中，獨立媒體播放反對黨的辯論。談話節目如「我們的時代」，部分利用美國政府補助生產，在全國為數不多的獨立電視臺播出，包括在南方的奧什電視臺，導致阿卡耶夫下臺的抗議活動出現在那裡。奧什電視臺擴大了國務院支付的設備的使用率。

Twitter、MySpace、YouTube 等媒體在伊朗總統選舉中的「非常」表現，讓網路成為「外交」的全新主角。[2]哈佛大學伯克曼互聯網與社會研究中心教授羅伯·費理斯認為，網路社交工具在奧巴馬競選美國總統期間就展現了強大的力量，但在伊朗大選後引發的騷亂中發揮了更加巨大的作用。網路工具聚合起來成為反對者彼此協調、舉行抗議活動的載體。

第四，強大的資金支持。小布希上臺後，2001 年參議院通過了一項允許美國國際開發署可以直接向外國非政府組織捐贈的法案。2003 年，眾議院又通過了《全球民主促進法》。2004 年，國會在通過的撥款法案中提出了促進民主專案。這些法案都與小布希總統在第二任期就職演說中的思想一脈相承。小布希曾說要「在全球傳播民主，結束世界上的暴政」。

不論是在塞爾維亞，還是在格魯吉亞、烏克蘭、吉爾吉斯斯坦，美國都直接或間接通過各種非政府組織，為反對派提供了大

---

[2] 〈網路改變世界　網路外交嶄露頭角〉，《人民日報海外版》，2009 年 7 月 23 日。

量的資金支援。僅以烏克蘭為例,「目前美國雖烏克蘭的援助相對有限。根據由總統提出的 2006 年年度財政預算,烏克蘭在 2005年將獲得大約 9350 萬的美國資助。執行人員建議將 2006 年的資助金額提高到 11590 萬。總統在伊朗/阿富汗 2005 年年度財政追加撥款要求和烏克蘭的改革中增加了 6000 萬。」[3]

2. 美國全球戰略與培植美國代理人

在成功督導製造了塞爾維亞「你完了」革命幾個月之後,美國大使邁爾斯被派遣到了下一個崗位,來到中亞高加索山區的小國格魯吉亞共和國。按照常規,被委派到前蘇聯時代刻板的老官僚愛德華・謝瓦爾德納澤統治下的小而閉塞的格魯吉亞,在美國國務院系統的職業道路上會被認為是不受重用。但對邁爾斯大使來說完全不是這麼回事。他的使命是在格魯吉亞的第比利斯再現貝爾格萊德的革命。在第比利斯,邁爾斯對時任格魯吉亞司法部長、美國培養出來的哥倫比亞大學法學院畢業生格魯吉亞人薩卡什維利耳提面命,指導他怎麼把謝瓦爾德納澤搞下臺。

邁爾斯得到了與美國政府有聯繫或由政府出資的非政府組織的大量幫助,其中包括國家民主基金會。自從 20 世紀 80 年代以來,美國每一個對外顛覆或政權更迭行動都有這個機構的影子。提供幫助的還有美國億萬富翁喬治・索羅斯的開放社會基金

---

[3]   Ukraine's Orange Revolution and U.S. Policy, Steven Woehrel, CRS Report for Congress, April 1, 2005。

會以及位於華盛頓的自由之家。自由之家成立於 20 世紀 40 年代，是北約的宣傳機構，2001 年它的領導人是中央情報局前局長詹姆斯・伍爾西。

時任夏普的愛因斯坦研究所傳授所謂的「非暴力戰爭方式」技巧，在培訓從前的華沙條約國家和亞洲各國的青年運動中起到了關鍵作用。喬納森・莫厄特研究員的研究表明，除其他來源之外，夏普的愛因斯坦研究所的部分資金來自索羅斯基金會和美國政府的國家民主基金會。

在愛因斯坦研究所的機構網站上，該研究所承認曾積極參與在緬甸、泰國、拉脫維亞、立陶宛、愛沙尼亞、白俄羅斯和塞爾維亞的民主組織和反對派進行的抗議活動。它選擇的目標國家與美國國務院在不同時期要進行政權更迭的國家完全一致，這並非巧合。正如古希臘寡頭執政者所洞悉的那樣：「民主」是一把雙刃劍，可以操縱民主，利用憤怒的大眾的怒火來對付對手。

夏普的愛因斯坦研究所在塞爾維亞策動「你完了」抗議活動期間，其顧問裡有資深美國情報專家，如負責情報的美國駐歐洲陸軍司令部前副參謀長、中央情報局長領導下的國家情報委員會成員、退役陸軍少將愛德華・阿特基森。阿特基森將軍還曾任職於美國國務院政治軍事事務局，其顧問裡還有赫爾威上校以及防務資訊中心主任前海軍少將吉恩。

這些非政府組織的重要任務之一就是在相應的國家尋找、培植親西方尤其是美國的代理人，這是美國干預其他國家政局的另一種招數。美國一直利用交流、訪問、參觀等機會，採取「請進來」策略，從各國反對派中培植「親西方」代言人。在幾年前的格魯吉亞「玫瑰革命」、烏克蘭「橙色革命」中，這種策略得到了「回報」。

2003 年年底，格魯吉亞反對派手舉玫瑰在議會大廈集會，以「玫瑰革命」的和平抗議方式奪取了政權。這次成功奪權就是在親西方的反對派領導人——薩卡什維利領導下實現的。薩卡什維利曾留學法國、義大利和美國。後在美國哥倫比亞大學獲得法學碩士學位。在美國，他還接受過系統的選舉方法和技巧培訓。

為了培養「親西方」代言人，美國往往通過駐地使館或高級外交官採取拜訪、舉辦招待會或宴會等方式，與親美精英或高層長期接觸。一旦條件成熟，這些「親西方」精英就會被推舉出來參加選舉。例如我們之前提過的各國的媒體人士。美國的一些基金會和媒體組織大量進入獨聯體國家。據筆者當時的採訪，這些組織經常讓媒體人到美國去考察，而且還提供大量的經費。值得指出的是，獨聯體國家的媒體人對於美國媒體內部真正的運作卻是不太清楚的，這主要是因為美國已經歷了長時間的太平時期，美國媒體內部對於危機的處理已經非常機制化，平常人往往看不出真正問題的存在。因此獨聯體媒體人在美國的挑選之下前往考察學習之後，在缺乏愛國主義新聞核心價值的前提下，逐漸變為親西的意見領袖。

總體而言，蘇聯政府對於媒體發展的理論並沒有出現太多的問題，問題出現在媒體管理上。在蘇聯解體之後，這些獨聯體國家中媒體人的地位並沒有實質性的提高，反而在經濟收入上大大降低。比如 1992 年到 2000 年間，莫斯科報紙的記者收入大約在 300 至 500 美元之間，這樣的收入還遠低於蘇聯時期，只是最近記者的收入才有所提高。在 2001 年美國展開反恐戰爭之後，一些獨聯體政府開始普遍採取收緊媒體管理的政策，烏克蘭就是一個典型的例子。政府採用的手段卻是再次讓大量的非專業人士進入媒體的管理層，媒體人的工作和生活環境再次變得非常惡劣，

這就使得獨聯體的媒體人對於美國和西方國家的媒體再次表現出不切實際的幻想。

此外，美國曾設訪問學者課程，吸引多個國家從事「民主改革」的官員、學者、媒體人士與非政府組織人員參與。據統計，從 1993 年至 2005 年，已有 9 萬多名獨聯體各國官員、學生得到資助赴美國訪問，其中許多人成為近年來「顏色革命」的骨幹。

3. 外高加索諸國媒體變質[4]

在美國看來，外高加索地區是進一步擠壓俄羅斯在前蘇聯國家「勢力範圍」的「前沿陣地」。美國利用媒體在格魯吉亞等國發動顏色革命之後，其方式開始轉變。這些國家的媒體對政府監督職能消退，這樣方便這些國家在沒有監督的情況下，與美國簽訂一些秘密協約。

據新華網 2009 年 12 月 20 日的報導，美國與俄羅斯在外高加索地區的角力正日益加劇。這次新華社的報導非常準確的反映了顏色革命後高加索國家的狀況。在美國看來，外高加索地區是進一步擠壓俄羅斯在前蘇聯國家「勢力範圍」的「前沿陣地」。同時，美國希望利用外高加索地區對伊朗進一步形成封鎖和打壓之勢，並利用該地區為美國在阿富汗的軍事行動提供支援和補給。

格魯吉亞、亞美尼亞和亞塞拜然三國所在的外高加索地區，北靠俄羅斯，南接伊朗，東西分別瀕臨裡海和黑海。美國在格魯

---

[4] 吳非，〈外高加索諸國媒體變質〉，《大公報》，2009 年 12 月 26 日。

吉亞等國發動顏色革命之後，其方式開始轉變。這些國家的媒體對政府監督職能消退，這樣方便這些國家在沒有監督的情況下，與美國簽訂一些秘密協約，而且美國和非政府組織努力的方向也轉變：換政府不如讓現有政府俯首稱臣。

再爆發危機可能性降低

2001 年後，先後在塞爾維亞、格魯吉亞、烏克蘭和吉爾吉斯爆發了顏色革命。最近在世界性的經濟危機下，未來在高加索地區和中亞再度爆發危機的可能性大大降低。顏色革命後，格魯吉亞、烏克蘭和吉爾吉斯國家媒體的監督職能消退，媒體和政府陷入對立狀態。主要問題在於這些國家的經濟並沒有隨著政府的更迭而好轉。2008 年，格魯吉亞總統薩卡什維利甚至為此還冒險進攻南奧塞梯，結果遭到俄羅斯軍隊的反擊。

在顏色革命中，西方國家和由經濟寡頭支援的非政府組織主要採用了放大新聞自由，擴大民眾和政府矛盾的方式，在政府在沒有紓緩民間矛盾的前提下，爆發顏色革命。現在改變政權已經不是西方國家和寡頭支援的非政府組織的目的，因為風險太大，顏色革命已經成為西方國家與爭議國家談判的底牌。

出現顏色革命，主要是政府的腐敗、媒體的非全面報導和人民生活日益貧困三問題，而且這些矛盾難以跨越。發生顏色革命的國家，發生的腐敗主要是在改革初期，國家在沒有資源和資金的前提下，出現權力分配不清楚的問題。格魯吉亞、烏克蘭、吉爾吉斯三個國家，基本特點都是資源缺乏型的國家。政府為了發展經濟，就會把國家僅有的一些資源廉價販賣給西方國家的公司。這些經濟行為被親西方媒體炒作為貪汙行為。

非政府組織培養媒體人

其實在獨聯體內的顏色革命中，美國政府並沒有扮演重要角色，而是美國的議員、非政府組織和傳媒扮演了關鍵角色，其中所扮演的角色各異、分工詳細。美國議員主要是保障任何美國公民在獨聯體國家的利益，這些利益最主要的就是美國公民在獨聯體國家的言論自由，而美國公民在獨聯體國家言論自由的目的，則在於擴大美國價值的正面效應。這一過程大約需要十年的時間。另外，負責監督言論自由的非政府組織同樣扮演非常重要的角色，因為非政府組織不但觀察和評定獨聯體國家內媒體在新聞報導方面的自由，而且還會和所在的國家議會打交道，讓議會通過擴大言論自由的法案。非政府組織背後的金主則認為，如果這些獨聯體國家能夠改變政體，金主們在美國或者西歐國家議會和政府裡面的發言權就會增加，而且美國對於這些海外投資基本都是免稅的。

非政府組織對於媒體人的培養也不餘遺力。在這段時間，非政府組織開始給獨聯體國家媒體人灌輸媒體監督政府和媒體第四權的概念。這些概念本身在西方國家運行多年，不存在太大的問題，問題在於，在西方的支持下強調媒體第四權使媒體成為獨立的權力單位，媒體內部監督失衡，而獨聯體的政府僅控制一部分媒體。另外，一些國家的非核心人士進入西方國家支持的媒體。這一點在烏克蘭就非常明顯，烏克蘭第五電視臺內就有大量親美的媒體人。

顏色革命爆發，可以說是獨聯體國家的政府和人民，沒有完全理解現代國家關係和冷戰思維延續的結果。獨聯體國家的人民在一些表面現象下，片面強調新聞自由和選舉中的純潔程度。任何選舉都會存在瑕疵，包括美國 2000 年總統選舉。

索羅斯基金及開放社基金會，2007 年對哈薩克斯坦的投資額度為 318.6 萬美元，2007 年對烏克蘭的投資為 780.9 萬美元。

外國基金會目標在政治

這些投資分別按照藝術與文化、民權社會、會議與旅行、經濟改革、教育、資訊、法律與刑事司法、媒體、公共行政、公共衛生、婦女計畫、青年計畫等共十三項分類進行撥款或者稱為投資。其中 1999 年對烏克蘭投資最多，並且主要集中在培養烏克蘭青年的計畫上。哈薩克斯坦在 2002 到 2004 年獲得的投資也不少。包括藝術與文化、民權社會教育、資訊、法律與刑事司法、公共行政、公共衛生、青年計畫，都是透過當地媒體的民主化來實行。

基金會 2002 年對哈薩克斯坦工作的一個重點是，促進獨立媒體的發展，並通過其主要城市以外的記者開展專業培訓和研討會來加強獨立媒體的基礎建設。該基金會還支持那些對政治和社會問題進行專業和公平報導的獨立的新聞工作者和媒體出版物，包括當地語言的電視節目。2003 年把工作重心放在促進民主化和民權社會的發展上，以此應對該國不斷出現的政治問題。

4. 美俄關係撲朔迷離

德米特里・特列寧（Dmitri Trenin）是卡耐基莫斯科中心的副主任，他曾在一篇文章[5]中闡述了 2008 年俄羅斯與格魯吉亞在高加索地區爆發衝突之後，美國和俄羅斯的關係將如何發展。

---

[5]　Dmitri Trenin, Thinking Strategically About russia, http://carnegieendowment.

他認為，在當今背景下，發生在高加索的戰爭並不意味著冷戰的到來。問題依然存在，美國和俄羅斯的事實上很糟，存在許多潛在的危險。美俄關係要經歷一個艱難的過程。俄羅斯政府吸取顏色革命的教訓努力的維護自己的後院。

讓美國與俄羅斯的關係更加危險的是烏克蘭，烏克蘭同樣也是歐洲和俄羅斯安全的重要因素。烏克蘭總統尤先科強烈的懷疑俄羅斯並極力想加入北約組織，他的前盟友——烏克蘭非常受歡迎的總理季末申科，變成了他最強勁的對手。季末申科在這個問題上態度模糊傾向於反對。除了季莫申科以外，地域黨頗具影響力的領導人維克多‧亞努科維奇（Viktor Yanukovych），態度是強烈的方反對。為了增強選舉實力，尤先科極力強調俄羅斯威脅，現在他的勝算不大，因為烏克蘭百分之二十的人支持北約成員國，44%的人在格魯吉亞戰爭中支持俄羅斯。

烏克蘭總統已經命令俄羅斯的黑海艦隊停靠在塞瓦斯托波爾俄羅斯的黑海艦隊要公佈他的行動，離開烏克蘭水域，公開它們的裝備，人員和任務資訊。但是直到目前為止，俄羅斯依然拒絕遵守，認為這只是一個雙邊協議。但是如果基普方面決定以武力執行總統的命令，維護國家主權呢？莫斯科方面會不會作出讓步，或者它會抵制這種制約其海軍的活動。烏克蘭是否會以武力反對俄的行為？戰爭一旦爆發，塞瓦斯托波爾將會發生什麼？當俄羅斯的分裂主義者遇到烏克蘭名族主義者（克里米亞韃靼人背景下），陸地上將會發生什麼？美國第六艦隊將會受到什麼命令？

---

org/publications/index.cfm?fa=view&id=22561&prog=zru

俄羅斯想要什麼呢？德米特里・特列寧說，蘇聯解體以後，俄羅斯到現在還沒有完全完成轉變，俄羅斯國內依然存在許多問題，俄想在未來世界中發揮作用，必須增強自身國力。

　　德米特裡・特列寧表示，美國布希政府一直忽視與俄羅斯的關係，這就是美國所做錯的事情。

　　那麼什麼是可以做的？德米特里・特列寧認為華盛頓要不帶任何意識形態偏見的態度思考與莫斯科的關係。美國的政策制定者要意識到俄羅斯的政治系統不會給美國及其同盟國甚至是俄鄰國帶來任何威脅。俄羅斯的內政要留給俄自己解決，因為沒有其他選擇。

Do觀點003　PF0120

顏色革命

作　　者／吳　非
責任編輯／鄭伊庭
圖文排版／姚宜婷
封面設計／陳佩蓉

出版策劃／獨立作家
發 行 人／宋政坤
法律顧問／毛國樑　律師
製作發行／秀威資訊科技股份有限公司
　　　　　地址：114 台北市內湖區瑞光路76巷65號1樓
　　　　　電話：+886-2-2796-3638　傳真：+886-2-2796-1377
　　　　　服務信箱：service@showwe.com.tw
展售門市／國家書店【松江門市】
　　　　　地址：104 台北市中山區松江路209號1樓
　　　　　電話：+886-2-2518-0207　傳真：+886-2-2518-0778
網路訂購／秀威網路書店：https://store.showwe.tw
　　　　　國家網路書店：https://www.govbooks.com.tw

出版日期／2013年11月　BOD一版　定價／360元

|獨立|作家|
Independent Author

寫自己的故事，唱自己的歌

顏色革命 / 吳非著. -- 一版. -- 臺北市：獨立作家,
　2013. 11
　　　面；　公分. --(Do觀點；PF0120)
　BOD版
　ISBN 978-986-89853-8-4 (平裝)

　1. 革命　2. 國際政治

571.71　　　　　　　　　　　　　102017960

國家圖書館出版品預行編目

讀 者 回 函 卡

感謝您購買本書，為提升服務品質，請填妥以下資料，將讀者回函卡直接寄回或傳真本公司，收到您的寶貴意見後，我們會收藏記錄及檢討，謝謝！
如您需要了解本公司最新出版書目、購書優惠或企劃活動，歡迎您上網查詢或下載相關資料：http:// www.showwe.com.tw

您購買的書名：_____

出生日期：_____年_____月_____日

學歷：□高中 (含) 以下　　□大專　　□研究所 (含) 以上

職業：□製造業　□金融業　□資訊業　□軍警　□傳播業　□自由業
　　　□服務業　□公務員　□教職　　□學生　□家管　　□其它_____

購書地點：□網路書店　□實體書店　□書展　□郵購　□贈閱　□其他

您從何得知本書的消息？

　□網路書店　□實體書店　□網路搜尋　□電子報　□書訊　□雜誌
　□傳播媒體　□親友推薦　□網站推薦　□部落格　□其他_____

您對本書的評價：(請填代號　1.非常滿意　2.滿意　3.尚可　4.再改進)

　封面設計____　版面編排____　內容____　文／譯筆____　價格____

讀完書後您覺得：

　□很有收穫　□有收穫　□收穫不多　□沒收穫

對我們的建議：_____

_____

_____

_____

11466
台北市內湖區瑞光路 76 巷 65 號 1 樓

獨立作家讀者服務部 　　收

....

（請沿線對折寄回，謝謝！）

姓　　名：_____　年齡：_____　性別：□女　□男

郵遞區號：□□□□□

地　　址：_____

聯絡電話：(日) _____　(夜) _____

E - m a i l：_____